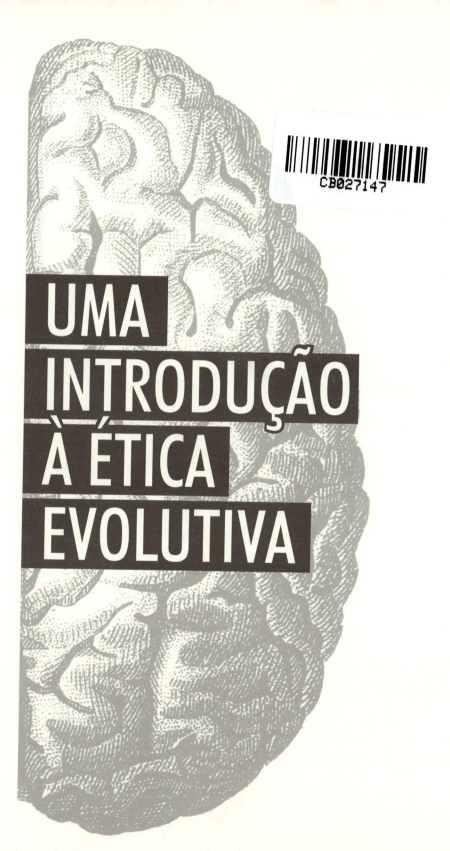

UMA INTRODUÇÃO À ÉTICA EVOLUTIVA

SCOTT M. JAMES

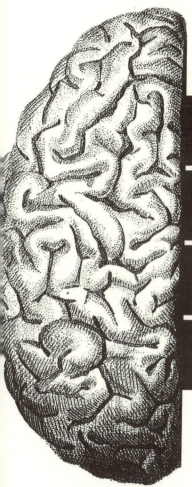

UMA INTRODUÇÃO À ÉTICA EVOLUTIVA

Direção Editorial:
Marlos Aurélio

Copidesque:
Thiago Figueiredo Tacconi

Conselho Editorial:
Avelino Grassi
Edvaldo Araújo
Fábio E.R. Silva
Márcio Fabri dos Anjos
Mauro Vilela

Revisão:
Ana Aline Guedes da Fonseca
de Brito Batista

Diagramação:
Érico Leon Amorina

Capa:
Marco Mancen

Título original: *An Introduction to Evolutionary Ethics*.
©Wiley-Blackwell, 2011.
350 Main Street, Malden, MA 02148-5020, USA.
9600 Garsington Road, Oxford, OX4 2DQ, UK.
ISBN: 978-1-4051-9396-2.

Todos os direitos em língua portuguesa, para o Brasil,
reservados à Editora Ideias & Letras, 2015.

@ Editora Ideias & Letras, 2015.

Rua Tanabi, 56 – Água Branca
Cep: 05002-010 – São Paulo-SP
(11) 3675-1319 (11) 3862-4831
Televendas: 0800 777 6004
vendas@ideiaseletras.com.br
www.ideiaseletras.com.br

Dados Internacionais de Catalogação na Publicação (CIP)
(Câmara Brasileira do Livro, SP, Brasil)

James, Scott M.
 Uma introdução à ética evolutiva
 [tradução André Oides].
 São Paulo-SP: Ideias & Letras, 2015.
 Título original: *An Introduction to*
  Evolutionary Ethics.
 ISBN 978-85-65893-78-7

 1. Bem e mal 2. Consciência 3. Ética
 4. Evolução humana 5. Evolução humana - Filosofia
  6. Virtudes I. Título.

15-01692   CDD-128

Índice para catálogo sistemático:
1. Evolução humana : Filosofia 128

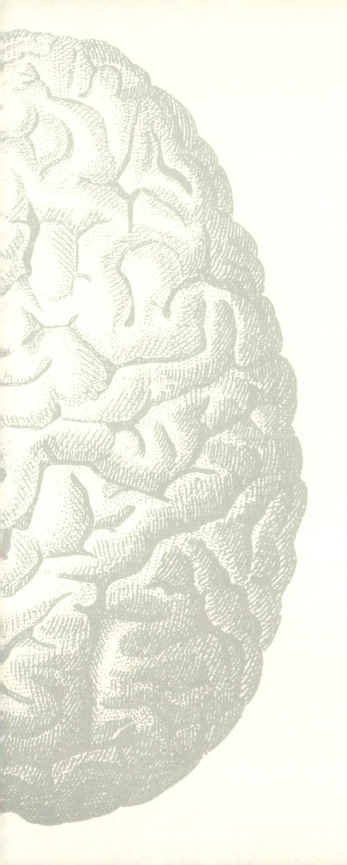

Para M.B.

SUMÁRIO

Introdução: Um filósofo e um biólogo entram em um bar... – 11

Parte I
De "genes egoístas" a entes morais: A psicologia moral depois de Darwin – 19

1– Seleção natural e natureza humana – 23
1.1– A narrativa básica 23
1.2– Alguns erros comuns de compreensão. 28
1.3– A Mãe Natureza como remendeira 30
1.4– Psicologia evolutiva e natureza humana. 32
1.5– Uma caixa de ferramentas mental derivada da evolução. 34
1.6– Alguns (outros) erros comuns de compreensão 37
1.7– Conclusão. 44

2– As (primeiras) raízes do correto – 47
2.1– Estamos juntos?. 49
2.2– Adequação inclusiva e o ponto de vista do "olho do gene" 50
2.3– Ama teu próximo – mas ama primeiro tua família 55
2.4– Falsos positivos e sistemas centrais. 58
2.5– Uma nota rápida sobre o "altruísmo" 60
2.6– Altruísmo recíproco 62
2.7– Conclusão. 69

3– A consciência do homem das cavernas: A evolução da moralidade humana – 71

3.1– O que tornam *morais* as criaturas morais 72
3.2– A evolução da moralidade 82
3.3– Explicando a natureza dos juízos morais 90
3.4– Conclusão 92

4– Merecimentos justos – 93

4.1– O Jogo do Ultimato 95
4.2– O Jogo dos Bens Públicos 97
4.3– Vencedores não punem 99
4.4– Os benefícios da culpa 103
4.5– Um cordeiro entre leões? 107
4.6– Uma explicação para *toda* a moralidade? 109
4.7– Moralidade universal ou razão universal? 112
4.8– Conclusão 116

5– A ciência da virtude e do vício – 119

5.1– Teste de aflição 121
5.2– Leitura de mentes 130
5.3– "Eles são as regras" 133
5.4– O inatismo moral e a analogia linguística 135
5.5– Painéis de controle, viéses e ressonâncias afetivas . . 142
5.6– Dúvidas não nativistas 149
5.7– Conclusão 151

Parte II
De "O que é" para "O que deve ser": A filosofia moral depois de Darwin – 155

6– Harmonia social: O bom, o mau e o biologicamente feio – 161

6.1– Da Grande Cadeia do Ser à Árvore da Vida e à moralidade 161
6.2– Desenraizando a Árvore da Vida 167

7– A Lei de Hume – 173

7.1– Argumentos dedutivamente válidos. 174
7.2– Você não pode tirar o que você não colocou 179
7.3– "Da última consequência" 180
7.4– Impedindo o movimento da força para o direito . . . 181
7.5– Darwinismo e preservação da espécie humana. 183
7.6– Conclusão. 184

8– A Falácia Naturalista de Moore – 187

8.1– O Teste da Questão Aberta. 188
8.2– Falhando no Teste da Questão Aberta: Desejando desejar. 189
8.3– Falhando no Teste da Questão Aberta: Spencer . . . 191
8.4– Falhando no Teste da Questão Aberta: Wilson. . . . 192
8.5– Conclusão. 193

9– Repensando Moore e Hume – 195

9.1– Algumas dúvidas preliminares sobre o Teste da Questão Aberta. 195
9.2– O que as coisas significam *vs*. O que as coisas são . . . 197
9.3– Implicações para o darwinismo social 198
9.4– Incursões sobre a lacuna É/Deve: Searle 199
9.5– Incursões sobre a lacuna É/Deve: Rachels 202
9.6– Conclusão 206

10– Antirrealismo evolutivo: esforços iniciais – 207

10.1– Este é seu cérebro acerca de Deus 212
10.2– Preliminares 214
10.3– Wilson. 215
10.4– O Argumento da Idiossincrasia 218
10.5– O Argumento da Redundância. 220
10.6– Causação, justificação e... um cadáver apodrecendo . 222
10.7– Conclusão 225

11– Antirrealismo evolutivo contemporâneo – 227

11.1– Pílulas de Napoleão 227
11.2– Um dilema darwinista 231
11.3– Conclusão 236

12– Opções para o realista evolutivo – 237

12.1– Opção 1: Aprendendo a distinguir o certo do errado . . 239
12.2– Opção 2: Dependência de respostas 241
12.3– Opção 3: A ética de virtudes naturalizada. 245
12.4– Opção 4: Construtivismo moral 252
12.5– Objeções às opções realistas. 258
12.6– Conclusão 263

Leituras adicionais – 267
Referências bibliográficas – 275
Índice remissivo – 289

INTRODUÇÃO: UM FILÓSOFO E UM BIÓLOGO ENTRAM EM UM BAR...

> *Absolutamente qualquer animal, dotado de instintos sociais bem definidos, sendo incluídas aqui as afeições parentais e filiais, adquiriria inevitavelmente um senso ou consciência moral, tão logo seus poderes intelectuais se tivessem tornado tão bem desenvolvidos, ou quase tão bem desenvolvidos, quanto no homem.*
>
> Charles Darwin. *A descendência do homem*

Em 1975, o entomologista de Harvard e pai da sociobiologia, E.O. Wilson, famosamente sugeriu que "os cientistas e humanistas deveriam considerar juntos a possibilidade de que tenha chegado o momento de a ética ser tirada das mãos dos filósofos e biologizada" (Wilson, 1975: p. 520). Os filósofos, aparentemente, tinham tido sua chance – e não tinham muito a mostrar por seus esforços. Agora os biólogos, armados com uma compreensão abrangente da evolução humana, estavam esperando para explicar a mais humana das características: o senso de certo e errado. Mas em seu entusiasmo, Wilson e seus simpatizantes haviam falhado em explicar exatamente qual o significado de "biologização". Pois apesar da impressão deixada pela sugestão de Wilson, foi imediatamente observado (pelos filósofos, vejam só) que a biologia podia desempenhar – e desempenhou – *vários* papéis na teoria moral, desde os não controversos até os altamente polêmicos.

O que isso significa, antes de mais nada, é que a questão real *não* é: Será que a biologia desempenha algum papel na explicação da moralidade? (Certamente ela desempenha *algum* papel.) A questão real é: Que *tipo de papel* a biologia desempenha na explicação da moralidade? Em outras palavras, como a história da evolução humana deve influenciar o que pensamos sobre nossas vidas morais – nossos juízos morais, nossos sentimentos morais, nossas diferenças morais, nossa tendência a evitar más ações, nossa admiração do autossacrifício, nossa hostilidade em relação àqueles que cometem más ações, e assim por diante? Essa questão, enunciada a grosso modo, encontra-se no coração daquilo que pensamos como sendo a ética evolutiva.

Como um primeiro passo rumo à compreensão das muitas maneiras de como a biologia poderia influenciar a teoria moral, considere o seguinte cardápio de opções proposto por Philip Kitcher (1985):

1- *Explicar nossa psicologia moral*. A biologia poderia fornecer (pelo menos alguma parte de) uma explicação evolutiva de como nossa espécie veio a adquirir conceitos morais e a fazer juízos morais. Isto é, a biologia poderia explicar como certas características recorrentes de nosso ambiente ancestral (por exemplo, características sociais ou morais) levaram alguns de nossos ancestrais a pensarem em termos morais.

2- *Restringir ou expandir nossos princípios morais*. A biologia poderia oferecer novas percepções sobre a natureza humana, as quais poderiam *restringir* ou *expandir* os princípios morais que já aceitamos. Podemos aprender, por exemplo, que os seres humanos tendem a valorizar algumas práticas que os estudiosos da ética não haviam reconhecido anteriormente; isso, por sua vez, poderia expandir as práticas que deveriam ser moralmente protegidas.

3- *Determinar o estatuto metafísico de propriedades morais*. A biologia poderia resolver, de uma vez por todas, questões sobre a objetividade da moral. Por exemplo, alguns argumentaram que a evolução nos "enganou" para acreditarmos que alguns atos *são realmente* errados (enquanto nada é errado *na realidade*), uma vez que acreditar nisso teria promovido a cooperação, que por sua vez teria melhorado a adequação biológica de nossos ancestrais.

4- *Derivar novos princípios morais a partir da evolução*. Somente a *biologia* poderia nos dizer quais são nossas obrigações morais. Os darwinistas sociais, por exemplo, argumentam que, uma vez que a sobrevivência de nossos ancestrais dependeu criticamente da promoção da "harmonia social", nós temos assim uma obrigação moral de promover a harmonia social.

Como você pode ver, "biologizar" a ética pode significar diferentes coisas para diferentes pessoas. É impossível exagerar a respeito da importância filosófica desse ponto: um compromisso com um projeto *não* acarreta necessariamente um compromisso com qualquer outro projeto. Por exemplo, alguém poderia argumentar que a história da evolução humana explica em parte como viemos a ter a psicologia moral que temos (opção 1 acima), mas *nega* que a natureza da obrigação moral seja determinada por esse (ou qualquer outro) fato biológico (opção 3).

Para ver por que, considere uma analogia. Os psicólogos que tentam compreender a natureza da percepção visual estudam como o sistema visual do corpo – um sistema cuja estrutura foi refinada ao longo de milhares de gerações – processa um estímulo externo, como um gato. O que os psicólogos esperam aprender (ou ter aprendido) é algo sobre o *processamento visual*; o que eles *não* esperam aprender é algo sobre a natureza dos gatos. Uma vez identificada, a lição é óbvia: se você quer saber o que faz um gato ser um gato, pergunte a um zoólogo, não a um psicólogo. De modo semelhante, pode-se argumentar que os psicólogos morais esperam aprender algo sobre o *processamento* da "informação" moral e social; eles não esperam aprender algo sobre a natureza da própria moralidade. Se você quer saber o que torna errado os atos errados, pergunte a um filósofo moral, não a um psicólogo. Ou assim argumentaram alguns.

Para tomarmos outro exemplo, alguém poderia argumentar que a biologia de fato revela fatos sobre a natureza humana, os quais têm relação com nossas obrigações morais (opção 2), mas poderia *negar* que nossas obrigações morais sejam *derivadas destes* (ou de quaisquer outros) fatos biológicos (opção 4). Considere outra analogia. Alguns psicólogos evolutivos raciocinam que, uma vez que nossos ancestrais mais antigos enfrentaram o problema recorrente de obter calorias suficientes a partir do que comiam, uma solução adaptativa teria sido desenvolver um desejo inato por comidas gordurosas (caso você seja de outro planeta e duvide de que tenhamos tais desejos, os antropólogos de fato observaram essa tendência entre culturas).

O ponto importante, contudo, é o seguinte: *mesmo que* seja verdade que nosso passado evolutivo tenha nos disposto a desejar e consumir comidas gordurosas sempre que disponíveis, será que parece correto concluir que *deveríamos* desejar e consumir comidas gordurosas sempre que disponíveis? Certamente não! Se o filme de 2004 *Super Size Me* (que documenta a malfadada tentativa de um homem de sobreviver com uma dieta exclusivamente baseada no McDonald's) demonstrou alguma coisa, foi que *deveríamos resistir a* nosso desejo e ao consumo de comidas gordurosas. Como isso é relevante para o papel da biologia na teoria moral?

Suponha que seja verdade (como notaram os antropólogos) que os seres humanos tendem a discriminar forasteiros. Ao que parece, temos muito menos probabilidades de ajudar estranhos do que àqueles que são queridos e próximos. Será que isso significa que *deveríamos* discriminar os forasteiros? Testemos a ideia. Suponha que você está visitando outro país e acaba caindo em um lago. Dado que você não sabe nadar, sua vida está subitamente em risco. Agora, será que o nativo que observa tudo isso tem qualquer razão para jogar para você o salva-vidas que está aos pés dele? Tenho um palpite de que você dirá (com confiança) "sim". Por quê? Porque (você poderia argumentar) o fato de ser um forasteiro é *moralmente irrelevante* para a razão que o nativo tem para ajudá-lo. De fato, você poderia ir além e sustentar que *deveríamos resistir a* nossa disposição de base biológica de discriminar forasteiros. Mas se isso estiver correto, então devemos rejeitar a ideia de que nossas obrigações morais são *derivadas de* nossas disposições biologicamente dadas. Ou assim argumentaram alguns.

O ponto importante, contudo, vale a pena ser repetido: oferecer apoio à "biologização" da ética não resolve quase nada. Nosso passado evolutivo é relevante para a compreensão de nossa experiência moral presente (pelo menos na tradição moral secular), mas isso deixa em aberto a natureza precisa dessa relação. Portanto, nossa tarefa é examinar a fundo os detalhes – tanto biológicos quanto filosóficos. E isso é o que faremos ao longo deste livro.

***

O livro é dividido em duas partes temáticas, cada uma das quais é relativamente autônoma. A parte I explora os modos como a evolução pode ter moldado nossa *psicologia moral*. Exploraremos alguns trabalhos contemporâneos em psicologia evolutiva, antropologia primatologia, e até mesmo neurobiologia. Deixaremos de lado – na medida do possível – questões sobre a natureza da própria moralidade, e em vez disso nos concentraremos em como o processo de evolução por seleção natural pode ter produzido criaturas que não apenas ajudam outras, mas frequentemente o fazem porque são, como notou Darwin, "impelidas simplesmente pelo profundo sentimento de direito ou dever".

Na parte II passaremos para a esfera normativa ou avaliativa, ao perguntarmos: Quais ações ou práticas, se é que alguma, são *justificadas* por nosso passado evolutivo? Os darwinistas sociais (e até mesmo alguns filósofos contemporâneos) argumentam que nosso passado biológico é uma fonte tanto de descrições psicológicas *quanto* de normas morais. Isto é, a evolução nos diz não apenas como as coisas *são* (biologicamente falando), mas também como as coisas *deveriam ser* (moralmente falando). Tais esforços para derivar normas a partir de fatos descritivos enfrentam algumas objeções comuns (uma das quais discutimos anteriormente), assim vamos explorar a medida em que tais visões podem sobreviver a essas objeções.

Também lidaremos na parte II com a questão da objetividade da moralidade. Alguns dos argumentos mais excitantes e provocativos da filosofia moral contemporânea sustentam que acreditar em "fatos morais" é algo injustificado uma vez que tenhamos uma completa explicação *descritiva* da origem de nossa psicologia moral. A razão, de acordo com alguns, é que a evolução explica tudo que precisa ser explicado. Nosso sentimento – de fato, nosso pensamento – de que alguns atos são *objetivamente* errados é explicado pela necessidade de cooperação entre nossos ancestrais. Supõe-se, então, que isso elimina qualquer razão *independente* para supor que propriedades morais, como a erroneidade, realmente existam. Examinaremos algumas objeções a esses argumentos e consideraremos também alternativas realistas (ou semirrealistas) à visão antirrealista que acabamos de discutir.

É importante enfatizar, contudo, que embora as discussões em uma parte do livro possam ter implicações para outras partes, as observações feitas alguns parágrafos atrás devem nos alertar contra inferências apressadas. Há uma série impressionante de combinações no espaço lógico. Não gostaríamos de prejulgar qual combinação é mais plausível.

∗∗∗

Para terminar, deixe-me reconhecer diversas questões que alguém poderia esperar encontrar discutidas em um livro sobre ética evolutiva – mas que não receberão atenção aqui. Primeiro, existe uma tentação difundida (alguns poderiam dizer, lamentável) de ligar as discussões sobre evolução ao ateísmo, e o ateísmo à imoralidade. Assim, poder-se-ia considerar a própria ideia da "ética evolutiva" como contraditória, uma vez que (a) a evolução elimina o papel de Deus nos assuntos da humanidade, e (b) dado que uma humanidade sem Deus carece de qualquer razão para ser moral, a escolha é a evolução ou a ética – mas *não ambas*. Embora esse raciocínio possa ser tentador, ele é profundamente problemático. Nem (a) nem (b) são óbvias, e os esforços para torná-las óbvias envolveriam uma argumentação considerável que nos levaria a territórios filosóficos distantes. Esse, de qualquer modo, não seria um livro sobre ética evolutiva, mas um livro sobre filosofia da religião e teoria ética secular. Dito isso, deveria ser aparente a partir de nossa discussão, até aqui, que *estaremos* assumindo que a espécie humana possui muitas de suas características (incluindo algumas características psicológicas) por causa de forças evolutivas. Mas aceitar essa assunção não acarreta a aceitação do ateísmo ou do niilismo moral.

Uma segunda discussão, talvez mais sutil, que alguém poderia ter esperado de um livro sobre ética evolutiva é uma discussão sobre o *determinismo genético* ou *biológico*. A preocupação, conforme a entendo, é a seguinte: Uma vez que (1) nosso passado evolutivo determina nossa constituição genética, (2) nossa constituição genética determina nosso comportamento, em um sentido convenientemente forte, e (3) não podemos ser moralmente responsáveis por um comportamento que é determinado, nosso passado evolutivo elimina a responsabilidade moral. Esse argumento, assim como o anterior, pode ter algum apelo inicial. Mas a razão pela qual decidi não incluí-lo aqui é que, após alguma reflexão, ele dá errado praticamente a cada passo. As alegações (1) e (2), como veremos nos próximos capítulos, resultam de uma confusão sobre a teoria evolutiva.

Como qualquer biólogo lhe dirá, a natureza sozinha não determina quase nada – assim como a educação sozinha não determina quase nada. Essas duas coisas não são competidoras, elas são contrapartes. Mesmo que sua constituição genética não fosse distinta de qualquer outra (como de fato ela é), uma vertiginosa variedade de diferenças ambientais distinguiria você dos outros. Mas colocando de lado até isso, os genes não são o destino. Embora a evolução (*possa*) tê-lo predisposto a ter certas emoções ou preferências, você retém a habilidade de *escolher* agir ou não com base nessas preferências.[1] Você pode dizer a si mesmo: "Embora eu queira dar esse emprego ao meu filho, tenho de ser justo com todos os candidatos, então é melhor não". Nem mesmo (3) é imune à crítica (embora eu deixe isso para outra ocasião).

É suficiente dizer que a questão do determinismo genético infelizmente se tornou uma espécie de bicho-papão assombrando as discussões sobre a evolução e a natureza humana.[2] E embora eu pudesse acrescentar mais uma pedra à montanha da crítica, prefiro deixar essa montanha falar por si mesma. Assim, ao leitor que abriga dúvidas persistentes sobre a questão, não tenho (veja só) nada a oferecer.[3] Há batalhas suficientes para percorrermos sem revisitar essa que está há muito adormecida. Enquanto falamos, novos *insights* sobre os fundamentos evolutivos da natureza humana estão sendo revelados, mas o passo da teoria moral está lutando para acompanhá-los. Parte do problema, como acabamos de ver, é manter em vista a variedade de maneiras de como a biologia pode influenciar a teoria moral. Agora que esclarecemos isso, podemos começar a preencher a lacuna que separa nossa compreensão biológica de nós mesmos e nossa compreensão moral de nós mesmos.

---

[1] A menos, é claro, que você tenha sofrido, digamos, algum dano significativo de seu córtex frontal ventro-medial, em que caso você provavelmente carece de controle executivo sobre seu comportamento.
[2] Como aqueles familiarizados com a conflagração que se seguiu à publicação do livro *Sociobiologia* de E.O. Wilson podem atestar.
[3] Os leitores interessados são encorajados a ver Kitcher (1985) e Pinker (2002).

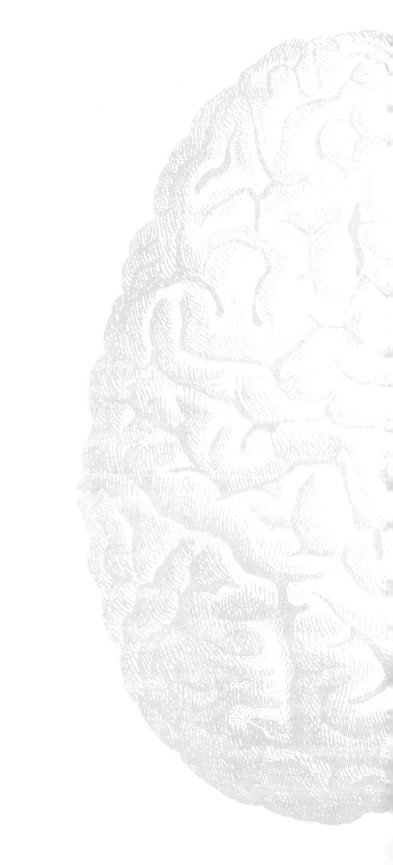

PARTE I

DE "GENES EGOÍSTAS" A ENTES MORAIS: A PSICOLOGIA MORAL DEPOIS DE DARWIN

Você consegue muito mais com uma palavra gentil e uma arma do que com uma palavra gentil.

Al Capone

Nas passagens de abertura de *O gene egoísta* (*The Selfish Gene*), Richard Dawkins nos faz imaginar um gângster (vamos chamá-lo de Sonny) que conseguiu viver uma vida longa e próspera no submundo de Chicago. Dawkins nos pede para considerar que tipo de qualidades Sonny deve ter tido para sobreviver tanto em tal ambiente. Bem, podemos razoavelmente adivinhar que Sonny *não* era uniformemente benevolente, generoso ou de bom coração. No mínimo, Sonny deve ter sido resistente, agudamente consciente da lealdade dos outros. Rápido para notar trapaças e implacável com os competidores. De acordo com Dawkins "impiedosamente egoísta" em seu cerne (os fãs de *Família soprano* não terão problemas para entender o quadro). O ponto importante da história de Dawkins, no entanto, é que Sonny é nosso espelho: na medida em que estamos preparados para atribuir essas características a Sonny, devemos estar preparados para atribuir as mesmas características a *nós mesmos*. Somos, afinal, sobreviventes de nossa própria vizinhança rude. Eis como Dawkins explica isso.

Nossos genes sobreviveram por milhões de anos em um ambiente altamente competitivo. Mas isso só foi possível porque nossos genes são egoístas. E criativos. Ao longo do caminho, os genes desenvolveram engenhosos *veículos* para assegurar sua sobrevivência e reprodução. Alguns desses veículos são bastante simples, outros beiram o milagroso. Mas simples ou milagrosos, a ideia subjacente é a mesma: as formas vivas que vemos ao nosso redor – pássaros e abelhas, samambaias e raposas – são, no fim, "máquinas de genes". E o mesmo ocorre conosco: *os seres humanos são apenas outro tipo de máquina de genes*. Apesar de nos vestirmos melhor do que os moluscos e fazermos sanduíches melhores do que os babuínos, não somos, em princípio, diferentes deles. Somos apenas meios mais sofisticados de fazer mais genes; afinal, só estamos aqui por causa *deles*.

Mas, como nota Dawkins, uma vez que "o egoísmo dos genes normalmente dará ensejo ao egoísmo no comportamento individual", temos toda razão para crer que, apesar das aparências contrárias, cada um de nós é impiedosamente egoísta em seu cerne. "Arranhe um altruísta", escreve o biólogo Michael Ghiselin, "e veja um hipócrita sangrar" (Ghiselin, 1974: p. 274). Cada um de nós abriga seu próprio pequeno gângster interior. Quase como um pedido de desculpas, Dawkins conclui: "Embora possamos desejar muito acreditar no contrário, o amor universal e o bem-estar da espécie como um todo são conceitos que simplesmente não fazem sentido evolutivo".

E ainda assim, quando damos um passo atrás e nos observamos, há algo no relato de Dawkins que não faz sentido. Pois se ele estivesse correto, então as pessoas nunca teriam um interesse em fazer a coisa certa (e muito menos em *saber* qual é a coisa certa); as pessoas nunca admirariam a virtude, nunca se ergueriam contra a injustiça, ou sacrificariam seu próprio bem-estar em benefício de estranhos. Se os seres humanos são impiedosamente egoístas em seu cerne, então deveríamos achar *ininteligível* a observação de Adam Smith de que o homem possui capacidades "que o fazem interessar-se pelos destinos dos outros, e tornam a felicidade deles necessária para ele, embora ele não ganhe nada com isso, exceto o prazer de vê-la" (Smith 2010/1759: p. 9).

Contudo, nós não achamos a observação de Smith ininteligível. Até mesmo o cínico tem de admitir que as pessoas realmente têm, às vezes, um interesse persistente em fazer a coisa certa (mesmo aqueles que não *sabem* qual é a coisa certa a fazer). Um número surpreendente de pessoas trabalha em benefício dos pobres e desprovidos. Considere que, em 2004, cidadãos americanos particulares doaram mais de US$ 24 milhões de seu próprio dinheiro para ajudar completos estranhos (Hudson Institute, 2007: p. 14).

Isso dificilmente soa como o trabalho de um bando de criaturas "impiedosamente egoístas". No limite do mínimo, as pessoas parecem se importar sobre como suas ações serão recebidas por outros. Ainda mais surpreendente é o fato de que as pessoas parecem se importar profundamente sobre agir de acordo com sua própria *consciência*. Um dos grandes temas da literatura é o perigo psíquico de "ficar impune pelo crime": meramente saber que agimos erroneamente pode ser sua própria punição. Assim, talvez a analogia com o gângster seja inadequada. É possível que os seres humanos transcendam suas raízes evolutivas de uma maneira que não pode ser explicada pela biologia. De fato, pode ser que tenhamos encontrado aquilo que separa os seres humanos do resto do mundo natural: nossa habilidade de apreender uma ordem moral. Isso tornaria a biologia irrelevante para o estudo da psicologia moral.

Então, onde isso nos deixa? Comecei com uma imagem dos seres humanos que parecia excluir a moral. Apresentei depois uma imagem moral dos seres humanos que parecia excluir o biológico. Temos então uma decisão a tomar. Podemos: a) abraçar a imagem biológica e *excluir por meio da explicação* a parte moral de nós mesmos; b) abraçar a imagem moral e *excluir por meio da explicação* a parte biológica de nós mesmos; c) ou *reconciliar* as imagens biológica e moral. Não importando o quanto essa última opção possa soar implausível, um número crescente de teóricos de todas as partes do espectro de opções está apoiando-a (não que a ideia não soe estranha: "Do mesmo modo como os pássaros e aviões parecem desafiar a lei da gravidade, e ainda assim são inteiramente sujeitos a ela, a decência moral pode parecer ir contra a seleção natural, e ainda assim ser um de seus muitos produtos", escreve o renomado primatólogo Frans de Waal – 1996: p. 12). De fato, um dos objetivos deste livro é defender a ideia de que a decência moral de fato tem suas raízes na biologia.

Além do crescente volume de trabalho empírico e filosófico esboçando vários modos de reconciliar nossas naturezas moral e biológica, há o custo de abraçar uma das outras opções. Por um lado, estamos nos movendo inexoravelmente rumo a uma imagem da natureza humana que é ricamente informada pela teoria evolutiva; tendências robustas estão aparecendo na antropologia, sociobiologia, psicologia, economia e filosofia. É difícil imaginar, portanto, o abandono da biologia em qualquer busca séria para compreender a natureza humana. Por outro lado, qualquer imagem dos seres humanos que deixe de fora nossa sensibilidade moral, é fatalmente incompleta. Isso não é dizer que sejamos uniformemente bons ou mesmo decentes. É dizer que nossas vidas práticas são indelevelmente marcadas pelo pensamento moral: fazemos juízos morais; deliberamos sobre qual é a coisa certa a fazer; experienciamos emoções morais (por exemplo, culpa e benevolência); punimos aqueles que cometem más ações e recompensamos os virtuosos.

Assim, se não estamos ainda preparados (enquanto teóricos) para ignorar nossas naturezas morais *ou* o poder das explicações biológicas, então assumimos o fardo da reconciliação: como podemos alinhar essas duas imagens de nós mesmos? Tentar responder a essa questão é a tarefa da primeira parte deste livro. Digo "tentar responder" porque o estado dessa área (aquela que poderia ser chamada de *psicologia moral evolutiva*) ainda é bastante incipiente – e especulativo. Embora pareça haver um consenso em alguns níveis bastante básicos, como você verá, restam disputas profundas. Boa parte de nosso trabalho consistirá em examinar essas disputas. Mas também tentarei oferecer o que considero ser linhas mais promissoras de pesquisa. Afinal, tenho minhas próprias teorias a respeito da evolução da moralidade. De qualquer modo, os próximos cinco capítulos são reunidos em torno de duas questões gerais: 1) *Por que* a seleção natural pode ter favorecido os hominídeos que pensavam e (às vezes) agiam moralmente?; e: 2) *Como* a seleção natural produziu – a partir de materiais preexistentes – hominídeos que pensavam e agiam moralmente?

1
SELEÇÃO NATURAL E NATUREZA HUMANA

> *De um só golpe, a ideia da evolução por seleção natural unifica a esfera da vida, do significado e do propósito com a esfera do espaço e do tempo, da causa e do efeito, do mecanismo e da lei física. Ela não é apenas uma ideia maravilhosa. É uma ideia perigosa.*
>
> Daniel Dennett. *Darwin's Dangerous Idea*

> *Ser humano: Ser o lugar onde o anjo em queda encontra o símio em ascensão.*
>
> Terry Pratchett. *Hogfather*

A fim de obtermos alguma tração a respeito da questão do papel da seleção natural no desenvolvimento de nossa psicologia moral, precisamos primeiro nos recordar a respeito do básico da teoria de Darwin. Neste capítulo, revisamos algumas características básicas da evolução por seleção natural. Não nos preocuparemos muito com os detalhes. O importante é destacar os princípios gerais que levaram alguns psicólogos morais a afirmar que a evolução desempenhou um papel crucial na formação de nossa mente moral. Começarei com uma narrativa básica, que é de fato bastante fácil de contar. Depois, com essa narrativa firmemente posicionada, dissiparei alguns erros comuns de compreensão sobre essa visão. Nas seções finais, explorarei as maneiras como essa narrativa foi estendida à psicologia, em que é afirmado que, assim como nossos corpos, nossas mentes contêm adaptações especializadas.

1.1– A NARRATIVA BÁSICA

No centro do que pode ser chamado de Revolução Darwinista, em meio à miríade de detalhes e disputas, refinamentos e revisões, testes de campo e modelos computacionais, encontra-se uma ideia muito simples, muito elegante. Eis aqui um vislumbre dela nas palavras do próprio Darwin:

> *Nascem mais indivíduos do que os que podem possivelmente sobreviver. Um grão na balança determinará qual indivíduo deve viver e qual deve morrer – qual variedade ou espécie aumentará em número, e qual diminuirá, ou finalmente se tornará extinta.* (Darwin, 2003/1859: p. 467)

Embutidas nessa passagem estão três condições nas quais se baseia todo o edifício da evolução por seleção natural: *variação, reprodução diferencial* e *herança*. Vamos olhar mais de perto.

Uma assunção implícita, não enunciada na passagem, é que o número de reprodutores em uma dada população eventualmente crescerá para além dos recursos de um ambiente; portanto, "nascem mais indivíduos do que os que podem possivelmente sobreviver". Mas, implica Darwin, os indivíduos não são todos criados iguais: velocidade, força, coloração – estes *variam* no interior de uma população. Algumas (mas apenas *algumas*) dessas variações – no ambiente particular que os indivíduos habitam – alterarão ao longo do tempo o sucesso reprodutivo de um indivíduo; isto é, haverá *reprodução diferencial* no interior de uma população.

Por exemplo, uma mariposa cinza tende a ser ignorada pelos predadores em seu ambiente, ao passo que uma mariposa branca torna-se uma refeição fácil nesse mesmo ambiente. Essa pequena diferença de cor, esse "grão na balança", pode muito bem afetar não apenas as chances de sobrevivência e reprodução daquele indivíduo, mas a constituição da espécie como um todo. Por quê? Porque se assumirmos que a variação de cor pode ser *herdada*, então os descendentes também tenderão a exibir aquela variação de cor. E uma vez que as mariposas cinzas têm uma pequena vantagem reprodutiva sobre as mariposas brancas, as mariposas cinzas (sendo todas as coisas iguais) passarão a dominar a população. A Mãe Natureza "selecionará contra" as mariposas brancas naquele ambiente. Em suma, algumas *variações* que ocorrem naturalmente entre organismos reprodutores aumentam a *taxa de sucesso reprodutivo* de um indivíduo em relação a seus vizinhos;

quando essas variações acentuadoras de adequação são transmitidas aos descendentes, você tem a evolução por seleção natural.[1]

Embora esse processo possa parecer simples e inconsciente, seu poder é difícil de calcular. O biólogo evolutivo Theodosius Dobzhansky chegou a ponto de afirmar que "nada faz sentido na biologia exceto à luz da evolução" (1964: p. 449). Primeiro, a teoria oferece uma explicação direta e ordenada para boa parte da diversidade das estruturas orgânicas que observamos ao longo do tempo e do mundo biológico, uma explicação que não se baseia em nada mais controverso do que, digamos, o funcionamento dos genes. Dado um tempo suficiente, as pressões de um ambiente implacável – talvez, com vizinhos exigentes – produzirá diversas formas exóticas, indo desde esquilos voadores até águas-vivas e sequoias.

Segundo, a teoria exprime algo que se pensou ser *inex*primível: uma explicação do projeto que não depende de um projetista. Quem poderia negar que o olho humano ou o bico do tentilhão são primorosamente adequados a seu ambiente? A partir de qualquer perspectiva de senso comum pareceria que essa adequação *teria* de ser o produto de algum tipo de engenheiro, alguém que compreendesse ao mesmo tempo como o projeto se integraria com as outras funções do organismo e como ele mediaria a interação do organismo com seu ambiente.

Mas essa perspectiva é distorcida, entre outras coisas, por nossa posição no tempo. Se fôssemos capazes de "voltar a fita" e observar cada geração, com suas alterações incrementais e sucessos reprodutivos menores, acharíamos o desenvolvimento do olho humano, por exemplo, algo quase ordinário. O filósofo Daniel Dennett (1995) compara o processo à seleção de um campeão de tênis. Como é que todo torneio de tênis sempre seleciona um campeão? Fácil, ele é a última

---

[1] Uma poderosa força subsidiária – *a seleção sexual* – opera de acordo com as pressões associadas ao acasalamento. Há, por um lado, uma competição intrassexual na qual os membros de um sexo competem pelo acesso ao acasalamento com membros do sexo oposto; essa competição tenderá a produzir adaptações entre rivais intrassexuais (por exemplo, a massa corporal entre primatas machos). Por outro lado, há uma competição interssexual, na qual as preferências de um sexo tenderão a determinar quais qualidades serão dominantes entre membros do sexo oposto (por exemplo, a plumagem brilhante do pavão macho).

pessoa que resta após todas as rodadas. Lembre-se: nós não vemos 99% das mutações genéticas que *não* melhoram a adequação de um organismo; vemos apenas os "vencedores". O sucesso do projeto é inevitável e ubíquo, pela simples razão de que as criaturas mal-adaptadas a seu ambiente têm, como colocou o filósofo W.V. Quine, "uma patética, mas louvável tendência a morrer antes de reproduzir sua espécie" (1969: p. 126).

Finalmente, a lógica central das explicações evolutivas não é limitada à forma dos órgãos ou à força dos ossos, mas se estende de modo bastante homogêneo aos *comportamentos* observáveis. A partir dos anos 1960, os biólogos, seguindo o trabalho de Konrad Lorenz e Nikolaas Tinbergen, desenvolveram métodos para analisar a estrutura subjacente do comportamento animal, um campo que veio a ser conhecido como *etologia*. Aqui, o foco crítico era voltado para o(s) propósito(s) adaptativo(s) de certos comportamentos, como, por exemplo, o fenômeno de "impressão" observado em filhotes de pato.[2] A assunção entre os etologistas era que havia existido uma série de eventos evolutivos – ou *pressões adaptativas* – que em última instância levou a esse comportamento. Isso explicaria, se é que algo o faria, para que serviria aquele comportamento. E isso, por sua vez, poderia ajudar a compreender as influências de desenvolvimento que levam à expressão do comportamento em indivíduos.

A partir daqui, estamos a apenas alguns passos de nosso objeto principal: o senso moral humano (por ora, pense em um *senso moral* como uma tendência a realizar juízos morais e experienciar sentimentos morais). *Se* – e eu enfatizo o *se* – alguém quisesse argumentar que nosso senso moral é um produto da evolução por seleção natural, a forma geral do argumento deveria ser mais ou menos a seguinte: Através do processo de variação genética, algum indivíduo (supostamente um dos primeiros hominídeos) desenvolveu algo que se aproximava de um senso moral. Embora talvez apenas levemente

---

[2] Durante um período crucial de desenvolvimento inicial, os filhotes de pato passarão a associar os movimentos de um objeto maior e independente à sua mãe, e assim seguirão o objeto onde quer que ele vá. Na maioria dos ambientes, tal organismo *é* a mãe deles, mas em ambientes experimentais os filhotes de pato podem se fixar na "impressão" de objetos inanimados – ou das pernas de um cientista.

distinto de seu precursor evolutivo, aquele senso permitiu a seu possuidor sobreviver e se reproduzir a uma taxa que excedia, mesmo que levemente, a taxa de seus vizinhos. Não sendo impedido, o processo de seleção natural produziu uma população dominada por indivíduos que possuíam esse senso moral.

Contudo, deixe-me enfatizar duas coisas: primeiro, esse argumento equivale a pouco mais do que um esquema geral; todos os detalhes necessários para torná-lo um argumento remotamente plausível foram deixados de fora. Exploraremos esses detalhes em capítulos posteriores. Segundo, alguém poderia sustentar que a evolução por seleção natural contribuiu para o desenvolvimento de nosso senso moral, mas apenas *indiretamente*. Duas posições se apresentam.

Uma das posições que discutiremos posteriormente afirma que nosso senso moral foi, se quiserem, um "subproduto" de algum outro sistema que foi diretamente selecionado. Como um ponto de comparação, considere a cor do sangue humano. Ninguém acredita seriamente que a vermelhidão do sangue humano foi diretamente selecionada. O que foi diretamente selecionado foram as propriedades de transportar oxigênio presentes no sangue; a vermelhidão "veio de graça". Essa foi uma propriedade acidental do sangue.[3] Da mesma forma, alguns desejam afirmar que nosso senso moral foi uma propriedade acidental de outras adaptações cognitivas – por exemplo, nossa capacidade de raciocinar sobre as consequências de nossas ações.

Uma posição distinta, mas relacionada, afirma que nosso senso moral de fato evoluiu de acordo com as leis da seleção natural; no entanto, a função que nosso senso moral originalmente cumpria foi substituída (devido a mudanças nas circunstâncias ambientais) por uma função mais recente, que por sua vez pode alterar sua estrutura. Um exemplo popular desse tipo de prestidigitação biológica é a estrutura dos pulmões humanos. Alguns biólogos insistem que os pulmões humanos evoluíram há milênios para auxiliar peixes predatórios a perseguir suas presas (Farmer, 1997). Mas uma vez que os

---

[3] Apenas para ser claro: não há nenhuma razão, em princípio, para pensar que, todas as coisas sendo iguais, a Mãe Natureza não teria selecionado a substância transportadora de oxigênio se ela tivesse aparecido como verde para criaturas como nós.

ancestrais desses peixes iniciaram suas incursões em terra, aquelas "vesículas natatórias" eram bem adequadas para a respiração. Assim, alguém poderia argumentar que nosso senso moral pode ter evoluído originalmente para servir a um propósito inteiramente não relacionado com seu propósito presente.[4] A estrutura exata dessas visões terá de esperar. No meio-tempo, deixe-me alertar contra alguns erros comuns de compreensão sobre a teoria de Darwin.

1.2– ALGUNS ERROS COMUNS DE COMPREENSÃO

A teoria da evolução por seleção natural *não* acarreta a afirmação de que toda característica de todo organismo é uma adaptação. Ela é consistente com a teoria de que algumas (alguns insistem em muitas) das estruturas orgânicas que observamos não são resultado das pressões da seleção natural. Enquanto algumas são resultado de mutações genéticas aleatórias; outras são resultado do que os biólogos chamam de *efeitos fundadores*, segundo os quais uma característica dominante (por exemplo, a coloração) de uma subpopulação isolada é resultado de uma característica arbitrária possuída pelos fundadores dessa subpopulação.

Assim, por exemplo, um grupo de tentilhões de asas verdes se separa da colônia principal de tentilhões, da qual apenas uma fração dos pássaros tem asas verdes. Assumindo que a característica de "ter asas verdes" não influencia o sucesso reprodutivo, observaremos, não obstante, que essa característica passará a ser dominante nessa população, mesmo embora essa forma de mudança evolutiva não seja resultado da seleção natural. Algumas modificações orgânicas são resultado de *gargalos genéticos*. Assim como os efeitos fundadores, os gargalos genéticos ocorrem quando uma população diminui de maneira muito súbita (por exemplo, após um terremoto), deixando apenas um subconjunto dos genes da população original.

---

[4] Estou varrendo para debaixo do tapete algumas questões bastante grandes e controversas. Por exemplo, qual (se é que algum) é/foi o propósito do senso moral? Em capítulos posteriores faremos um trabalho completo de limpeza doméstica, abordando essa questão em seu lugar apropriado.

Vale a pena pausar um momento para notar o que esses processos alternativos de evolução podem significar para nossa investigação principal. Alguém poderia, por exemplo, argumentar que nosso senso moral evoluiu, mas que sua evolução não foi um resultado da seleção natural. De acordo com uma narrativa como essa, nosso senso moral não foi uma adaptação. Sua existência pode ter sido o resultado de um processo não mais elaborado do que aquele que produziu a característica de "ter asas verdes". Se esse fosse o caso, seria inútil procurar pelo propósito (biológico) de nosso senso moral. Ele não teria nenhum propósito. Conforme avançamos, é importante manter em vista essas alternativas.

Outro erro comum de compreensão sobre a teoria de Darwin é que a mudança evolutiva é, em algum sentido, *voltada para o futuro*, ou deliberada. Parte do problema deriva da terminologia: dizer que ao longo do tempo os organismos se *adaptam* a seus ambientes convida fortemente a ideia de que a Mãe Natureza – ou os próprios organismos – resolve ativamente os problemas adaptativos por meio de alterações de sua estrutura. No exemplo padrão, a girafa raciocinou que precisava de um pescoço longo para alcançar as folhas nas árvores altas, e daí – *voilà!* – um pescoço longo. É claro que isso não chega nem perto da verdade.

Temos que lembrar que a seleção natural só pode "agir" sobre aquelas variantes que já existem, e quais variantes existem é algo bastante arbitrário, uma vez que a variação é, de modo geral, resultado de "erros" genéticos durante a replicação do DNA. Isso não é negar que alguns organismos sejam primorosamente adequados a seus ambientes. Mas é quase sempre o caso que, em uma inspeção muito mais detalhada, aquelas "soluções" adaptativas são surpreendentemente improvisações: em vez de projetar a solução mais eficiente, confiável ou econômica, a Mãe Natureza parece ter juntado pedaços e partes de outros projetos existentes (um osso aqui, um ligamento ali) para permitir que o organismo prosseguisse. Daniel Dennett (1995: p. 211) refere-se a elas como "soluções perversamente intricadas". Se o material puro sobre o qual a seleção natural age é a variação genética, então isso é precisamente o que deveríamos esperar encontrar: remendos. A Mãe Natureza pode ser esperta, mas ela é, não obstante, uma remendeira.

1.3– A MÃE NATUREZA COMO REMENDEIRA

Pelo menos uma parte da resistência contra a ideia de que nossas mentes morais são produtos da seleção natural provém de uma suspeita profunda de que a seleção natural, apesar de sua força, nunca poderia levar a um modo de pensar tão rico, emotivo e poderoso quanto o pensamento moral. A Mãe Natureza simplesmente não é tão esperta. Uma forma como os biólogos tentaram aliviar essa suspeita foi nos fazendo pensar sobre outros processos mais familiares que, apesar de sua rigidez, produzem resultados bastante originais e inesperados. Eis aqui um método comum que os biólogos e filósofos usam para afrouxar nossa resistência: Você tem a tarefa de compor um soneto petrarquiano original. Caso você tenha esquecido, um soneto petrarquiano é um poema que consiste em quatorze linhas; cada linha deve conter, com apenas uma ou duas exceções, dez sílabas, no qual cada sílaba diferente é acentuada. O esquema apropriado de rima é: *a-b-b-a/a-b-b-a/c-d-e-c-d-e*. Embora eu deixe o tema a seu cargo, espera-se que as primeiras oito linhas introduzam um problema ou dilema; as seis linhas restantes devem buscar resolver o problema.

Aposto que você não apreciaria a ideia de completar tal tarefa. Ela é simplesmente limitante demais. Mesmo que você consiga encontrar rapidamente um tema satisfatório, o que promete consumir todo seu tempo é adequar o tema aos limites rígidos do poema. Obviamente, você não pode designar de antemão suas palavras de rima ("pássaro", "coração", "início", "enevoado") sem tornar sua tarefa quase impossível. Em vez disso, você tem simplesmente que partir em uma direção geral.

Coloque algumas palavras no papel, e esteja pronto para fazer um monte de ajustes. Você deve esperar, é claro, que a maior parte de seus esforços iniciais tenha de ser jogada fora. Não é suficiente encontrar uma palavra que rime com "desarranjado"; a palavra tem de se encaixar tanto *localmente* (isto é, gramaticalmente) quanto *globalmente* (isto é, tematicamente). Em alguns casos, um fraseio particularmente efetivo pode exigir uma reestruturação da estrofe inteira. Tão desagradável quanto essa tarefa possa parecer, eu apostaria que se você se dedicasse a ela, se você espremesse sua imaginação poética na forma do poema, você se surpreenderia. Você não declararia necessariamente: "Sou um poeta, no fim das contas!". No entanto, você produziria algumas linhas bastante originais e imprevisíveis, e além da música do poema, elas expressariam alguns pensamentos bastante originais (o preço de duvidar de mim a respeito disso, é claro, é escrever seu próprio soneto). Mas a razão pela qual tal exercício tende a produzir resultados inesperados se encontra precisamente nas *restrições da forma*. A "energia" poética tem de ser canalizada, frequentemente, em direções não naturais.

O matemático Stanislaw Ulam observou que a forma poética "força associações novas e quase garante desvios em relação a cadeias ou correntes rotineiras de pensamento. Ela se torna, paradoxalmente, uma espécie de mecanismo automático de originalidade" (1975: p. 180). No processo de desgastar a tecla *delete* de seu computador, eliminando todas as expressões óbvias (simplesmente porque elas não se encaixam), algo eventualmente tem sucesso. Aquilo se encaixa na métrica, estabelece a rima e contribui para o tema maior. Genial! Além disso, quais as chances que você teria de chegar àquela expressão na ausência de tais restrições?

O ponto importante desse pequeno exemplo é enfatizar o poder improvável da *forma* ou da *lei* na criação de soluções. Por certo, escrever um soneto e planejar espécies são tarefas que não são análogas de várias maneiras. Mais notavelmente, não há nenhuma analogia para o papel do poeta no caso da evolução; a metáfora da "remendeira" é apenas isso, uma metáfora. Há uma seleção ocorrendo em ambos os casos, mas o máximo que pode ser dito no caso da evolução é que as espécies estão sendo produzidas por seleção pelos processos descritos acima.

Ainda assim, a metáfora é instrutiva: a Mãe Natureza "faz remendos" com os diferentes projetos que as mutações genéticas tornam disponíveis, assim como faríamos com as palavras ao compor um soneto. É claro que, assim como a vasta maioria das palavras em que você pode pensar, a maioria das alterações orgânicas não vai se encaixar nos exigentes limites já estabelecidos. Tais alterações não se encaixam localmente (elas são incompatíveis com a estrutura interna do organismo) ou globalmente (elas reduzem o sucesso reprodutivo de um organismo em relação a seus vizinhos). Mas de vez em quando uma pequena modificação de uma estrutura existente se encaixa. Os remendos da Mãe Natureza dão resultado. E, assim como no caso do soneto, a originalidade pode ser de tirar o fôlego: patas com membranas, ecolocalização, veneno peçonhento, fotossíntese. Talvez até o pensamento. Então talvez devamos aceitar o conselho de Richard Dawkins:

> "Nunca diga, e nunca leve a sério alguém que diga, "não posso acreditar que tal ou tal coisa possa ter evoluído por seleção gradual". Dei a esse tipo de falácia o nome de "Argumento da Incredulidade Pessoal". Volta e meia ele se revelou como o prelúdio de uma experiência intelectual de escorregar em uma casca de banana. (1995: p. 70).

Na próxima seção, nos basearemos nesses desenvolvimentos científicos iniciais e exploraremos o excitante (e controverso) novo campo da psicologia evolutiva. Como o nome sugere, a psicologia evolutiva propõe estudar a mente humana da mesma maneira que os biólogos evolutivos estudam a forma orgânica: aplicando os princípios da seleção darwinista. Nesse caso, os objetos de estudo são os padrões do comportamento humano, os padrões do pensamento e do desejo humano. Esse estudo é diretamente relevante para nosso foco principal, pois é frequentemente no campo da psicologia evolutiva que alguns teóricos localizam a evidência em favor de um senso moral derivado da evolução.[5]

1.4– PSICOLOGIA EVOLUTIVA E NATUREZA HUMANA

Você pode não ter nenhum problema para aceitar uma explicação darwinista para a estrutura do olho humano. O mesmo vale para os

---

5 Uma nota de cautela: embora o entusiasmo em favor de um senso moral especializado seja maior entre os psicólogos evolutivos, eles não são os únicos pesquisadores envolvidos no debate. Alguns pesquisadores estão investigando a questão mais geral de se a mente contém ou não quaisquer faculdades especializadas, independentemente da origem evolutiva dessas faculdades. A ênfase sobre a psicologia evolutiva no que se segue visa apenas destacar uma área de pesquisa vigorosa. Importantes modelos alternativos são sugeridos no final do capítulo 4.

pulmões, o fígado, o colo e o sistema circulatório humano. Mas e o ciúme? E a amizade? E a propensão dos homens à violência, ou o interesse das mulheres em parecerem jovens? E a linguagem? *Essas* coisas, você diz, são outros assuntos. Talvez não, dizem os psicólogos evolutivos.

Hoje, as ideias de Darwin sobre a evolução ocupam um lugar interessante. Por um lado, no que diz respeito a explicar as caracerísticas *corporais* dos seres humanos (o coração humano, ou a articulação do quadril humano), a maioria das pessoas não tem nenhum problema em apelar para a evolução por seleção natural. Por outro lado, no que diz respeito a explicar as características *psicológicas* dos seres humanos, as pessoas resistem em apelar para a evolução por seleção natural – se é que isso lhes ocorre. Aparentemente, há uma divisão explicativa entre o corpo humano e a mente humana. Essa divisão é perpetuada (eu suspeito) pela velha distinção entre natureza e educação.

A assunção dominante diz que o corpo humano é como é *por natureza* (por exemplo, você não aprendeu a desenvolver pernas em vez de barbatanas), ao passo que a mente humana é como é *por educação*. Suas atitudes sobre o que faz um parceiro desejável, por exemplo, foram moldadas primariamente por seu ambiente. A divisão entre corpo e mente, no entanto, está sendo erodida. Nesta seção, exploramos aquilo que alguns estão chamando de *a nova ciência da mente*, a psicologia evolutiva, que busca ativamente integrar a psicologia e a biologia evolutiva.

Contrariamente à assunção dominante, a psicologia evolutiva sustenta que há um referencial explicativo comum subjacente tanto à fisiologia humana quanto à psicologia humana: a evolução por seleção natural. Uma compreensão completa da mente humana, de acordo com os psicólogos evolutivos, exige a compreensão das pressões evolutivas que a moldaram tantos milhões de anos atrás. Não viemos ao mundo como lousas em branco, como muitos comumente assumem. Em vez disso, argumentam eles, nossas cabeças estão cheias de *adaptações* psicológicas.

É claro, quando nos pedem para pensarmos em adaptações evolutivas, a maioria de nós pensa em características *anatômicas*, como as patas com membranas de um pato ou a pele camuflada de um lagarto. De acordo com a explicação padrão, as patas com membranas inicialmente emergiram como resultado de uma mutação genética; uma vez que as patas com membranas permitiram a seu possuidor se reproduzir mais do que seus vizinhos (levando tudo em consideração), ao longo do tempo as patas com membranas se difundiram entre toda a população.

Os psicólogos evolutivos estão propondo uma explicação similar para características *mentais*. Em algum ponto do passado distante, um certo sistema mental emergiu em um indivíduo como resultado de uma mutação genética; esse sistema alterou a psicologia daquele indivíduo – o modo como ele pensava, sentia, raciocinava ou desejava. E uma vez que aquele sistema lhe permitiu se reproduzir mais do que seus vizinhos (levando tudo em consideração), ao longo do tempo aquele sistema mental se difundiu entre toda a população. Falando de modo grandioso, podemos dizer que assim como as patas com membranas são parte da natureza do pato, da mesma forma certos modos de pensar, raciocinar ou desejar são parte da natureza humana.

Voltando por um instante para nosso tema principal (isto é, o senso moral humano), podemos colocar nossa questão da seguinte maneira: será que a posse de um senso moral é parte da natureza humana, sendo que essa natureza é melhor explicada pela evolução por seleção natural? Como veremos abaixo, a fim de responder a essa questão precisaremos examinar cuidadosamente que tipo de problema adaptativo (se é que há algum) nosso senso moral foi projetado para resolver. As patas com membranas, por exemplo, ajudaram a resolver o problema do movimento eficiente na água. Se nosso senso moral é de fato uma adaptação, então deveria haver boas evidências de que a posse de tal senso ajudou a resolver (ou a resolver de modo mais bem-sucedido do que os vizinhos de alguém) um certo problema adaptativo. Mas estamos nos adiantando. Examinemos mais de perto os detalhes da psicologia evolutiva.

1.5 – UMA CAIXA DE FERRAMENTAS MENTAL DERIVADA DA EVOLUÇÃO

Os psicólogos evolutivos propõem a hipótese de que mente humana é equipada com muitos (alguns dizem muitíssimos) mecanismos psicológicos diferentes derivados da evolução. Em vez de enxergar a mente como contendo um único "resolvedor de problemas" para todos os propósitos, os psicólogos evolutivos enxergam a mente basicamente da mesma maneira como enxergamos o corpo. Sabemos que o corpo não contém um *único* mecanismo anatômico para lidar com a jornada do corpo através do mundo. Antes, ele contém *diferentes* mecanismos para enfrentar *diferentes* problemas: um fígado para filtrar toxinas, pulmões para absorver oxigênio, anticorpos para lutar contra bactérias e vírus, e assim por diante. É verdade que cada mecanismo é profundamente limitado naquilo que ele pode fazer (seu sistema digestivo é um aparelho auditivo bastante ruim), mas esse custo é mais do que superado pelos benefícios. Com uma única tarefa para completar, cada sistema deveria ser capaz de realizá-la de modo eficiente, econômico e bastante confiável.[6] E mesmo que outros sistemas falhem (você perde sua visão, por exemplo), a maioria dos outros sistemas deve permanecer operacional.

Os psicólogos evolutivos sustentam que essa é a maneira como devemos compreender a mente humana.[7] Assim como o corpo, a mente precisa de diferentes mecanismos para lidar com diferentes tarefas. Afinal, a alternativa a esse quadro – um único mecanismo psicológico para todos os propósitos – é difícil de aceitar, dizem os psicólogos evolutivos:

> *A ideia de que uma única substância genérica pode ver em profundidade, controlar as mãos, atrair um parceiro, cuidar das crianças, enganar predadores, surpreender presas e assim por diante, sem algum grau de especialização, não é verossímil. Dizer que o cérebro resolve esses problemas por causa de sua "plasticidade" não é muito melhor do que dizer que ele os resolve por mágica.* (Pinker, 1997: p. 75)

---

6   Misturando nossas metáforas ainda mais, considere sua chave de casa. Essa chave é inútil em quase toda outra fechadura, mas é uma chave barata e bastante confiável na fechadura que conta: a fechadura da sua casa.

7   Para os propósitos presentes, não assumirei nada sobre a relação entre a mente e o cérebro; notarei, contudo, que é uma assunção de trabalho entre os psicólogos que a mente é, em algum sentido, realizada pelas operações do cérebro. Mas essas são águas muito profundas, nas quais não precisamos entrar.

O que nos resta, então, é o que alguns psicólogos chamam de uma explicação "modular" da mente: muitos módulos distintos projetados para resolver muitos problemas distintos. Isto é, muitas "ferramentas" distintas para lidar com muitos problemas distintos. Essa é uma explicação *evolutiva* porque a seleção natural é responsável pelo projeto. Mas o que são esses módulos?

De acordo com David Buss, um importante psicólogo evolutivo, um módulo ou mecanismo psicológico derivado da evolução é "um conjunto de procedimentos dentro do organismo, projetado para absorver uma parcela particular de informação e transformar aquela informação, por meio de regras de decisão, em um resultado que historicamente auxiliou na solução de um problema adaptativo" (2007: p. 52). O que isso significa? Bem, primeiro, por "um conjunto de procedimentos", Buss está reconhecendo que pode haver muitos subsistemas envolvidos na transmissão da informação do ambiente para o mecanismo. Sistemas visuais, sistemas auditivos, cadeias de inferências lógicas, todos esses podem transmitir informação para o mecanismo. Não obstante, o mecanismo é projetado para absorver *apenas* "uma parcela particular de informação". O mecanismo para a escolha de parceiros, por exemplo, não processará informações acerca da cor da grama ou do gosto de bagas, ou da velocidade de nuvens passageiras. Em vez disso, aquele mecanismo (supostamente) é projetado para absorver e processar apenas aquela informação que é relevante para a escolha de um parceiro, e qual informação é relevante dependerá das "regras de decisão" operativas. Tais regras (podemos imaginar) equivalem a cláusulas do tipo "Se... então": *se* o mecanismo registrar tal e tal coisa, *então* faça tal e tal coisa e/ou pense tal e tal coisa.[8] Uma vez que essas regras não processam informações sobre inúmeras outras coisas (assim como sua chave de casa não abre inúmeras fechaduras), aquele mecanismo é descrito como *dedicado* ou *de domínio específico*.

---

[8] É claro, o modo como essas regras são "codificadas" no cérebro é um assunto inteiramente diferente, um assunto que nos levaria a percorrer diversas disciplinas diferentes. Meu objetivo aqui é simplesmente oferecer um esboço rudimentar do programa do psicólogo evolutivo como uma forma de estabelecer o alicerce para nossa discussão principal. Para um exame mais aprofundado desse campo, veja as "Leituras adicionais" no fim deste livro.

Finalmente, a presença *desse* mecanismo – em oposição a algum outro mecanismo – é explicada pelo fato de que, dados os materiais preexistentes do cérebro hominídeo, *esse* mecanismo ajudou a resolver um problema adaptativo enfrentado por nossos ancestrais hominídeos. Essa última parte é extremamente importante. Os mecanismos psicológicos que os psicólogos evolutivos afirmam preencher a mente não evoluíram em resposta a problemas que enfrentamos hoje. Eles *podem* ajudar na solução de problemas similares, mas não é por isso que nós os possuímos, e sim porque eles resolveram problemas recorrentes enfrentados por nossos ancestrais distantes. E uma vez que eles não foram "excluídos" da população por meio da seleção, as populações atuais ainda os possuem. Como os psicólogos evolutivos gostam de dizer, nossos crânios modernos abrigam mentes da idade da pedra.

1.6– ALGUNS (OUTROS) ERROS COMUNS DE COMPREENSÃO

Como você pode imaginar, quando o tópico passa a ser a natureza humana (e as supostas raízes evolutivas de tal natureza), o território torna-se subitamente um campo minado. A partir da narrativa biológica bastante simples acima, é fácil se ver concluindo todo tipo de coisas duvidosas. Quero passar alguns alertas contra vários tropeços perigosos: 1) Associar adaptação e adaptatividade; 2) Associar explicação e justificação; 3) Compreender erroneamente o escopo de uma explicação evolutiva; 4) Sucumbir à tentação do determinismo genético.

Associar adaptação e adaptatividade

Uma das confusões mais sedutoras nesse campo diz respeito à distinção (e *há* uma) entre adaptações e adaptatividade. Dito de modo simples, aquilo que é adaptativo não é necessariamente uma adaptação, e as adaptações não são necessariamente adaptativas. Alguns exemplos ajudarão. Ir ao médico para um exame físico anual é algo adaptativo, na medida em que aumenta suas chances de sobrevivência e reprodução; contudo, ninguém vai concluir que a mente possui um mecanismo de "ir ao médico", dedicado a identificar médicos e motivar o organismo a buscar o aconselhamento deles. Ir ao médico é, por assim dizer, um comportamento *aprendido* – pelo menos para aqueles que o aprenderam. O ponto é que devemos ter o cuidado de não concluir que um certo comportamento é (ou, dito de modo mais cuidadoso, é produzido por) uma adaptação psicológica *somente porque vem a ser biologicamente adaptativo*.

O que talvez seja menos óbvio é a afirmação de que as adaptações não são necessariamente adaptativas. Quando um psicólogo evolutivo afirma que um certo comportamento é produzido por uma adaptação psicológica (vamos chamá-la de A), ele *não* está afirmando que A produz um comportamento adaptativo. Ele está afirmando, em vez disso, que A, *em média*, tendeu a produzir um comportamento que era mais adaptativo do que os projetos competidores *no ambiente em que A evoluiu*. Mas o ambiente em que A evoluiu pode não ser semelhante ao nosso ambiente atual; assim, não há nenhuma garantia de que A será adaptativo nesse ambiente atual. Pense nisso da seguinte maneira. Segundo a maioria das estimativas, 99% da história de nossa espécie consistiu em caçar e coletar sob as duras condições da savana africana. Portanto, os mecanismos psicológicos que evoluíram, o fizeram em resposta *àquelas* condições. Mas agora imagine transplantar aquela "mente da idade da pedra" para o crânio de um cidadão do mundo moderno, com seu labirinto de cubículos de escritórios e transporte público, seus namoros *online* e deveres de júri, seu Google e Facebook, seus GPSs e caixas eletrônicos. É alguma surpresa que algumas de nossas soluções da idade da pedra (para problemas adaptativos) não estejam à altura da tarefa dos problemas do mundo moderno?

Voltemos ao exemplo discutido na Introdução: nossa preferência por comidas gordurosas. Deveria ser imediatamente óbvio que os primeiros seres humanos enfrentaram regularmente o problema de obter o suficiente para comer. Uma solução para esse problema teria sido uma maior discriminação a respeito daquilo que era comido: preferir comidas gordurosas ampliava as chances de um indivíduo aumentar a ingestão de calorias, adicionando sua reserva de energia, e assim por diante. Mas aquela mesma solução – uma forte preferência por comidas gordurosas – que era tão adaptativa durante o período do desenvolvimento hominídeo é decididamente *não* adaptativa em ambientes ricos em *cheeseburgers* e rosquinhas de chocolate. Novamente, o ponto importante a se ter em mente é que quando se afirma que tal e tal coisa é uma adaptação psicológica, a afirmação deve ser entendida, antes de mais nada, como uma afirmação sobre nosso *passado evolutivo*, a respeito de uma solução psicológica particular para um problema adaptativo que foi repetidamente enfrentado por nossos ancestrais distantes. Se aquela solução é ou não adequada a nossos ambientes atuais é um assunto separado.

Associar explicação e justificação

Alguém pode razoavelmente suspeitar que parte da resistência popular em relação às explicações psicológicas evolutivas contemporâneas deriva de uma confusão acerca do objetivo dessas explicações. Alguns críticos da psicologia evolutiva erroneamente supõem que tais explicações equivalem a um endossamento ou justificação do comportamento relevante. Assim, quando, por exemplo, eles ouvem que a tendência masculina em preferir múltiplas parceiras sexuais (assumindo que tal tendência existe) é explicada pelas forças da seleção do sexo, torna-se bastante tentador pensar que tal explicação visa desculpar os homens. "Como você pode culpá-los? Isso está nos genes deles!". Mas essa tentação deve ser resolutamente combatida. Como diz o velho ditado: "Compreender não é perdoar".

Dito de modo simples, os psicólogos evolutivos buscam *explicar*, não *desculpar*. Eles estão tentando descrever os processos causais que levam a comportamentos humanos observados; eles *não* estão associando um valor aos processos, nem ao comportamento. Eles *não* estão afirmando, por exemplo, que a promiscuidade masculina é boa ou má, virtuosa ou viciosa. Tais afirmações são – ou pelo menos deveriam ser – deixadas para aqueles que buscam compreender a natureza do bem e do mal, da virtude e do vício. Assim, embora você possa ouvir os psicólogos evolutivos descreverem um mecanismo psicológico como "melhorador da adaptação", "efetivo", "confiável" ou "prejudicial", nenhum desses adjetivos deve ser pensado como atribuindo um valor (ou desvalor) ao mecanismo *além do contexto meramente bioló-*

gico. Se buscamos saber se o mecanismo é bom *levando todas as coisas em consideração*, supostamente devemos olhar para além da biologia. Como essa discussão deixa claro, a distinção entre explicação e justificação carrega uma importância particular na esfera moral. Sendo assim, retornaremos a esse assunto na parte II.

Compreender erroneamente o escopo das explicações evolutivas

Se você quer entender por que você faz as coisas que faz, seria um erro voltar-se para a psicologia evolutiva em busca de qualquer coisa, exceto a explicação mais indireta e abstrata. Para ver por que, considere uma analogia. Se eu quero descobrir que tipo de música você gosta (isto é, sem a sua ajuda), posso fazer uma pesquisa estatística para descobrir do que a *maioria* das pessoas na sua região demográfica gosta em termos de música. Suponha que eu descubra, com base em uma amostra representativa, que 73% das pessoas em sua região demográfica preferem *hip-hop*. Quanto eu deveria estar confiante de que *você* gosta de *hip-hop*? Bem, um tanto confiante; isso é melhor do que jogar uma moeda, acho. Mas uma abordagem melhor seria investigar os tipos de música aos quais você foi exposto enquanto crescia, especialmente durante a adolescência – o que seus pais ouviam, o que seus irmãos ouviam. Acima de tudo, eu iria querer saber o que seus amigos ouviam. Essas linhas de detalhes seriam essenciais para formar previsões sobre os tipos de música que *você* gosta. As pesquisas estatísticas poderiam ajudar a delimitar o campo, mas apenas a grosso modo.

De modo semelhante, as explicações psicológicas evolutivas do comportamento humano são como pesquisas estatísticas nesse sentido: elas medem tendências em grande escala. Elas preveem como a *maioria* dos seres humanos será. De fato, tais explicações são ainda mais gerais do que isso. As explicações psicológicas evolutivas preveem como a maioria dos seres humanos será *sob circunstâncias específicas*. Até mesmo o mais ardente defensor da psicologia evolutiva reconhecerá a tremenda adaptabilidade da mente humana.

Somos aprendizes fabulosos (mesmo que sejamos notórios esquecedores). O que isso significa é que as adaptações psicológicas se baseiam criticamente em influências ambientais, um ponto que não é possível exagerar. É por isso que, para saber por que você faz as coisas que faz, é preciso saber muito sobre seu ambiente. Na melhor das hipóteses, as adaptações psicológicas postuladas pelos psicólogos evolutivos podem fornecer um referencial para algumas afirmações probabilísticas sobre você: *provavelmente* prefere isso àquilo, ou pensa isso em vez daquilo, *na presença (ou ausência) dessas influências ambientais específicas*. Mas essa é uma imagem de muito "baixa resolução". Ela é como um esboço a carvão de quem você é. Para uma imagem de "fotorrealismo", você precisa fornecer todos os ricos detalhes do seu ambiente. Assim, o *escopo* das explicações evolutivas sobre a psicologia humana é notavelmente limitado. Elas explicam, na melhor das hipóteses, padrões no nível das populações; elas não dirão muito sobre o que faz você – em toda sua riqueza de detalhes – ser você.

Sucumbir à tentação do determinismo genético

Alertei contra essa tentação na Introdução, mas vale a pena repetir. Embora a estrutura de sua mente seja parcialmente resultado de seus genes (pelo menos de acordo com a psicologia evolutiva), e embora você tenha os genes que tem em parte por causa de sua história evolutiva, nada disso *determina* como você vai agir, no sentido de que haja apenas um curso de ação aberto a você (Então você provavelmente não vai ganhar muito com a desculpa: "Darwin me fez fazer isso!"). A razão é que simplesmente não há nenhuma cadeia causal que ligue a sequência de genes ABC ao comportamento XYZ. A sequência de genes ABC tenderá para um *leque* de comportamentos, os quais dependerão, entre outras coisas, de outras estruturas genéticas, de comportamentos aprendidos, e de influências ambientais correntes. Você não é, como enfatiza o biólogo Paul Ehrlich: "Prisioneiro de pequenos genes [...] autorreplicantes" (2002: prefácio). Como ele diz, os genes não gritam comandos para você; "no máximo, eles sussurram sugestões". Lembre-se: seus genes representam apenas o mais leve esboço do tipo de pessoa que você é. Seu ambiente (seus pais, seus amigos, sua cultura) desempenha um papel crucial no modelamento de como você responderá às várias situações.

De fato, quando notamos o tremendo impacto que sua formação tem sobre seu comportamento, temos que nos perguntar se o determinismo genético deveria nos preocupar menos do que o determinismo *ambiental*, segundo o qual seu comportamento é determinado (ou, digamos, fortemente influenciado) pelo ambiente no qual você cresceu. Apenas pense na variedade de desculpas que se infiltraram nos tribunais de justiça: "a desculpa do abuso, a defesa dos Twinkies, a fúria negra, o envenenamento da pornografia, a enfermidade social, a violência da mídia, as letras de rock e diferentes costumes culturais" (Pinker, 2002: p. 178). A verdade é que a preocupação acerca do determinismo genético (ou biológico) é de fato um sintoma de um mistério filosófico mais profundo, com o qual os filósofos ainda lutam ativamente: o problema da responsabilidade moral. Não que o comportamento causado por genes seja muito mais (ou menos) moralmente problemático do que o comportamento causado pelo ambiente; a noção moralmente problemática, pelo menos aos olhos dos filósofos, é a mera noção do comportamento causado.

Afinal, será que não podemos ligar *em última instância* as causas do comportamento de alguém a alguma(s) força(s) fora de sua cabeça? "Se *alguma vez* consideramos que as pessoas são responsáveis por seu comportamento", sustenta Pinker, "isso tem de ser a despeito de qualquer explicação causal que achemos justificada, quer ela envolva genes, cérebros, evolução, imagens da mídia, dúvida sobre si, formação ou ser criado por mulheres briguentas" (2002: p. 180). Conclusão, quaisquer que sejam as perspectivas da psicologia evolutiva, elas não são dependentes do conjunto de problemas filosóficos levantados pelo espectro do determinismo. Mesmo que seus genes gritassem comandos para você (o que eles não fazem), isso não mostraria que a psicologia evolutiva é uma hipótese científica defeituosa. Incômoda, sim. Falsa, não.

Então, vamos rever os tropeços a serem evitados. Primeiro, a busca por adaptações psicológicas *não* é a busca por um comportamento adaptativo, mas antes a busca por aquelas características psicológicas que foram adaptativas durante o longo período da evolução de nossa espécie. Segundo, explicar uma parcela de comportamento humano em termos de evolução *não* é justificar (endossar, recomendar ou aplaudir) aquela mesma parcela de comportamento. Terceiro, explicar em bases evolutivas por que os seres humanos, enquanto grupo, tendem a se comportar como o fazem *não* explica – isto é, em qualquer grau de detalhe interessante – por que você ou eu realizamos *aquela* ação *naquele* momento. Finalmente, você não está condenado a agir das maneiras que estão (na melhor das hipóteses) "delineadas" em seus genes; na melhor das hipóteses, seus genes, mediados por seu cérebro, *sugerem* linhas de ação.

Em vista disso, como esses tropeços se relacionam com nossa investigação principal, a evolução do senso moral humano? Primeiro, seria um erro concluir que nosso senso moral *não* é uma adaptação psicológica com base no argumento de que ele não produz um comportamento adaptativo *nesse* ambiente. Segundo, se nosso senso moral é de fato uma adaptação, e se uma dada parcela de comportamento (chame-o de *B*) é de fato produzido em parte por aquele senso, não podemos automaticamente concluir que *B* é bom, ou virtuoso, ou o que quer que seja (da mesma forma, se *B* não é produzido por aquele senso, não podemos concluir que *B* é mau, ou vicioso, ou o que quer que seja).

E finalmente, caso isso já não seja óbvio, ter um senso moral não garante um comportamento moral. Mais importante, seria um erro concluir que nosso senso moral não é uma adaptação psicológica com base no argumento de que *nem todo mundo* se comporta de maneira moral ou faz juízos morais corretos. Afinal, não concluímos que nosso sistema visual não é uma adaptação com base no argumento de que nossos olhos às vezes nos enganam. A existência de um senso moral derivado da evolução é compatível não apenas com diferentes juízos morais (acerca do mesmo evento, digamos), mas também com um amplo leque de diferenças de comportamento moral. Esse é um ponto pouco considerado. As adaptações psicológicas, se é que existem, não acarretam semelhanças universais – ou mesmo quase universais – de pensamento ou comportamento. Esse poderia ser o caso se o ambiente não tivesse um papel na formação de nossa psicologia. Mas sabemos que exatamente o oposto é verdadeiro.

1.7– CONCLUSÃO

Neste capítulo, tentei apresentar os blocos de construção para a compreensão das adaptações evolutivas – em particular, das adaptações psicológicas. Todas as adaptações têm isso em comum: elas começaram como mutações genéticas; uma vez que essas mutações tenderam a dar a seus possuidores uma vantagem reprodutiva, não importando o quão pequena, elas eventualmente se difundiram por toda a população. O princípio central da psicologia evolutiva é que, assim como o corpo, a mente contém um leque de adaptações, cada uma projetada para auxiliar um indivíduo a lidar com um tipo particular de problema adaptativo recorrente. Estreitando nosso foco ainda mais, podemos ver como os proponentes de um senso moral derivado da evolução defenderão sua posição: tal senso tendeu a dar a nossos ancestrais uma vantagem evolutiva (não importando o quão pequena) sobre outros membros da espécie. O senso moral é supostamente especializado, no sentido de que sua função é distinta de outras funções da mente, e isso se baseia sobre as operações de outros subsistemas.

Há, no entanto, outros blocos de construção que precisam ser postos no lugar antes de nos aproximarmos de nosso assunto principal. Pois, do modo como as coisas estão, parece que a seleção natural "deu um empurrão" para o pensamento moral.

Os biólogos, desde Darwin, observaram em animais não humanos comportamentos que poderiam ser descritos, pelo menos de modo aproximado, como comportamentos *morais*: compartilhamento, autossacrifício, cooperação e outros semelhantes. Mas tais observações parecem estar nitidamente em conflito com a natureza competitiva da seleção natural. De fato, a visão de abelhas operárias se sacrificando para proteger a colmeia perturbou profundamente Darwin, pois sua teoria não tinha nenhuma maneira de explicar essa "dificuldade especial". Tal comportamento, temia Darwin, era não apenas "insuperável", mas "realmente fatal para toda a teoria" da seleção natural (2003/1859: p. 236).

Mas através de uma série de avanços recentes, a biologia moderna eliminou esse desconforto. A seleção natural pode de fato explicar esses comportamentos. O que isso significa para nossos propósitos é que quando os primeiros seres humanos entraram em cena, eles já possuíam, por herança, os mecanismos mentais responsáveis por comportamentos de tipo moral, não importando o quanto esses comportamentos estivessem distantes do comportamento moral *genuíno*. No próximo capítulo, exploraremos esses avanços recentes e consideraremos o que a seleção natural pode ter acrescentado àquelas mentes primitivas para nos dar as mentes morais tão especiais para nossa espécie.

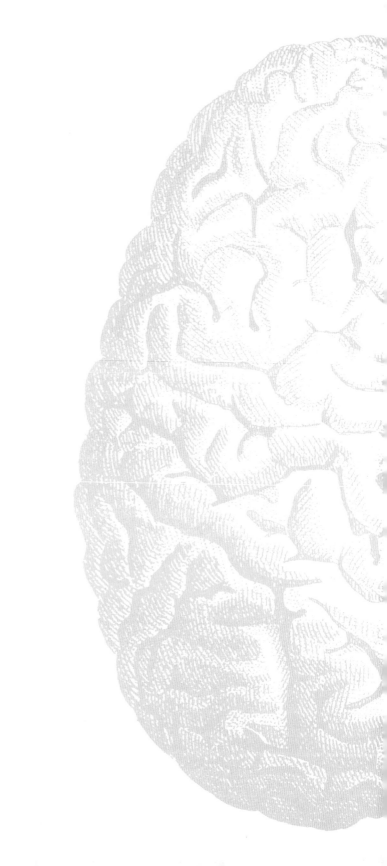

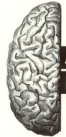

AS (PRIMEIRAS) RAÍZES DO CORRETO

> *Chame-a de clã, chame-a de rede, chame-a de tribo, chame-a de família: como quer que você a chame, quem quer que você seja, você precisa de uma.*
>
> Jane Howard. *Families*

> *O compromisso é mais saudável não quando é sem dúvida, mas apesar da dúvida.*
>
> Rollo May. *The Courage to Create*

Os defensores de Darwin precisam explicar algumas coisas. A teoria descrita no capítulo anterior afirmava que as mutações genéticas que tendiam a aumentar a habilidade de um indivíduo para sobreviver e se reproduzir, eventualmente se difundiriam entre toda a população, se todas as outras coisas permanecessem iguais. Isso parece implicar que as mutações genéticas que tendiam a *diminuir* a habilidade de um indivíduo para sobreviver e se reproduzir seriam eventualmente eliminadas da população. Portanto, quando olhamos para o mundo, não deveríamos observar indivíduos sacrificando regularmente suas próprias vantagens reprodutivas em favor das vantagens reprodutivas de outros. Pois como é que tais indivíduos poderiam alguma vez obter uma posição segura na população, e mais ainda passar a dominá-la? Afinal, o próprio Darwin não insistiu que "qualquer variação minimamente prejudicial seria rigidamente destruída?". O que deveríamos observar, portanto, seria um mundo de *puros egoístas*. Isso é bastante claro. Mas há apenas um problema. Esse não é o mundo que observamos!

Deixe de lado o comportamento humano – que contém muitos atos de cooperação, compartilhamento e autossacrifício para nomearmos – e concentre-se simplesmente nos animais não humanos.

Toda criança em idade escolar sabe que cãezinhos e patinhos, gatinhos, potros, leitões e filhotes diversos têm mamães e papais, e as mamães e os papais cuidam de seus bebês. Mas as crianças em idade escolar também lhe diriam que os pássaros (e os babuínos, os ursos, e até mesmo os besouros) cuidam de seus irmãos e irmãs. E essas crianças estariam certas. Mas onde está o autointeresse em tudo isso? A teoria de Darwin não implica que os indivíduos só deveriam se comportar de maneira que beneficiam a *eles próprios*?

A situação fica ainda pior. Os morcegos-vampiro regularmente doam alimento (isto é, sangue) a outros morcegos (alguns parentes, outros não) que não conseguiram se alimentar em uma dada noite (Wilkinson, 1984). Esquilos terrestres e macacos vervet arriscam regularmente suas próprias vidas ao alertarem outros a respeito de predadores terrestres (Seyfarth e Cheney, 1984). Quando um esquilo terrestre vê um coiote, ele frequentemente emite um chamado agudo que permite a outros esquilos escaparem com segurança; o perigo, é claro, é o de atrair a atenção do coiote para aquele que deu o alarme (Dunford, 1977). O famoso primatologista Frans de Waal documentou milhares de casos de compaixão, cuidado e empatia entre primatas (por exemplo, De Waal, 1989, 1996, 2006).[1] Entre os pássaros, os abelharucos africanos de cara branca, assim como os gaios e os pássaros azuis, irão atrasar e às vezes abster-se da reprodução a fim de ajudar a criar a ninhada de um vizinho (Emlem e Wrege, 1988). As colônias de insetos sociais (formigas, abelhas, cupins e vespas) representam talvez o obstáculo mais saliente à teoria darwinista: em vez de se reproduzir, esses indivíduos dedicam suas vidas a sustentar a colônia e a rainha.

Evidentemente, o mundo contém não apenas altruístas ocasionais, mas também altruístas *puros*! Será que devemos então concluir (como o faz um *website* que promove o criacionismo) que a teoria de Darwin é "extremamente falha?". Se é assim, será que devemos abandonar a evolução como uma fonte de explicação para nossos im-

---

[1] Um dos casos mais surpreendentes ocorreu em 1996, quando Binti Jua, uma fêmea gorila ocidental das terras baixas no Zoológico de Brookfield, em Chicago, acalentou cuidadosamente um menino de 3 anos que havia caído numa exibição de gorilas, antes de devolver o menino aos treinadores dela.

pulsos morais? A resposta a essas questões é: *Não*. Neste capítulo, consideraremos como alguns avanços em biologia evolutiva (a saber, a adequação inclusiva e o altruísmo recíproco) explicam os tipos de comportamento de ajuda notados acima. Mais importante, exploraremos como esses avanços podem explicar pelo menos alguns dos comportamentos humanos que consideramos como *comportamentos morais*. No capítulo 3, tentarei mostrar o que esses avanços não explicam, no que diz respeito a nossas vidas morais. Pois, embora a maioria dos teóricos concorde que a adequação inclusiva e o altruísmo recíproco podem explicar boa parte de nossas vidas morais, ainda restam disputas sobre se essas forças podem explicá-las em sua totalidade.

2.1- ESTAMOS JUNTOS?

Talvez haja uma saída fácil do enigma para os darwinistas. Eles poderiam argumentar que o comportamento altruísta no mundo natural evoluiu para beneficiar *grupos* – não indivíduos. Certamente um grupo de indivíduos trabalhando para o bem comum terá uma vantagem reprodutiva sobre um grupo de egoístas. Um grupo de esquilos terrestres, digamos, contendo indivíduos dispostos a dar um alarme, sobreviverá ao longo do tempo a mais encontros com coiotes do que outro grupo de esquilos, nenhum dos quais tende a alertar outros acerca de coiotes nas redondezas (quando é "cada um por si", todos tendem a sofrer). O resultado natural, portanto, seria a seleção a favor de grupos de indivíduos (moderadamente) dispostos ao autossacrifício. A lógica era suficientemente boa para Darwin:

> *Uma tribo incluindo muitos membros que [...] estivessem sempre prontos a ajudar uns aos outros e a se sacrificar pelo bem comum seria vitoriosa sobre a maioria das outras tribos; e isso seria seleção natural.* (1859/2003: p. 537).

Infelizmente, a biologia evolutiva moderna bloqueou essa rota de fuga. Em meados dos anos 1960, a ideia de seleção de grupos sofreu um revés bastante sério: Diversos biólogos proeminentes – mais notavelmente G.C. Williams (1966) e J. Maynard Smith (1974) – mostraram (para a satisfação de muitos) que a seleção de grupos é, na melhor das hipóteses, uma força evolutiva extremamente fraca. É verdade que, sob condições experimentais incomuns, em que os parâmetros são cuidadosamente calibrados, a seleção de grupos poderia produzir alguns resultados evolutivos significativos; no entanto, só muito raramente se poderia esperar que tais condições vigorassem no mundo natural (é por isso que elas são "incomuns").

Sem nos prendermos muito aos detalhes, o problema da seleção de grupos como uma explicação para o comportamento altruísta é o seguinte: Um grupo de altruístas é quase sempre vulnerável a *mutantes egoístas* em seu interior. Dawkins chamou isso de "subversão a partir do interior". Os egoístas, por definição, agem de maneira que em última instância promovem o bem deles próprios, e assim, quando um egoísta surge em uma população de altruístas (supostamente por mutação), ele explorará a generosidade de seus vizinhos para seu próprio bem. Assumindo que "seu próprio bem" se traduz como *vantagem reprodutiva*, será apenas uma questão de tempo até que a mutação do egoísmo leve os altruístas à extinção. Segundo esse modelo, os indivíduos bonzinhos não chegam na frente; eles se tornam extintos.

Os relatórios de "extinção total" da seleção de grupos são, contudo, prematuros. Alguns biólogos e filósofos continuam a sustentar que a seleção de grupos desempenha um papel mais notável nas explicações evolutivas do que o admitido pela visão canônica (por exemplo, Sober e Wilson, 1998). Alguns argumentam, por exemplo, que a adequação inclusiva e o altruísmo recíproco são de fato casos especiais da seleção de grupos. Esse não é – felizmente para nós – um debate que precisamos enfrentar, pois tais forças contendo ou não como instâncias a seleção de grupos, pode haver pouca dúvida de que elas sejam forças biológicas potentes. Agora é hora de revelar como essas forças atuam.

2.2– ADEQUAÇÃO INCLUSIVA E O PONTO DE VISTA DO "OLHO DO GENE"

Richard Dawkins descreveu famosamente os genes como "egoístas". Tomado de modo literal, é claro que isso é um contrassenso: os genes não são mais egoístas do que unhas de dedão. Ser egoísta exige *motivos* autointeressados, e os genes, tão sofisticados quanto possam ser, não têm nenhum motivo – egoísta ou outro qualquer. Mas Dawkins estava defendendo um ponto diferente. Ver os genes como egoístas – como "interessados" por seu próprio benefício – serve para localizar o *nível* em que a seleção natural atua. E isso, por sua vez, localiza onde a maior parte do trabalho explicativo (biológico) é feita. Quando você quiser entender o funcionamento de um grande escândalo, os jornalistas lhe dirão: siga o dinheiro. Nesse caso, quando você quiser compreender o funcionamento da evolução, os biólogos lhe dirão: siga os genes. Eis por quê.

A teoria da seleção natural, conforme apresentada no capítulo anterior, encorajava a ideia de que (como coloca Dennett): "O que é bom para o corpo é bom para os genes e vice-versa [...]. O destino do corpo e o destino dos genes são fortemente ligados" (1995: p. 325). Afinal, uma mutação genética que permite a uma gazela correr mais rápido levará eventualmente a mais gazelas com cópias desses genes. Mas o que acontece quando o que é bom para os genes não é bom para o indivíduo ou vice-versa? O que acontece quando uma gazela em particular deixa de se alimentar para proteger suas irmãs de um predador? Uma vez que suas irmãs compartilham 50% de seus genes, tal ato promove a sobrevivência deles, mas certamente ameaça a sobrevivência dela própria. Isso é bom para os genes dela, mas não para ela. Você poderia pensar que tal indivíduo, com seu genoma particular, está voltado para a extinção. Mas esse não é o caso.

Em 1966, William Hamilton demonstrou que quando os interesses de um indivíduo conflitam com os interesses de seus genes, a seleção natural tende a recompensar os genes. Uma vez que as irmãs da gazela compartilham 50% dos genes dela, e uma vez que o(s) gene(s) responsáveis por ajudar os parentes provavelmente estarão *entre* esses genes, promover a sobrevivência de suas irmãs é outro modo de replicar (cópias de) seus próprios genes, incluindo o(s) gene(s) responsáveis por ajudar os parentes. Assim, aquilo que pode não ser bom para o corpo pode ainda assim ser bom para os genes – e isso é o que impulsiona o motor evolutivo. Dawkins ofereceu uma maneira vívida de avaliar esse ponto: nossos genes não estão aqui para produzir mais corpos como esse; em vez disso, nossos corpos estão aqui para produzir mais genes como esses. Um corpo é simplesmente o modo de um gene produzir mais genes.

A consequência mais imediata de adotar esse ponto de vista do "olho do gene" é que ele esclarece o *valor biológico dos parentes*. Para repetir, nossos parentes compartilham – em diferentes graus – nossos genes. E uma vez que a seleção natural, estritamente falando, é movida pela replicação dos genes e não pela replicação de indivíduos, não importa se as cópias de um gene são replicadas através de mim ou através de um parente – *contanto que elas sejam replicadas*. Por essa razão, os biólogos falam em *adequação inclusiva*, um conceito que Dawkins descreve da seguinte maneira:

> *A adequação inclusiva de um organismo não é uma propriedade dele próprio, mas uma propriedade de suas ações ou efeitos. A adequação inclusiva é calculada a partir do sucesso reprodutivo de um indivíduo mais seus efeitos sobre o sucesso reprodutivo de seus parentes, cada qual influenciado pelo peso do coeficiente apropriado de parentesco.*
> (Dawkins, 1982: p. 186)

Para compreendermos esse conceito, consideremos novamente o chamado de alarme nos esquilos terrestres.

Se um esquilo em particular estivesse disposto, devido a alguma pequena mutação genética, a emitir um chamado de alarme para *qualquer um* na vizinhança de um predador, aquela mutação genética enfrentaria um futuro sombrio. A razão? Se podemos assumir que a maioria dos indivíduos que se beneficiam daquele chamado de alarme *não* tem aquela mutação, então o custo de emitir chamados de alarme não é ultrapassado pelos benefícios para os indivíduos com aquela mutação. Os esquilos terrestres sem a mutação – e, portanto, sem a disposição para alertar outros – desfrutam dos benefícios de serem alertados, mas sem correr os riscos que acompanham a ação de alertar. Assim, os *emissores de alarmes indiscriminados* serão rapidamente levados à extinção.

Agora, modifique levemente o cenário. Imagine uma mutação genética que predispõe um dado esquilo terrestre a emitir chamados de alarme na presença de predadores, *mas somente quando ele sente a presença de parentes*. Embora aquele indivíduo agora corra um risco maior de ataque, se aquele indivíduo conseguir sobreviver e passar aquela mutação adiante para seus descendentes, ao longo do tempo os custos da emissão de alarmes para qualquer esquilo em particular serão superados pelos benefícios para o gene, no caso daquela mutação – que vem a ser localizada nos parentes genéticos. Embora os *não emissores de alarmes* possam ocasionalmente se beneficiar de um alarme (por estarem no lugar certo, na hora certa), eles eventualmente serão levados, se não à extinção, pelo menos a uma posição de minoria em uma população. Os genes dos emissores de alarmes discriminados têm uma vantagem de adequação inclusiva tanto sobre os emissores de alarmes *indiscriminados* quanto sobre os *não* emissores de alarmes.[2]

Esse é apenas um exemplo de um fenômeno que, de acordo com Hamilton, deve perpassar toda a esfera biológica. De acordo com uma teoria da adequação inclusiva, a seleção natural favorecerá o comportamento altruísta em quase todos os casos em que (aquela que agora pensamos como sendo) a regra de Hamilton é satisfeita:

$c < rb$

A regra diz, a grosso modo, que para qualquer ato de assistência, os benefícios (b) para um dado parente, multiplicados pelo parentesco genético (r) do agente e do recipiente (0,5 para genitores, filhos e irmãos; 0,25 para avós, netos, meio-irmãos, tios, tias, e assim por diante), são *maiores que* o custo (c) da realização do ato (os custos e benefícios são medidos em termos de sucessos reprodutivos). Em termos concretos, isso significa que se um tipo de comportamento tipicamente produz para um irmão pleno de um indivíduo um benefício que é maior do que o dobro do custo de

---

[2] Parece bom no papel, mas o que os testes de campo mostram? Mais especificamente, será que os testes de campo mostram que os chamados de alarme em esquilos terrestres seguem essa limitação da adequação inclusiva? Eles mostram. De fato, não apenas os esquilos terrestres são bastante seletivos em seus chamados de alarme (quase que somente na presença de parentes), mas eles também são seletivos em sua assistência, apressando-se para ajudar parentes feridos em conflitos, mas ignorando não parentes. Ver Sherman (2009).

produzi-lo, podemos esperar que a seleção natural favoreça aquele tipo de comportamento. Essa regra deixa claro por que os emissores de alarmes indiscriminados, por exemplo, serão eventualmente levados à extinção: o custo do comportamento é maior do que o benefício para os recipientes, uma vez que o coeficiente de parentesco entre os recipientes é muito pequeno.

Por outro lado, a regra deveria explicar facilmente os exemplos de comportamento altruísta com os quais começamos o capítulo. Por exemplo, os abelharucos africanos de cara branca, os pássaros azuis e os gaios, ao que parece, ajudam *seletivamente* os outros a criar seus filhotes: os recipientes quase sempre têm uma relação genética com os doadores (Emlem e Wrege, 1988). Entre os macacos japoneses, defender outros de ataques e compartilhar comida são comportamentos que ocorrem quase exclusivamente entre parentes (Chapais *et al*., 2001).

A teoria da adequação inclusiva também dissolve o mistério da esterilidade em colônias de insetos sociais: em um efeito incomum da loteria genética, as fêmeas da ordem *hymenoptera* (formigas, abelhas, vespas e moscas desfolhadoras) podem compartilhar até 75% de seu material genético com irmãs, mas apenas 50% com descendentes. De acordo com a regra de Hamilton, com um coeficiente de parentesco tão alto, a seleção natural favorecerá fortemente comportamentos que beneficiem as irmãs, mesmo ao custo de os indivíduos não se reproduzirem. A adoção do ponto de vista do olho do gene, portanto, deve pôr em foco a raiz de muitos tipos de comportamentos altruístas entre animais não humanos.

Antes de concluir essa seção, deixe-me abordar uma questão que pode ter surgido no curso dessa discussão: Será que precisamos supor que os animais que auxiliam seus parentes têm um interesse ativo em promover seus genes? É claro que não. Os animais não humanos – para não mencionarmos uma parcela considerável dos humanos – são inteiramente inconscientes de seu legado genético, precisamente porque não possuem nenhum dos conceitos relevantes (e mesmo aqueles que *de fato* compreendem os conceitos relevantes podem não ter absolutamente nenhum interesse por seu legado genético).

Pode-se dizer que a seleção natural opera em uma base de *necessidade de saber*: para resolver um dado problema adaptativo (tal como dar um tratamento preferencial aos parentes), a seleção natural tem de trabalhar com aquilo que foi dado, e isso é usualmente pouco. Na maioria dos casos, uma deliberação substantiva sobre, digamos, quem se deve ajudar em uma briga, está fora de questão: Estamos falando sobre cérebros de pássaros aqui! Em vez disso, as soluções serão provavelmente grosseiras, admitindo apenas uma margem limitada de flexibilidade. Mas isso é como deveria ser. Do ponto de vista do olho do gene, não há nenhuma necessidade de delegar ao organismo qualquer controle executivo além do necessário; o importante é maximizar a replicação genética, não obter altos resultados em testes de QI. No que diz respeito à adequação inclusiva, tudo que é realmente necessário é um sistema motivacional especial que é disparado pelo reconhecimento de parentes – um instinto, se quisermos. Do ponto de vista do organismo, não precisa haver nenhuma questão de *por que* ou *como*. Na maioria dos mamíferos, é suficiente que seu comportamento seja internamente limitado pelo reconhecimento de parentes.

2.3– AMA TEU PRÓXIMO – MAS AMA PRIMEIRO TUA FAMÍLIA

Quando nos voltamos para nosso próprio caso, será que observamos os tipos de tratamento preferencial dado à família previstos pela teoria da adequação inclusiva? Sim. De fato, esse ponto dificilmente precisa ser defendido por argumentos: é quase um truísmo que, em tempos de necessidade, a família vem em primeiro lugar.[3] Ainda assim, vale a pena mencionar algumas tendências de grande escala observadas por pesquisadores. Afinal, as tendências de grande escala são o que dá apoio à ideia de que a evolução desempenhou um papel na explicação de nossas vidas morais, e isso incluiria o comportamento altruísta para com a família.

---

3 De acordo com um provérbio espanhol: "uma onça de sangue vale mais do que uma libra de amizade".

Se a teoria da adequação inclusiva estiver correta, deveremos observar nos seres humanos não meramente uma tendência a favorecer os membros da família em detrimento de estranhos, mas uma tendência a *calibrar* o auxílio de acordo com o parentesco genético. Em outras palavras, quanto maior o seu parentesco (genético) em relação a alguém, maior a probabilidade de você oferecer auxílio. Para testar essa ideia, os pesquisadores submeteram a teoria da adequação inclusiva a uma série de testes.

Em um estudo (Essock-Vitale e McGuire, 1985), os pesquisadores entrevistaram 300 mulheres adultas em Los Angeles, que descreveram 5000 situações de dar e receber ajuda. Como previsto, as mulheres tinham uma maior tendência a dar e receber ajuda de parentes próximos do que de parentes distantes, e essa tendência permanecia mesmo quando corrigida pelas diferenças em proximidade residencial. Em outro estudo (Burnstein *et al.*, 1994), os pesquisadores pediram aos participantes para considerarem cenários hipotéticos nos quais os participantes tinham de decidir quem (e quem não) ajudar. Alguns dos cenários envolviam decisões de vida ou morte; outros envolviam decisões menos importantes, como escolher alguns itens em uma loja. Novamente, os pesquisadores descobriram que um participante escolhia ajudar quem quase sempre correspondia ao parentesco genético: irmãos eram escolhidos em detrimento de primos; mães em detrimento de avós; sobrinhos em detrimento de primos de segundo grau.

A ajuda, é claro, pode assumir diferentes formas. Considere a ajuda financeira. De acordo com a teoria da adequação inclusiva, quando as pessoas escrevem seus testamentos e decidem quem deve receber sua riqueza, deveríamos observar o mesmo padrão descrito acima: Se todas as coisas permanecem iguais, quanto maior o seu parentesco (genético) para com um benfeitor, maior a parcela de herança que você recebe dele. Quando, em 1987, psicólogos examinaram os legados de 1000 falecidos escolhidos aleatoriamente na Columbia Britânica, Canadá, foi exatamente isso que eles observaram (M.S. Smith *et al.*, 1987). Da herança de um dado falecido, 55% foi legado a parentes geneticamente relacionados. De modo significativo, 84% do que foi legado a parentes foi para descendentes imediatos e irmãos.

Sobrinhas, sobrinhos e netos receberam apenas 15% daquilo que foi legado aos parentes. Primos receberam menos de 1%. Esposas receberam em torno de 37% da herança de um falecido; isso pode ser explicado pelo fato de que se deveria esperar que as esposas distribuíssem a riqueza a seus descendentes mutuamente relacionados. Dito tudo, os parentes e aqueles que se espera que cuidem de parentes (isto é, esposas) receberam mais de 92% da herança de um falecido; não parentes receberam menos de 8%.

Esses estudos indicam que os seres humanos se assemelham fortemente a outras espécies no favoritismo que exibem em relação aos parentes. De acordo com a psicologia evolutiva, essa semelhança no nível superficial é melhor explicada por uma força agindo no nível do olho do gene: a saber, a adequação inclusiva. Os primeiros membros da família humana que nunca ajudaram ninguém além de si mesmos, ou que ajudaram todos e qualquer um, eventualmente se encontraram em um beco sem saída evolutivo. Nós, por outro lado, descendemos daqueles primeiros humanos que possuíam a mutação genética que os predispunha a tratar os parentes de modo diferente. Uma vez que esses indivíduos se saíram melhor, eles transmitiram essa tendência comportamental a seus descendentes, que a transmitiram aos seus descendentes, que a transmitiram aos seus descendentes, que... por fim, transmitiram a nós. Se essa explicação estiver na trilha correta, então há uma explicação darwinista perfeitamente simples para um comportamento que tem pelo menos algumas das marcas do comportamento *moral*: cuidar e auxiliar os parentes. Caso você não enxergue o componente *moral* aqui, coloque-se na seguinte situação.

Você é um salva-vidas em uma piscina pública local. Por causa dos cortes de funcionários, você precisa vigiar duas piscinas, uma ao lado da outra (seu posto de salva-vidas fica situado entre elas). Nesse dia em particular, seu irmãozinho está na piscina. Subitamente, o ar fica repleto de gritos: você rapidamente discerne um garotinho se afogando na piscina da direita e uma garotinha se afogando na piscina da esquerda. Você percebe que o garotinho é seu irmão. Você não conhece a garotinha. Agora, deixando de lado por um momento o que você *faria*, considere: o que você *deveria* fazer? Qual seria a coisa moralmente correta a fazer?

Isso é o que eu acho que você diria: "Eu deveria tentar salvar meu irmão primeiro". Ou, "salvar meu irmão primeiro é moralmente justificado". Na verdade, você poderia insistir que salvar a garotinha primeiro seria de fato moralmente *errado*. De qualquer maneira, não acredito que estejamos distendendo a noção de moralidade quando dizemos que a moralidade admite, e de fato exige, que se dê um tratamento especial à família.[4] Mas isso é precisamente o que a teoria da adequação inclusiva prevê. Dar um tratamento preferencial aos parentes faz sentido, de um ponto de vista evolutivo. Que não sejamos capazes de dizer o porquê – de produzir algum argumento ético convincente em defesa desse tratamento – também não é de surpreender.

A partir de uma perspectiva do olho do gene, o que importa é nos fazer ocasionalmente *agir* de maneira que beneficiem os parentes – não *pensar sobre por que deveríamos agir* de maneira que beneficiem os parentes (se precisássemos de uma opinião, a evolução provavelmente nos teria dado uma). Uma solução mais direta para o problema é desviar-se da operação do pensamento racional e dotar os organismos de *emoções* poderosas, uma vez que essas são ligadas à motivação de maneira mais confiável. Afinal, simplesmente dizer a Jones que há uma cobra na outra sala não levará Jones a fugir, a menos que ele tenha medo de cobras. O assunto das emoções e seu papel na moralidade humana nos ocupará no próximo capítulo, então adiarei as discussões adicionais até lá.

2.4– FALSOS POSITIVOS E SISTEMAS CENTRAIS

Acabo de argumentar que a seleção natural pode – por meio dos processos de adequação inclusiva – explicar uma parte de nossas vidas morais, a saber, nossa tendência a auxiliarmos e a nos preocuparmos profundamente com membros da família. É natural supor, portanto, que qualquer auxílio a *não* parentes deve ser explicado por algum outro processo.

---

[4] É claro que explicar o *por quê* é notoriamente difícil. Por exemplo, se alguém exigisse de uma você uma justificativa por salvar seu irmão primeiro, o que você diria além de "ele é meu irmão"? A maioria de nós está inclinado a pensar que essa é uma justificativa suficiente. Mas certamente algo mais pode ser dito para defender a noção. O que deveríamos dizer?

Na verdade, é mais complicado que isso. Há duas razões para pensar que os processos de adequação inclusiva podem explicar alguns comportamentos de auxílio em relação a não parentes. Primeiro, temos de nos concentrar em um subproblema levantado pela adequação inclusiva: a fim de dar um tratamento especial a seus parentes, os organismos têm de saber quem são esses parentes. Na maioria das espécies, os parentes são identificados pelo cheiro. O sentido de olfato dos seres humanos é bem menos desenvolvido. Assim, como nossos primeiros ancestrais superaram esse obstáculo? Até onde sabemos, os testes de DNA não estavam disponíveis. A linguagem, supostamente, também não estava disponível – pelo menos para nossos primeiros ancestrais. Mas o problema foi resolvido, não obstante. Como? O filósofo Richard Joyce propõe o seguinte.

Suponha que algum primeiro hominídeo desenvolveu, como resultado de alguma pequena mutação genética, uma preocupação especial por aqueles em torno dos quais ele (ou ela) vivia. Por exemplo, quando seus vizinhos mais próximos estavam com problemas, ele instintivamente desejava ajudá-los; quando ele tinha comida para compartilhar, ele instintivamente desejava compartilhá-la com eles. Como essa mutação genética teria resolvido o subproblema descrito acima? O pensamento é o seguinte: tal indivíduo, apesar de não ter feito nenhum julgamento sobre a relação genética de seus vizinhos para com ele (afinal, o que ele saberia sobre genes?), estaria provavelmente ajudando seus parentes porque *seus vizinhos mais próximos provavelmente seriam seus parentes*. Se as pessoas com as quais nosso ancestral passava a maior parte de seu tempo eram porventura seus parentes, então uma disposição de cuidar dessas pessoas seria um meio barato, mas razoavelmente confiável de melhorar sua adequação inclusiva. Lembre-se: a Mãe Natureza é uma remendeira frugal. Se uma solução para um problema adaptativo puder ser obtida a um preço baixo, há grandes chances de que a seleção natural adote essa solução. Mas o que isso tem a ver com os *não* parentes?

Se nós de fato herdamos uma tendência psicológica a auxiliar e cuidar daqueles ao redor dos quais vivemos, então deveríamos esperar a ocorrência de *falsos positivos* ocasionais – especialmente agora que trocamos a vida na savana africana pela vida em cidades densamente populosas.

Em cidades densamente populosas, você está em contato próximo com as mesmas pessoas ao longo de muitos anos, e muitas dessas pessoas não são seus parentes (por exemplo, vizinhos próximos, lojistas, colegas congregantes). Mas uma vez que o mecanismo psicológico que estamos imaginando como hipótese não discrimina por si mesmo entre parentes e não parentes, seria esperado que você se preocupasse com esses indivíduos *como se* eles fossem seus parentes. Saber que tais indivíduos não são sua família pode moderar sua afeição, mas essa afeição é, não obstante, real. Isso também explicaria por que o vínculo emocional entre crianças adotadas e seus pais é tipicamente tão forte quanto o vínculo entre crianças e seus pais biológicos.

Uma segunda razão pela qual os processos de adequação inclusiva podem explicar alguns comportamentos de auxílio em relação a alguns não parentes é que esses processos podem ser responsáveis pelas próprias estruturas que a seleção natural posteriormente utilizou para outras tarefas – tais como a de auxiliar não parentes. Quando lembramos que a seleção natural é um processo inerentemente conservativo, improvisando novas soluções a partir de estruturas antigas, pode ser que tenhamos de agradecer à adequação inclusiva por preparar sistemas psicológicos centrais que tornaram possível o comportamento moral (ou quase moral). Isto é, uma vez que os primeiros seres humanos *já* estavam predispostos a se preocupar com aqueles que estavam mais próximos deles (graças à adequação inclusiva), não é tão difícil imaginar algumas mutações a mais, auxiliadas por pressões ambientais constantes, produzindo uma disposição de se preocupar com um leque muito mais amplo de pessoas (e fauna e flora).

Que tipo de "pressões ambientais" tenho em mente? Antes de mais nada, a pressão para cooperar. A pressão de seleção sobre os primeiros hominídeos para cooperar levou ao que alguns teóricos consideram como o ponto crítico de mudança no caminho para a moralidade: o *altruísmo recíproco*.

2.5– UMA NOTA RÁPIDA SOBRE O "ALTRUÍSMO"

Até esse ponto, relutei em fazer uso do termo "altruísmo", apesar do fato de os teóricos usarem-no rotineiramente em discussões biológicas. Minha relutância deriva daquilo que (eu e outros filósofos) consideramos como uma certa negligência terminológica. Em contextos menos formais, podemos nos safar ao descrever o morcego-vampiro ou o esquilo terrestre como *altruístas*. Mas supor seriamente que o morcego-vampiro é altruísta implica que: (a) ele possui certos motivos e (b) alguns desses motivos existem em consideração a outros indivíduos. Nem (a) nem (b) são fáceis de defender. Considero que, no sentido comum, ser altruísta exige um certo *motivo* – a saber, uma razão ou desejo de ajudar alguém *por causa da própria pessoa*. Assim, estou supondo que alguém se torna altruísta não por suas ações, mas por seus motivos. Afinal, posso ser altruísta, mas falhar em ajudar alguém (por causa de algum acidente imprevisto); e posso ajudar alguém, mas falhar em ser altruísta (novamente, por causa de algum acidente imprevisto). Se você associar a ajuda e o altruísmo, isso será difícil de enxergar.

Estando ou não certo a respeito disso, para os propósitos da discussão aqui eu planejo me basear na assunção de que o altruísmo é uma função dos motivos de um organismo. Se um organismo não tem nenhum motivo "em consideração a outros indivíduos", então (estritamente falando) ele não é altruísta – mesmo que frequentemente ajude outros. E se um organismo carece totalmente de motivos (porque ele é uma barata, digamos), então ele obviamente não é altruísta.[5]

Também assumirei que os humanos típicos são – pelo menos às vezes – altruístas (não lidarei com a questão dos animais não humanos se são altruístas às vezes). O papel que o altruísmo desempenha em nossas próprias vidas morais será abordado no próximo capítulo. O ponto importante agora é ver que, embora os biólogos frequentemente invoquem o conceito de altruísmo (por exemplo, o altruísmo recíproco), devemos ter o cuidado de não assumir que eles estejam se referindo ao altruísmo no sentido comum. Infelizmente, é tarde demais no jogo para trocarmos os nomes, então

---

[5] Uma observação correspondente pode ser feita acerca do egoísmo: um organismo é egoísta em alguma ocasião se, e somente se, seus motivos naquela ocasião são autointeressados. Se ocorre de ele ajudar outros em alguma ocasião, não o chamamos de altruísta se seus motivos são autointeressados.

continuarei a seguir a tradição e a me referir ao processo biológico seguinte como altruísmo recíproco. Talvez a melhor coisa a fazer seja a seguinte: quando você ver o termo "altruísmo recíproco", leia-o como *reciprocidade*.

2.6– ALTRUÍSMO RECÍPROCO

Todos conhecemos a expressão "você coça minhas costas, e eu coço as suas", mas você pode não perceber o poder dessa ideia. Não seria um exagero dizer que o exercício dessa ideia resolveu disputas trabalhistas, produziu legislações, colocou facções do governo no poder, *tirou* facções do governo do poder; ela reorganizou hierarquias corporativas, salvou casamentos, e até mesmo impediu guerras. A ideia ganha força naqueles momentos em que não podemos ter aquilo que queremos ou de que necessitamos, uma vez que não pode, naquelas circunstâncias, ser obtido sozinho. Mas mesmo sem a ajuda de amigos ou família, nossa situação não é sem esperança. Lembre-se: os outros têm suas próprias necessidades.

Considere o seguinte: o fazendeiro A precisa colher sua plantação a fim de ter comida suficiente para o inverno, mas ele não pode fazer isso sozinho. O vizinho do fazendeiro A, o fazendeiro B (não relacionado), tem um interesse pela colheita do fazendeiro A, mas, sendo um sujeito bastante desagradável, o fazendeiro B não tem nenhum interesse em ajudar o fazendeiro A. O fazendeiro B, no entanto, tem seus próprios problemas. Ele precisa colher *sua* plantação a fim de ter comida suficiente para o inverno, mas não pode fazer isso sozinho. O fazendeiro A tem um interesse pela colheita do fazendeiro B, mas o fazendeiro A, sendo um sujeito bastante desagradável, não tem nenhum interesse em ajudar o fazendeiro B.

Agora deveria ser extremamente óbvio o que os fazendeiros A e B deveriam fazer: *concordar em ajudar um ao outro!* Se o fazendeiro B concordasse em ajudar o fazendeiro A a colher sua plantação nessa semana, então o fazendeiro A deveria concordar em ajudar o fazendeiro B a colher a plantação *dele* na semana seguinte. Assim, ao final de duas semanas, ambos teriam comida suficiente para o inverno. Não é como se eles tivessem de ser amigos, ou mesmo gostar um do outro. Como dizem, são apenas negócios. Mas um negócio que produz lucros reais. Juntos, o fazendeiro A e o fazendeiro B obtêm um resultado substancialmente melhor do que, por exemplo, o fazendeiro C e o fazendeiro D, que *não podem* concordar em ajudar um ao outro (de fato, nesse caso, a falha em concordar pode custar aos fazendeiros C e D suas vidas!).

O biólogo Robert Trivers (1971) descreveu esse fenômeno como *altruísmo recíproco*. De modo semelhante ao que Hamilton havia feito com a adequação inclusiva, Trivers argumentou que o altruísmo recíproco evoluiria na esfera biológica uma vez que certas condições fossem satisfeitas. Antes de mais nada, o custo de prover um benefício a um não parente *agora* deve ser confiavelmente superado pelo valor recíproco de algum benefício *futuro* (As outras condições dizem respeito, em grande medida, à habilidade de um organismo em manter o registro dos fatos relevantes, como por exemplo quem deu o que a quem. Assim, isso exclui uma parcela bastante ampla da população biológica). De acordo com os biólogos de campo, no qual essas condições foram satisfeitas nós observamos instâncias de altruísmo recíproco.

Por exemplo, o padrão de compartilhamento de alimento em morcegos-vampiro indica que enquanto a maioria ocorre entre mãe e filhote (aproximadamente 70%), uma porcentagem substancial do compartilhamento de alimento (aproximadamente 30%) ocorre entre não parentes. Evidentemente, a adequação inclusiva não é a única força atuando aqui. Um estudo mais detalhado revela que o compartilhamento de alimento entre não parentes é uma função direta de associações passadas (Wilkinson, 1990). Quanto maior a probabilidade de que um dado morcego-vampiro (vamos chamá-lo de X) tenha compartilhado alimento com outro morcego (vamos chamá-lo de Y) no passado, maior a probabilidade de que Y auxilie X no futuro. Os morcegos-vampiro têm, efetivamente, um sistema de camaradagem. E preservar esse sistema de camaradagem é uma questão de vida ou morte: duas noites sem alimento são quase que certamente fatal para os morcegos-vampiro.

Talvez o exemplo mais vívido de altruísmo recíproco em animais não humanos seja o comportamento de cuidado observado em primatas e macacos. Para nós, a máxima "você coça minhas costas, e eu coço as suas" é uma figura de linguagem; para alguns primatas e macacos ela é um pedido sério. Um macaco vervet, por exemplo, tem de lidar constantemente com parasitas externos, alguns dos quais podem lhe custar a vida. Mas ele não pode alcançar todas as partes de seu corpo que podem ser vulneráveis (você já tentou passar protetor solar no meio das suas costas?). Assim, ele precisa de um *cuidador*, outro macaco que fique por uns trinta minutos cuidadosamente tirando parasitas de sua cabeça e de suas costas. Trinta minutos podem não parecer muito tempo, mas é um tempo que poderia ser gasto caçando ou coletando, atraindo parceiros em potencial, ou cuidando dos mais jovens – em outras palavras, promovendo sua *própria* adequação reprodutiva. Se o comportamento de cuidado ocorresse estritamente dentro da família, então só seria preciso apelar para os processos de adequação inclusiva.

Mas os biólogos frequentemente observam macacos cuidando de *não parentes*. Por quê? Assim como no caso dos morcegos-vampiro, algo mais está ocorrendo aqui. O que está ocorrendo, de acordo com os biólogos, é o altruísmo recíproco. Após estudos (mais recentemente, Schino, 2007), os primatólogos observam que o fato de um macaco (P) cuidar de outro macaco (Q) *agora* está diretamente relacionado ao fato de Q ter cuidado de P no passado. Além disso, o período de tempo gasto no cuidado é proporcional ao tempo gasto em trocas passadas.

Em outro estudo, o antropólogo Craig Packer (1977) mostrou que o fato de um macaco vervet (R) estar ou não disposto a auxiliar um macaco não aparentado (S) que pede ajuda, é diretamente relacionado ao fato de S ter ou não cuidado de R no passado recente. Se S *tivesse* cuidado recentemente de R, R teria muito mais probabilidade de olhar em volta e mover-se na direção dos chamados aflitos de S (de modo interessante, essa discrepância não aparece entre parentes; ali, os pedidos de ajuda são respondidos, quer o cuidado tenha ou não acontecido). Portanto, parece que os macacos vervet "marcam a contagem". E por uma boa razão: fazer favores para os vizinhos vale a pena. Os *custos* são igualmente importantes. Com exceção de uns poucos indivíduos dominantes no topo da hierarquia social, os macacos vervet que não devolvem o "favor de cuidado" aumentam significativamente suas chances de contrair uma doença.

Como regra geral, portanto, a *cooperação mútua* é melhor para todos os envolvidos do que a *deserção mútua*. Diremos que a cooperação mútua consiste em indivíduos beneficiarem outros em troca de algum benefício futuro. A deserção mútua consiste em indivíduos se recusarem a beneficiar outros em troca de algum benefício futuro. Se o fazendeiro A e o fazendeiro B não estiverem dispostos a ajudar um ao outro, então os fazendeiros A e B enfrentarão futuros desesperados. Claramente, a cooperação mútua é uma alternativa muito melhor. Mas esse não é o fim da questão.

Embora a cooperação mútua produza retornos mais altos para todos do que a deserção mútua, *qualquer indivíduo* pode ganhar ainda mais sob um arranjo diferente: ele deserta enquanto os outros cooperam. Esse é o famoso *problema do parasitismo*. Se o fazendeiro B ajuda o fazendeiro A a colher a plantação desse último, mas o fazendeiro A não retribui o favor, então o fazendeiro A recebe um benefício substancial sem ter de pagar o custo (de retribuir o favor). Isto é, se esse fosse um negócio de uma única ocasião (porque, digamos, o fazendeiro A imediatamente empacota sua colheita e se muda para o outro lado do continente), então teríamos de dizer que o fazendeiro A obteve melhores resultados sob esse arranjo do que sob a cooperação mútua. No que diz respeito ao fazendeiro B, esse arranjo é *ainda pior* do que a deserção mútua, uma vez que ele fez um sacrifício substancial em benefício do fazendeiro A, mas não recebeu nada em troca. Assim, podemos acrescentar mais duas regras gerais à nossa lista. Primeiro, o melhor arranjo *para qualquer indivíduo* é um arranjo em que ele deserta (isto é, recebe ajuda, mas não ajuda os outros) enquanto os outros cooperam. Segundo, o pior arranjo para qualquer indivíduo é um arranjo em que ele coopera enquanto os outros desertam.

Talvez a melhor maneira de compreender as complexidades dos intercâmbios mútuos seja considerando o jogo do "Dilema do Prisioneiro", desenvolvido pela primeira vez nos anos 1950 por Merrill Flood e Melvin Dresher, da Corporação Rand. O próprio jogo pode ser jogado com dinheiro, M&Ms, parceiros de acasalamento, ou seja o que for – contanto que haja algum benefício desejado por cada participante. No exemplo original, Jack e Jill são presos (após roubar uma loja, digamos) e colocados em celas separadas. Embora Jack e Jill estivessem participando do roubo juntos, Jack e Jill não se conhecem. A polícia faz a seguinte oferta a Jack:

> *Se você identificar Jill como a perpetradora do crime, e Jill se recusar a falar, eu soltarei você agora mesmo e, com o depoimento de uma testemunha ocular, imputarei a Jill a pena máxima (dez anos atrás das grades). Se você se recusar a falar e Jill identificar você como o perpetrador do crime, eu imputarei a você a pena máxima e soltarei Jill agora mesmo. Se você identificar Jill como perpetradora e Jill identificar você como perpetrador, farei com que cada um de vocês receba cinco anos atrás das grades. Se ambos se recusarem a falar, só posso imputar a cada um de vocês a pena mínima (dois anos atrás das grades). Pense sobre o que você quer fazer, enquanto vou até lá e faço a mesma oferta a Jill.*

A figura 2.1 ilustra os vários "resultados" para Jack e Jill.

Se assumirmos que Jack quer evitar tanto tempo de prisão quanto possível, e Jill quer evitar tanto tempo de prisão quanto possível, o que Jack deveria fazer? Bem, pensemos sobre isso. Se (sem o conhecimento de Jack) Jill decide FICAR EM SILÊNCIO, então Jack faria melhor em IDENTIFICAR JILL, uma vez que ficar livre é melhor do que ficar dois anos na prisão. Se Jill IDENTIFICAR JACK, então – novamente – Jack faria melhor em IDENTIFICAR JILL, uma vez que ficar cinco anos na prisão é melhor do que ficar dez anos na prisão. Em outras palavras, *o que quer que Jill decida fazer, Jack faz melhor em DESERTAR*. De acordo com os teóricos de jogos, diz-se que DESERTAR "domina estritamente" a situação sob essas condições; isto é, sob todas as condições, DESERTAR maximiza os interesses de um indivíduo. Então o que torna o Dilema do Prisioneiro um *dilema*? Isso é algo que entra em foco quando voltamos nossa atenção para Jill.

	JILL Ficar em Silêncio (Cooperar)	JILL Identificar Jack (Desertar)
JACK Ficar em Silêncio (Cooperar)	Jack: 2 anos Jill: 2 anos	Jack: 10 anos Jill: 0 anos
JACK Identificar Jack (Desertar)	Jack: 0 anos Jill: 10 anos	Jack: 5 anos Jill: 5 anos

Figura 2.1 Uma matriz de resultados do Dilema do Prisioneiro para Jack e Jill.

Estamos assumindo que Jill é exatamente igual a Jack ao querer evitar tanto tempo de prisão quanto possível. E, por hipótese, o mesmo acordo é oferecido a ambos. Se Jill passar pelos mesmos processos deliberativos que Jack, então ela também reconhecerá que DESERTAR é a estratégia estritamente dominante: independente do que Jack faça, é melhor para ela DESERTAR. Mas se Jill e Jack adotarem essa estratégia, ambos terminam pior do que se tivessem FICADO EM SILÊNCIO, pois certamente Jack e Jill prefeririam ficar cada um dois anos na prisão em vez de cinco anos. O impasse que o Dilema do Prisioneiro levanta de modo bastante elegante é este: o cálculo racional recomenda DESERTAR, mas quando todos calculam dessa maneira, quando todos DESERTAM, *todos ficam pior do que teriam ficado*. Quando todos tentam chegar ao topo, todos terminam próximo do fundo.

Exprimindo esse ponto de modo mais geral, podemos ver que, pela perspectiva de qualquer indivíduo pensativo, a deserção será sempre a opção mais tentadora. Ao desertar, você pelo menos tem a chance de explorar a ajuda de seu vizinho; ao cooperar, você desiste dessa chance. Além disso, ao desertar você se protege de ser explorado por outros (quero dizer, em quem você pode confiar?).

A cooperação, por contraste, quase sempre vem com o risco de dar sem receber nada em troca. E em um ambiente implacável, no qual os recursos são escassos e o tempo é limitado, dar sem receber algo em troca pode custar caro. Mas esse modo de pensar, quando adotado por todos, prejudica todo mundo: um grupo de indivíduos estritamente racionais, todos os quais reconhecem os benefícios de desertar e agem desse modo, será considerado em situação pior do que um grupo de indivíduos que estão, por algum meio, comprometidos em cooperar. Em outras palavras, tais ambientes sociais parecem abertos à invasão por parte de indivíduos capazes de se engajar em intercâmbios cooperativos duradouros.

A hipótese de Trivers foi que a seleção natural se aproveitou de mutações que predispõem os indivíduos a cooperar, mesmo que apenas ocasionalmente. Se assumirmos que, em um dado ambiente, as relações de custo-benefício são inteiramente estáveis e as oportunidades para a cooperação são recorrentes, a pressão adaptativa está ali para que um tipo de altruísmo recíproco evolua. Uma mutação genética que predisponha um organismo a entrar em intercâmbios cooperativos com outros evoluirá se tais intercâmbios puderem ser regularmente preservados. Mas isso é muito mais fácil de dizer do que de fazer (biologicamente). Como os biólogos são rápidos em notar, o Dilema do Prisioneiro (apesar de sua elegância – ou talvez por causa dela) pode nos distrair em relação a todas as complexidades e confusões dos intercâmbios do mundo real, tanto na esfera humana quanto na não humana.

Talvez o ponto mais visível seja o fato de que intercâmbios *singulares* entre estranhos com poucas chances de interação futura são certamente a exceção e não a regra. Mesmo entre animais nômades, as interações no interior de um grupo serão frequentes e os participantes familiares. Isso impõe novas limitações sobre o modo como um jogo do tipo Dilema do Prisioneiro é jogado. Ademais, isso altera potencialmente os resultados para cada jogador. Por exemplo, em jogos *iterados*, pode haver custos futuros associados à deserção quando outro indivíduo coopera, que não emergem em intercâmbios *singulares* (pense na diferença entre uma situação na qual o fazendeiro A "foge da cena" da deserção, como em nosso exemplo original, e uma situação em que o fazendeiro A deserta, mas poderíamos nas proximidades do fazendeiro B. Essa última situação é, poderíamos dizer, combustível).

No próximo capítulo, exploraremos mais inteiramente esses detalhes. Mais especificamente, vamos examinar opções de engenharia mediante as quais a evolução pode ter resolvido o problema de preservar intercâmbios cooperativos – pelo menos em seres humanos. Isso nos levará decididamente ao território da moral.

2.7– CONCLUSÃO

Meu objetivo neste capítulo foi esclarecer e sustentar a seguinte ideia: a teoria da seleção natural tem o potencial de explicar pelo menos alguns dos comportamentos de auxílio que observamos no mundo. Na medida em que as instâncias humanas de tais comportamentos equivalem a comportamentos *morais*, então a evolução pode (nessa medida) explicar uma parcela da moralidade humana. Por exemplo, você poderia insistir que temos obrigações morais estritas para com os membros de nossa família; isso pode ser evidenciado por nosso forte vínculo emocional em relação ao bem-estar deles.

A teoria da adequação inclusiva, ao redirecionar nosso foco para o nível do olho do gene, pode fornecer uma explicação de *por que* tendemos a pensar que temos essas fortes obrigações morais para com os membros de nossa família: tais pensamentos, deflagrados por fortes emoções, predispuseram, de modo confiável, nossos ancestrais a proteger e cuidar de seus parentes. E, ao proteger e cuidar de nossos parentes, nós estávamos, em certo sentido, protegendo e cuidando de cópias de nossos genes. Um forte compromisso moral para com a família tem, afinal, um alto resultado biológico.

Mesmo no caso de comportamentos de autossacrifício para com *não parentes*, a evolução pode oferecer alguma explicação. Pode ser, por um lado, que o sistema psicológico estabelecido pelos processos de adequação inclusiva não tenha a "textura fina" suficiente para distinguir parentes e não parentes. Do ponto de vista da seleção natural, era suficiente estarmos sintonizados com aqueles em torno dos quais vivíamos. Assim, em ambientes onde muitas das pessoas em suas proximidades *não* são biologicamente relacionadas a você, você pode, não obstante, ver-se como tendo um dever moral de proteger o bem-estar *delas* também. Por outro lado, o comportamento de autossacrifício em relação a não parentes pode ser uma função do alto valor que atribuímos à preservação de relacionamentos cooperativos. Podemos considerar como um imperativo moral "honrar nossos compromissos", "cumprir nossas promessas" ou "pagar nossas dívidas". Mas na medida em que essas atitudes predispõem um indivíduo a preservar relacionamentos cooperativos, elas servem, em última instância, para promover sua adequação biológica. A cooperação mútua vale a pena. Você se arranja com um pouco de ajuda de seus amigos – e eles se arranjam com um pouco da sua ajuda.

No entanto, restam peças importantes do quebra-cabeça a serem preenchidas. Eu disse muito pouco sobre a própria moralidade. Apenas sugeri o papel das emoções. E apenas gesticulei em relação às complexidades dos intercâmbios cooperativos do mundo real. No próximo capítulo, vamos preencher esses detalhes, e ao fazê-lo começaremos a construir a ponte que liga essas primeiras raízes da moralidade à moralidade como a conhecemos e experienciamos.

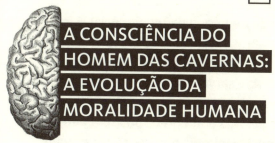

3
A CONSCIÊNCIA DO HOMEM DAS CAVERNAS: A EVOLUÇÃO DA MORALIDADE HUMANA

> *Zigong perguntou: "Há alguma única palavra que possa guiar toda a vida de um indivíduo?" O mestre disse: "Não seria a reciprocidade? Aquilo que não desejas para ti mesmo, não faças aos outros.*
>
> Confúcio

> *Bem e mal, recompensa e punição, são os únicos motivos para uma criatura racional: estas são a espora e as rédeas por meio das quais toda a humanidade é posta a trabalhar e conduzida.*
>
> John Locke. *Some Thoughts Concerning Education*

Chegamos ao ponto em nossa discussão de estarmos prontos para abordar a própria evolução da moralidade. O palco para essa discussão foi, espero, estabelecido. Discutimos os fundamentos da teoria de Darwin; vimos como a seleção natural pode gerar soluções surpreendentes para problemas adaptativos; exploramos o ponto de vista do "olho do gene" e observamos como o auxílio aos parentes é um imperativo biológico padrão; além disso notamos as vantagens e riscos de intercâmbios recíprocos. Agora é hora de ligar esses estágios iniciais à própria moralidade. Neste capítulo, quero apresentar um esboço de como a seleção natural pode ter produzido nossas mentes morais. Chamo o que vem a seguir de "esboço", mas ele pode muito bem ser chamado de uma *destilação*, pois tenta destilar uma narrativa única a partir de uma família de visões diferentes. Conforme avançamos, insistirei em notar as diferenças que separam essas visões; contudo, o objetivo maior é apresentar a ideia central que perpassa essas visões.

A ideia, colocada de modo simples, é a seguinte: o pensamento moral, juntamente com nossos sentimentos morais, foi o modo encontrado pela seleção natural para assegurar a harmonia social. E isso, por extensão, fomentou intercâmbios recíprocos confiáveis. Assim, por exemplo, sentir-se mal sobre uma certa ação ou acreditar que uma ação é *má* ou *moralmente errada* serve a um propósito: isso nos "mantém na linha", o que (pensa-se) produz vantagens biológicas a longo prazo. Aqueles indivíduos que *não* eram predispostos a pensar moralmente ou que não experienciavam emoções morais, estavam em nítida desvantagem, pois (como veremos) colocavam em risco importantes relações recíprocas. O objetivo deste capítulo é apresentar essa ideia, tomando nota das diferenças entre autores. Concluirei o capítulo expondo algumas das questões e preocupações levantadas por críticos da ideia.

Mas as primeiras coisas em primeiro lugar. Qualquer esperança de esboçar uma explicação evolutiva plausível da moralidade humana exige clareza sobre o que é a moralidade – ou, melhor ainda, sobre o que consideramos estarmos fazendo quando somos "moralmente estimulados". O objetivo não é resolver questões filosóficas básicas sobre a natureza da justiça, do erro ou dos direitos. Antes, o objetivo é identificar tão claramente quanto possível o que torna *morais* criaturas morais como nós. Isto é, se queremos afirmar que a evolução é responsável pela capacidade moral humana, é melhor termos em mente uma imagem bastante clara da aparência dessa capacidade – sem qualquer consideração específica acerca da evolução. Aqui, a filosofia moral se torna útil, pois os filósofos morais há muito estiveram envolvidos na busca para compreender o que estamos fazendo quando nos comprometemos com o pensamento moral. Assim, começaremos formando uma imagem da capacidade moral humana.

3.1– O QUE TORNA *MORAIS* AS CRIATURAS MORAIS

Pode-se pensar que ser moral é *agir moralmente*. Apesar de tentador, esse pensamento é quase que certamente errôneo. Se definirmos o agir moralmente como simplesmente agir de maneira que concordam com padrões morais aceitos (por exemplo, não ferir outros desnecessariamente, ajudar ao próximo), então seremos forçados a contar como morais muitas criaturas que, se refletirmos, provavelmente não o são. Por exemplo, só porque um rato não mata seu próximo, seria um exagero dizer que, por *essa* razão, o rato é moral (pelo mesmo motivo, parece estranho chamar um rato de assassino se ele *de fato* matou seu próximo).

De modo semelhante, chamar um morcego-vampiro de moral porque ele compartilha sangue com um vizinho faminto não parece apropriado. Suponha que eu projete um robô que me auxilie com trabalhos de jardinagem; segue-se daí que o robô é moral? Parece que não. A lição é que, para uma dada criatura, simplesmente agir moralmente (uma característica bem-vinda, talvez) não é *suficiente* para chamar essa criatura de moral. De fato, isso pode não ser nem mesmo *necessário*. Se você conta uma mentira visando um ganho pessoal, parece um pouco excessivo concluir que você, portanto, não é uma pessoa moral. É verdade que o que você *fez* foi imoral, mas você ainda pode contar como moral. O que isso deve revelar é que ser moral – apesar de ser algo certamente ligado ao comportamento de alguma maneira – não é a mesma coisa que simplesmente agir moralmente.

Isso é semelhante à nossa discussão do altruísmo no capítulo anterior. Ali, eu insisti que o altruísmo não é determinado pelo comportamento de uma criatura, mas pelos *motivos* da criatura. Algo semelhante está sendo proposto aqui. Ser moral tem a ver, antes de mais nada, com o que está acontecendo *no interior* de uma criatura. A abordagem filosófica padrão é descrever nossa capacidade moral como a capacidade de realizar *juízos morais*.

Agora, estou atenuando as coisas quando digo que os filósofos divergem profundamente quanto à natureza do juízo moral. O máximo que alguém pode dizer – sem se envolver em muitas dificuldades filosóficas – é que os juízos morais consistem em certas *atitudes* que os indivíduos têm em relação a ações, pessoas, instituições e coisas desse tipo. Isso, contudo, não diz muito. Pois, segundo algumas visões, essas atitudes são essencialmente *crenças*, como em *Jones acredita que a pena capital é errada*. Segundo outras visões, essas atitudes não são nada mais do que *expressões* (não semelhantes a crenças) da atitude emocional de uma pessoa, como em *Pena capital, eca!* E essas visões apenas arranham a superfície. É suficiente dizer que, o que quer que um juízo moral seja, há pelo menos isso sobre o qual os filósofos (a maioria deles?) concordarão: ele é distinto do mero comportamento. Para evitar desviar demais nossa atenção, voltarei depois ao juízo moral.

O que estamos tentando caracterizar aqui são os traços superficiais de nossa experiência moral – em particular, a experiência de julgar que algo é errado.[1] Pois esses são os traços que uma explicação evolutiva supostamente captura. Para adiantar as coisas, vamos nos concentrar em um exemplo que você provavelmente reconhecerá. Caminhando pelo *campus* algum dia, você passa por um grupo de estudantes gritando "Aborto é assassinato!". Eles exibem fotografias de fetos abortados e gráficos representando taxas globais de aborto. Ocasionalmente, eles conseguem envolver transeuntes na discussão. O que está acontecendo aqui? O que esses estudantes pensam que estão fazendo quando insistem que o aborto é assassinato?

Ponha de lado a questão, *Será* que o aborto é assassinato? Essa é uma questão sobre o estatuto moral do aborto. Concentre-se, em vez disso, no que está ocorrendo no interior das mentes desses estudantes: o que eles acham que estão fazendo? Agora a questão pode parecer um pouco cabeça-dura (*Não é óbvio? Eles estão expressando suas visões morais!*). De fato, o que está acontecendo exige uma análise cuidadosa.

Primeiro, você pode inferir a partir das declarações dos estudantes que eles próprios não desejariam fazer um aborto, que eles possuem uma forte aversão a fazer um aborto. Ao afirmarem que o aborto é um assassinato, os estudantes (ao menos pensam que) estão *fazendo mais do que* expressar um forte desejo de não fazer um aborto. Afinal, se, com sua afirmação, eles não pretendem nada mais do que isso, por que se incomodam em divulgá-la para a comunidade do *campus*? Seria como se eu "protestasse" para a comunidade do *campus: Eu não desejo sentir gosto de lagosta! Eu não desejo sentir gosto de lagosta!* É por isso que, incidentalmente, os defensores do aborto erram o alvo ao insistirem (como fazem alguns adesivos de para-choques) que "se você não gosta de abortos, não

---

[1] As tentativas de caracterizar o que se encontra além de nossa experiência moral – isto é, a natureza do próprio "mundo moral" – serão discutidas na Parte II.

faça um". Ao afirmar que o aborto é um assassinato, nossos ativistas estudantis não estão *apenas* expressando uma aversão ao aborto. Portanto, então, o que mais está acontecendo?

Uma sugestão razoável é que, ao afirmar que o aborto é um assassinato, os estudantes estão afirmando que o aborto é *proibido*, que ele é algo que não deveria ser feito por ninguém. Supostamente, se você perguntar aos estudantes se você mesmo deveria fazer um aborto, a resposta seria *Não*. Mas se as afirmações não fossem nada mais do que expressões das inibições de um indivíduo, então a resposta seria *Depende*. Depende das suas inibições. Mas seria de fato bastante surpreendente se nossos ativistas estudantis tivessem isso em mente ao afirmar que o aborto é assassinato.

De acordo com o filósofo Richard Joyce (2006), um dos ingredientes essenciais de qualquer capacidade moral é a compreensão de *proibições*, isto é, entender que algumas coisas não devem ser feitas porque são erradas. A distinção que Joyce enfatiza está entre *julgar* que algum ato é proibido e *não ter a inclinação para* praticar aquele ato. As duas coisas frequentemente andam juntas, mas nem sempre. Joyce (2006: p. 50) oferece o seguinte exemplo. Um amigo prepara para você uma enorme porção da sua refeição favorita. Depois de você ter comido a maior parte, seu amigo diz: "Não se sinta obrigado a comer tudo". Você diz (porque é sua refeição favorita e você está particularmente esfomeado): "Não me sinto. Eu realmente *quero* comer tudo". O que Joyce está dizendo é que *querer* fazer algo é diferente, de uma maneira importante, de julgar que você *deveria* fazer algo. Afinal, você poderia estar satisfeito e concluiu que não comer tudo teria magoado seu amigo. Uma vez que você pensa que deveria evitar magoar seu amigo, poderia ter refletido: "Eu *devo* terminar a refeição". No caso anterior, não há absolutamente nenhuma razão para supor que sua ação é motivada por algo como a moralidade. Simplesmente você quer continuar a desfrutar da refeição. No último caso, sua motivação é claramente moral.

A lição mais ampla aqui é que as criaturas que falham em compreender proibições, falham em possuir um senso moral. Isso significa que mesmo quando os membros de uma espécie às vezes beneficiam seus vizinhos (como, por exemplo, os morcegos-vampiro) ou mostram simpatia para com o sofrimento de outros (como, por exemplo, os chimpanzés), não é suficiente para considerá-los criaturas *morais*. Uma raça de criaturas com um forte desejo de tratar outros com gentileza e nenhum desejo de ferí-los, e que genuinamente amem todos os próximos, não contará como uma raça de criaturas *morais*, na visão de Joyce. Podemos descrever perfeitamente bem essas criaturas como agradáveis, amigáveis, amáveis e assim por diante, mas não podemos descrevê-las como morais, *a menos que* elas considerem alguns atos como proibidos.[2] Para nossos propósitos, isso significa que qualquer tentativa de explicar nosso senso moral deve levar em conta essa avaliação distinta das proibições. Explicar a simpatia, a empatia ou a compaixão humana, embora seja parte do pacote, não é suficiente.

Falar sobre desejos dá ensejo a uma segunda observação. Suponha que você responda aos protestantes contra o aborto dizendo: "Mas na realidade eu *desejo* fazer um aborto. De fato, essa tem sido uma das buscas da minha vida. Então isso é errado para mim?". Sem dúvida, os estudantes insistirão: "Sim!". A erroneidade do aborto (se ele for errôneo) não desaparece para aqueles indivíduos que de fato desejam fazer um aborto. Os estudantes insistirão que o aborto é um assassinato, *quaisquer que sejam seus desejos*; isto é, o que torna o aborto errado não depende do que você ou eu (ou talvez qualquer um) deseja. Dizer a alguém que essa pessoa não deve fazer um aborto porque isso é errado não é um conselho – como em: "Você não devia comer tanta batata frita". O julgamento de que alguém não deve comer tanta batata frita se baseia na assunção razoável de que o ouvinte *deseja* viver uma vida longa e saudável. Afirmar que o aborto é um assassinato não se baseia em uma assunção desse tipo.

O mesmo vale para outros atos: quando afirmamos que algo não deveria ser feito porque é moralmente errado, parecemos querer dizer que isso não deveria ser feito – ponto final –, quaisquer que sejam seus desejos ou interesses. Se os juízos morais não fossem assim, então nossos ativistas estudantis revisariam alegremente seu juízo

---

[2] Isso não significa que elas tenham de agir conforme julgam, ou mesmo que elas tenham de julgar corretamente. Até mesmo Hitler contaria como uma criatura moral, nesse sentido mínimo, simplesmente porque (assumiremos) ele podia julgar que algumas ações são proibidas. Ser uma criatura moral tem a ver com o que alguém é *capaz de* – não com o que ele faz.

de que o aborto é assassinato quando confrontados por alguém que positivamente deseja fazer um aborto, ou que genuinamente não se importa quanto a ser punido. Assim, uma explicação de nosso senso moral deve explicar o senso em que os juízos morais apelam para proibições, sendo que essas proibições são distintas de nossos desejos.

Admitamos, os estudantes podem usar a ameaça de punição (por exemplo, a danação eterna) como um meio para fazer seus ouvintes concordarem, mas isso é muito diferente de dizer que a ameaça de punição é o que torna o aborto errado. Isso seria entender as coisas de trás para frente. Seria estranho se a expressão de nossas visões morais não fosse da seguinte maneira. Imagine que você é o ditador poderoso e brutal de alguma nação reclusa, e imagine que você deseja que algum camponês indefinido seja morto – porque, digamos, ele o insultou (lembre-se: você é brutal). Uma vez que você não enfrenta nenhuma ameaça de punição, será que isso significa que matar o camponês, portanto, não é errado? Isso parece absurdo. Se você cola em um exame e não é descoberto, será que isso significa que sua cola foi, por essa razão, moralmente permissível? Não. O correto a dizer em ambos os casos é que *você se safou do seu crime*. Não deixa de ser um crime; você apenas deixou de ser punido. Ao invocar crimes e comportamentos criminosos, não tenho intenção de sugerir que moralidade e legalidade sejam a mesma coisa, ou que o que torna algo errado é que esse algo é ilegal. Para ver por que, volte sua atenção para os protestantes contra o aborto.

Suponha que nossos protestantes estejam se manifestando nos Estados Unidos. Certamente eles sabem que os abortos no primeiro e segundo trimestres de gravidez são protegidos sob o código criminal dos Estados Unidos? Se a lei fosse o único determinante da moralidade de um ato, então seria difícil dar um sentido às ações dos protestantes. Por que eles estariam buscando mudar a lei, a não ser que pensassem que a lei estava, de algum modo, errada? Se a legalidade fizesse a moralidade (por assim dizer), então consideraríamos os protestantes da mesma maneira como consideraríamos alguém que estivesse realizando um protesto moral (nos EUA) contra a prática de dirigir do lado direito da estrada. Tal pessoa seria alguém absolutamente confuso. A lei que exige que os motoristas dos EUA dirijam do lado direito da estrada não deriva de nenhuma verdade metafísica profunda sobre o modo como as pessoas deveriam dirigir. Ela é meramente uma convenção, herdada da tradição. Não consideramos os protestantes contra o aborto da mesma maneira. Podemos discordar de suas visões morais (ou talvez teológicas), mas não acreditamos que eles sejam absolutamente confusos. O resultado – e essa é minha terceira observação sobre a moralidade – é que parece que as proibições morais no centro de nossos juízos morais são distintas de convenções humanas. As convenções humanas – poderíamos dizer – deveriam refletir a ordem moral subjacente.

Uma quarta observação que podemos fazer a partir de nosso exemplo do aborto é que esperamos um vínculo forte entre as visões morais dos estudantes e suas *motivações*. Considere, por exemplo, o quão estranho seria ver uma das ativistas estudantis, mais tarde naquele mesmo dia, a caminho de uma clínica de aborto.

– O que, você mudou sua visão moral? – você pergunta.
– Não. O aborto ainda é um assassinato. – ela diz.
– Mas você vai fazer um aborto mesmo assim?
– Claro.
– Porque... é uma necessidade absoluta?
– Não. Só porque sim.

Três coisas parecem possíveis aqui. Ou ela está *mentindo* sobre sua visão moral do aborto, ou ela é uma hipócrita sem vergonha (talvez com tendências sociopatas), ou ela simplesmente falha em compreender o conceito de assassinato. O que não parece possível aqui, dada nossa compreensão implícita da moralidade, é a combinação das três coisas seguintes: a) Ela acredita sinceramente que o aborto é assassinato; b) Ela entende que o assassinato significa matar erroneamente; c) Ela não está nem um pouco motivada a se abster de fazer um aborto. Essa combinação parece impossível, porque acreditar sinceramente que o aborto é um assassinato acarreta a crença de que não se deve fazer um aborto, e acreditar que não se deve fazer um aborto implica – se não acarreta – que a pessoa está *motivada*, não importa quão pouco, a não fazer um aborto.

Afinal, as pessoas regularmente agem de maneira que elas consideram imorais.

Mas uma pessoa que agisse imoralmente, sem a mínima relutância e sem nenhum vestígio de remorso, vergonha ou culpa, nos faria duvidar seriamente de que ela sinceramente acredita que aquele ato é imoral. O que isso sugere é que um juízo moral sincero é ligado de algum modo à motivação. É difícil para nós entendermos alguém que insiste repetidamente em que o aborto é um assassinato, mas que não se importa nem um pouco em fazer um aborto.

Um quinto traço da moralidade que emerge do nosso exemplo do aborto é o seguinte: alguém que viola conscientemente uma proibição moral – nesse caso, uma proibição contra o aborto – *merece* (pelo menos nas mentes de nossos protestantes) uma *punição*. Se a pessoa é ou não punida de fato, é outra questão. O ponto é que, ao julgar que o aborto é proibido, os estudantes estão implicando que a punição seria justificada. Para tornar esse ponto mais nítido, Joyce nos faz imaginar criaturas que regularmente afirmam que alguns atos devem ser realizados e que outras coisas não devem ser realizadas, mas quando alguém se recusa a agir como deve, não há nenhum senso entre as criaturas de que aquela pessoa deveria "pagar" pelo que ela fez. Ninguém pensa que a violação *exige* uma retribuição. Joyce suspeita, portanto, que "essas criaturas devem [...] carecer de um elemento central da noção de *justiça*: o elemento que se refere às pessoas receberem o que merecem" (2006: p. 67). Parte do que torna morais as criaturas morais, portanto, tem a ver com o pensamento de que agir de maneira que são proibidas *merece* alguma punição, enquanto que agir de maneira que são (por exemplo) desinteressadas, *merece* elogios.

Esse não é o caso no que diz respeito a um amplo conjunto de outros atos que pensamos que devem ou não ser feitos. Suponha que eu lhe diga que você não deve ir ver o filme que você está pensando em ver, porque (digamos) os atores são horríveis. Suponha que você veja o filme mesmo assim. Posso considerar sua decisão como imprudente ou estúpida, mas eu não pensaria que você merece ser punido por ir. Quando você me diz que eu não deveria construir minha casa tão perto da margem do oceano, porque ela será ameaçada pelas ondas tempestuosas, você pode pensar que não sou sábio ao seguir adiante com meus planos, mas você não pensaria que sou um pecador. Os "deveres" morais, no entanto, são diferentes. Quando afirmamos que você moralmente não deve fazer algo, isso implica que nós (ou pelo menos alguém) estaríamos justificados em puni-lo por seu feito. Se as más ações não estivessem fortemente ligadas à punição dessa maneira, então não deveríamos ter nenhum problema para imaginar nossos protestantes contra o aborto se sentindo inteiramente neutros em relação a alguém que deseja resolutamente fazer um aborto. Mas isso seria realmente bastante surpreendente.

Por trás dessa observação há uma distinção que precisa ser compreendida. Acreditar que uma ação *provocará* hostilidade é diferente de acreditar que uma ação *merece* hostilidade. Essa distinção pode não ser óbvia, então vou explicitá-la. Acreditar que uma ação provocará hostilidade exige apenas que se acredite que um dado tipo de ação é normalmente seguido por outro tipo de resposta – nesse caso, a hostilidade. Isso é meramente o reconhecimento de uma *regularidade*, não diferente do reconhecimento de outras regularidades: por exemplo, o trovão normalmente vem depois do relâmpago. Seria tolice pensar que o relâmpago *justifica* ou *autoriza* o relâmpago; os dois são apenas "regularmente conjugados". O ponto é que podemos facilmente imaginar criaturas que podem reconhecer regularidades sociais (ações de tipo T são normalmente seguidas por hostilidade), mas falham em reconhecer que a hostilidade é justificada ou autorizada. Em suma, o reconhecimento de regularidades sociais, por si mesmo, não pressupõe a moralidade.

Alguém poderia acreditar que o aborto é regularmente seguido pela hostilidade *sem* acreditar que esse seja moralmente proibido. Como? Bem, talvez essa pessoa não acredite que o aborto é um assassinato! Ou talvez ela seja uma especialista em comportamento humano, mas simplesmente careça de um senso moral (talvez ela seja uma psicóloga de outra galáxia). O resultado, contudo, é que entre os traços distintivos de nosso senso moral está o reconhecimento de que algumas respostas são devidas ou merecidas. Joyce (2006: cap. 2) enxerga a distinção da seguinte maneira: uma coisa é compreender que uma ação é *aceita*, outra coisa é compreender que ela é *aceitável* (dê a essa distinção um minuto para se estabelecer em sua mente).

Uma implicação importante dessa distinção é que mesmo que as criaturas exibam o reconhecimento de regularidades sociais (e nós vemos isso em um grande número de mamíferos superiores), não se segue automaticamente que elas sejam criaturas morais. Para isso, elas precisariam reconhecer mais do que regularidades comportamentais; elas precisariam reconhecer que alguns comportamentos são "solicitados".

Finalmente, em conexão com o ponto anterior, criaturas como nós parecem internalizar as atitudes de outros. Essa internalização é parte daquilo que refletimos quando pensamos no sentimento de *culpa*: sentimos que nossas más ações *merecem* punição. É a isso que estamos nos referindo quando dizemos que alguém deve sofrer as dores de sua própria consciência. "Como você pode viver consigo mesmo?", perguntamos a alguém que não se arrepende de suas más ações. "Você deveria se envergonhar!". Parte de ser uma criatura moral, portanto, parece envolver normas de sentimento: culpa ou vergonha são sentimentos apropriados de alguém em resposta às suas próprias más ações (reconhecidas). Para dizer o mínimo, consideramos com suspeita aqueles que não sentem nenhuma culpa ou remorso por seus crimes. Talvez não seja uma surpresa que tais indivíduos sejam comumente classificados como *antissociais* ou *sociopatas*, pois pelo menos uma das restrições sobre o comportamento imoral está faltando: as dores de sua própria consciência (a esse respeito falarei mais no próximo capítulo).

É importante notar também o elemento comportamental associado à culpa. Quando nos sentimos culpados sobre algo que fizemos, nós desejamos, mesmo que apenas levemente, *corrigir as coisas*. Sentimos a necessidade de pedir desculpas, de reparar qualquer dano que tenhamos causado. Nosso orgulho pode estar no caminho, de modo que não levamos adiante a reparação, mas o sentimento é inegável. E é frequentemente o caso que o sentimento não se dissipa *até* termos corrigido as coisas. Criminosos que durante anos permaneceram sem serem identificados, comumente expressam uma espécie de alívio ao serem pegos; parte do alívio, evidentemente, consiste em não ter mais de viver sob o peso da culpa. Assim, uma explicação para nosso senso moral, no contexto da evolução, deveria também esclarecer o fato de que a culpa nos compele a consertar as coisas.

Uma breve revisão. O que torna as criaturas morais aparentemente envolve várias coisas. As seguintes parecem representar algumas verdades conceituais sobre a realização de juízos morais: 1) As criaturas morais compreendem proibições; 2) As proibições morais não parecem depender de nossos desejos; 3) Tampouco parecem depender de convenções humanas, como a lei. Em vez disso, elas parecem ser objetivas, não subjetivas;[3] 4) Os juízos morais são fortemente ligados à motivação: julgar sinceramente que algum ato é errado parece acarretar pelo menos algum desejo de *se abster de* realizar aquele ato; 5) Os juízos morais implicam noções de merecimento: fazer aquilo que você sabe ser moralmente proibido implica que a punição seria justificada; 6) As criaturas morais, tais como nós mesmos, experienciam uma resposta *afetiva* distintiva em relação a suas próprias más ações, e essa resposta frequentemente as incita a corrigir as más ações.

3.2– A EVOLUÇÃO DA MORALIDADE

Para aqueles teóricos que acreditam que a evolução desempenhou um papel central no desenvolvimento de nosso senso moral, um enredo geral se desenvolveu. O objetivo desta seção é traçar esse enredo. Contudo, em vez de abordar nosso objeto diretamente, pedirei que você considere uma analogia, um caso que, apesar de tirado da psicologia evolutiva, é inteiramente desvinculado da moralidade. A intenção da analogia, é claro, é preparar você para a evolução da moralidade. Mais especificamente, desejo ensaiar uma lição evolutiva comum: às vezes aquilo que nós – enquanto organismos biológicos – consideramos como intrinsecamente bom (chame-o de A) não é o que a seleção natural "considera" como intrinsecamente bom (chame-o de B). No entanto, dadas as contingências de nosso ambiente, a busca por A tem o efeito confiável de assegurar B. Isso pode explicar

---

[3] Se eu pareço excessivamente cauteloso em minha análise da moralidade ("a moralidade *parece* ser isto e aquilo", e assim por diante), é porque um sério debate continua na filosofia sobre se essas aparências são enganosas ou não. Alguns filósofos, por exemplo, estão contentes em admitir que a moralidade *aparece* de certa maneira, mas insistirão que na verdade ela é de outra.

por que nossas atitudes em relação a A evoluíram. Esse fenômeno é provavelmente mais comum do que pensamos. Então eis a analogia.

Para criaturas que se reproduzem sexuadamente, tais como nós, é importante que os indivíduos não percam tempo se acasalando (ou tentando se acasalar) com membros não férteis do sexo oposto. Considerando os esforços substanciais que um indivíduo pode despender atraindo e protegendo parceiros em potencial, podemos, portanto, esperar que os organismos tenham desenvolvido meios de *discriminar* entre parceiros viáveis e, bem, parceiros que não chegam a ser viáveis. Seria apenas uma questão de tempo até que os indivíduos que não pudessem fazer essas discriminações perdessem para aqueles indivíduos que podiam. Então como essa limitação geral pode ter afetado os primeiros seres humanos? Examinemos os primeiros machos. Se é justo assumir que o pico da fertilidade das fêmeas ancestrais se assemelha ao pico da fertilidade das fêmeas contemporâneas (isto é, idades entre 19 e 25 anos), então os machos que seletivamente buscassem fêmeas *fora* dos anos do pico de fertilidade se sairiam pior do que os machos que seletivamente buscassem fêmeas *dentro* dos anos do pico de fertilidade, uma vez que o acasalamento com fêmeas fora desses anos resultaria (se todas as outras coisas fossem iguais) em menos proles viáveis. Portanto, teria havido uma pressão adaptativa sobre os primeiros machos para atrair e buscar apenas as fêmeas mais férteis.[4]

Mas isso levanta um novo problema. Como os primeiros machos saberiam quando as fêmeas em suas proximidades eram mais férteis? Afinal, as primeiras fêmeas não usavam etiquetas anunciando sua fertilidade relativa. Elas não divulgavam sua idade, pela simples razão de que não teriam tido qualquer conceito de anos de calendário. Não é impossível que as primeiras mulheres liberassem feromônios sexuais (um odor que os machos poderiam detectar), mas isso teria exigido um contato íntimo, precisamente o tipo de contato que os primeiros machos estavam decidindo realizar ou não. Então, como esses primeiros machos de fato resolveram esse problema?

Quando você pensa a respeito, a resposta é óbvia. As fêmeas mais férteis simplesmente *parecem* diferentes da maioria das outras

---

[4] Em estudo após estudo, os machos ao redor do mundo consistentemente classificam a atratividade das fêmeas de acordo com essas características, exatamente.

fêmeas (isto é, das fêmeas que estão em períodos pré-puberdade e pós-menopausa). Os psicólogos evolutivos propuseram e forneceram apoio empírico para a ideia de que os machos distinguiam entre fêmeas férteis e não férteis com base em *sugestões visuais* específicas. Suponha que um antigo macho (pós-pubescente), como resultado de alguma mutação, possuísse fortes preferências por fêmeas com muitas das seguintes características físicas: rosto simétrico, compleição clara, lábios cheios, nariz pequeno, olhos grandes, cabelo lustroso, seios fartos, e uma relação entre a cintura e os quadris de aproximadamente 0,7. Por que essas características? Simples: as mulheres com essas características têm a maior probabilidade de serem saudáveis e férteis. O macho que possuísse desejos por essas características (em contraste com outras) e pudesse atrair fêmeas com essas características iria ao longo do tempo se reproduzir mais do que outros machos, precisamente porque aquelas fêmeas teriam maior probabilidade de se reproduzir do que as fêmeas sem essas características.

 Mas deixe-me sublinhar o ponto importante aqui: não haveria absolutamente *nenhuma necessidade* de aquele macho com esses desejos ter qualquer conhecimento da – e muito menos preocupação com – correlação entre essas características e a fertilidade. Como vimos repetidas vezes, a seleção natural opera com base em uma "necessidade de saber". E aqui não há nenhuma necessidade de os machos saberem sobre essa correlação. Projete os machos para serem atraídos por fêmeas com essas características, e o sucesso reprodutivo tomará conta de si mesmo.

 Então aqui está um exemplo da seleção natural estabelecendo um mecanismo psicológico que não atrela nenhuma importância àquilo que é, biologicamente falando, bom em si mesmo, mas antes a algum outro bem *intermediário*. Em outras palavras, aquilo que os machos consideram intrinsecamente valioso (por exemplo, a compleição clara, o cabelo lustroso, os seios fartos) não é o mesmo que a seleção natural "considera" intrinsecamente valiosa (por exemplo, a fertilidade feminina). É claro que, se a seleção natural *tivesse* equipado os machos com uma preocupação com a fertilidade *em si mesma*, então deveríamos esperar ver os machos exibindo uma forte *aversão* ao uso de contraceptivos. Pois a intenção da contracepção é positivamente frustrar a fertilidade da mulher, impedindo-a de engravidar. Mas não é isso que observamos, de modo algum. O desejo por fêmeas com essas características persiste efetivamente (em grande medida) com ou sem o uso de contraceptivos. Mas esse descompasso é tolerável, uma vez que, para criaturas como nós, com todas as nossas idiossincrasias biológicas, buscar fêmeas com essas características tem o efeito confiável de gerar sucesso reprodutivo, se todas as coisas permanecerem iguais.

Com essa narrativa em mente, voltemos à moralidade. Como vimos no capítulo anterior, o valor biológico de estabelecer e preservar alianças cooperativas entre vizinhos teria sido crucial para a sobrevivência (e o sucesso reprodutivo) dos primeiros seres humanos. Enquanto os processos de adequação inclusiva teriam assegurado pelo menos alguns recursos para os indivíduos, isso teria ficado longe de um desempenho ótimo. Os antropólogos e etnógrafos sustentam a hipótese de que os primeiros seres humanos viviam em pequenos bandos de aproximadamente 35 indivíduos. E esses bandos podem ter coexistido com outros bandos, totalizando aproximadamente 150 pessoas. Um indivíduo podia tratar alguns desses outros indivíduos como parentes, mas um número considerável deles seria apenas de vizinhos. Um indivíduo que pudesse contar rotineiramente com o auxílio desses não parentes – em troca de dar auxílio – teria possuído uma vantagem saliente em relação a um indivíduo incapaz ou não disposto a forjar tais relacionamentos.

Contudo, assim como no caso de nossos machos discriminantes, uma coisa é identificar aquilo que é biologicamente vantajoso, outra coisa é projetar indivíduos capazes de alcançá-lo regularmente. Não podemos supor que nossos primeiros ancestrais tenham calculado o valor, a longo prazo, de estabelecer alianças cooperativas. Isso não é mais plausível do que a ideia de que os primeiros machos tenham calculado as taxas de fertilidade das fêmeas. Mas o subproblema adaptativo aqui é ainda mais saliente do que no caso da seleção dos machos. Pois temos de nos lembrar de que teria havido uma pressão persistente para *resistir* à cooperação.

Recorde nossa discussão do Dilema do Prisioneiro no capítulo anterior. Cooperar em jogos do tipo Dilema do Prisioneiro dificilmente é a opção mais atraente: primeiro, isso significa abrir mão do benefício mais alto (isto é, explorar a cooperação de outro); segundo, deixa o indivíduo aberto para ser explorado. Se os primeiros seres humanos tivessem noção suficiente para saber como raciocinar sobre o que era bom para eles, então eles teriam ficado desconfiados quanto a ficarem vulneráveis a uma queda. Mas, como os jogos de Dilema do Prisioneiro deixam claro de modo tão elegante, quando todos adotam essa atitude, todos sofrem. Portanto, o problema adaptativo que necessitava de uma solução era o seguinte: projetar indivíduos para estabelecerem e preservarem alianças cooperativas *apesar* da tentação de não cooperar.

A solução (você adivinhou) foi projetar os indivíduos para *pensarem moralmente*. Um dos primeiros filósofos a defender essa visão específica foi Michael Ruse:

> *Para nos fazer cooperar tendo em vista nossos fins biológicos, a evolução nos encheu de pensamentos sobre o certo e o errado, a necessidade de ajudar nossos companheiros, e assim por diante.* (1995: pp. 230-231)

Cooperar não é meramente algo a ser desejado (pelo menos quando isso é desejado); isso é algo que consideramos como *necessário*. "A moralidade", diz Ruse: "É aquilo que nossa biologia utiliza para promover o 'altruísmo' ". Um proponente recente dessa visão, Richard Joyce, fornece a explicação mais explícita dos passos que conduzem a nosso senso moral. Vale a pena nos demorarmos sobre uma passagem mais longa:

> *Suponha que houvesse uma esfera de ação de tamanha importância recorrente que a natureza não quisesse que o sucesso prático dependesse do frágil capricho da inteligência prática humana comum. Aquela esfera poderia, por exemplo, dizer respeito a certas formas de comportamento cooperativo de um indivíduo para com seus companheiros. Os benefícios que podem advir da cooperação – uma reputação melhorada, por exemplo – são tipicamente valores de longo prazo, e meramente desejar e ter consciência dessas vantagens de longo prazo não garante que o objetivo seja efetivamente buscado, assim como o firme desejo de viver uma vida longa não garante que uma pessoa vá desistir de comidas gordurosas. A hipótese, portanto, é que a seleção natural optou por um mecanismo motivacional especial para essa esfera: a consciência moral.* (Joyce, 2006: p. 111)

Se um humano primitivo (o chamemos de Ogg) acreditasse que não realizar certas ações (como, por exemplo, matar, roubar, quebrar promessas) fosse bom para ele, então embora ele fosse rotineiramente evitar tais ações, nada impede que Ogg ocasionalmente *mudasse de rumo* diante de um bem ainda mais atraente, como, por exemplo, o esconderijo de frutas desprotegido de seu vizinho. "Não roubar é bom, claro, mas olhe só esses papaias maduros – eles são *incríveis!*". Assim, Ogg poderia ser considerado um vizinho confiável – exceto, bem, quando ele não poderia.

Mas para que as alianças cooperativas funcionem, para que cada indivíduo realmente se beneficie, deve haver uma garantia de que cada um cumpra seu acordo, que ninguém seja tentado a abandoná-lo quando surjam opções mais atraentes. Lembre-se do fazendeiro A e do fazendeiro B do capítulo anterior: cada qual precisa da ajuda do outro, mas ajudar coloca cada um deles em risco de ser explorado. Aquilo de que cada um deles necessita é a garantia de que o outro está *comprometido* com esse arranjo cooperativo. E o que é verdadeiro no nível de dois indivíduos é verdadeiro no nível dos grupos: cada pessoa necessita de garantias de que os sacrifícios que se faz pelo grupo (por exemplo, defendê-lo contra invasores, participar de caçadas) não são em vão. É aí que a moralidade entra.

A introdução do pensamento moral, caracterizado ao longo das linhas discutidas na seção anterior, fornece a garantia que falta. Se Ogg acredita que roubar as frutas (desprotegidas) de seu vizinho não é meramente indesejável, mas *proibido*, e se essa crença é fortemente ligada à motivação de Ogg, então essa seria a melhor garantia de que Ogg não cometeria essas ações.[5] E ao não cometer essas ações, Ogg evitaria os próprios tipos de comportamento que ameaçariam as alianças cooperativas. Temos de lembrar que, em grupos pequenos, não importa apenas o que os parceiros reais de Ogg pensam dele; importa também o que os parceiros potenciais pensam de Ogg. Chamamos isso de *reputação*.[6] Afinal, *você* con-

---

[5] Estritamente falando, é claro, a melhor garantia de que Ogg evitará cometer esses tipos de ações (exceto impedi-lo) seria fixá-lo estruturalmente de tal maneira que esse comportamento se tornasse inflexível. Por razões às quais chegaremos em breve, essa opção encontra inconvenientes reais.

[6] Na próxima seção, exploraremos com mais profundidade as conexões entre

fiaria em alguém que não hesitaria em enganar ou matar outro ser humano?

Mas aqui é onde a lição com a qual começamos importa: não haveria para Ogg *nenhuma necessidade* de ter qualquer conhecimento de – e muito menos preocupação com – a correlação entre o que é certo e errado, por um lado, e as alianças cooperativas, por outro lado. É suficiente que Ogg esteja convencido de que algumas coisas *não devem ser feitas* – não importando o que aconteça. Ele não precisa também reconhecer que atitudes como essa produzem um benefício biológico (de fato, poderíamos insistir que o sucesso na verdade depende da ausência de qualquer reconhecimento desse tipo, pois, novamente, o ponto importante é impedir a deliberação e fixar a cooperação). Projete os seres humanos para pensar (e sentir) que algumas ações são proibidas, e o sucesso cooperativo tomará conta de si mesmo.

Bem, quase. Há diversas pregas para aqui. Talvez a preocupação mais premente seja essa: o que impede indivíduos *a*morais espertos de invadir e dominar uma população de criaturas morais? Será que a forte disposição para se abster de atos imorais não vai algemar perigosamente tais indivíduos? Essa e outras preocupações serão abordadas no próximo capítulo. Na parte restante deste capítulo, quero mostrar duas coisas: Primeiro, essa explicação evolutiva da moralidade equipara-se de maneira interessante a hipóteses sobre a evolução da crença e dos rituais religiosos; segundo, e mais importante, esse esboço inicial da evolução da moralidade explica habilmente os traços superficiais do pensamento moral delineados na seção anterior. Como tentarei mostrar, esses traços são precisamente o que esperaríamos ver se o esboço que acaba de ser apresentado estiver correto.

Recorde a lição do Dilema do Prisioneiro: cooperar com outros pode gerar benefícios reais, *contanto que* você tenha alguma garantia de que os outros provavelmente vão jogar da mesma forma. Isto é, você precisa de uma razão para confiar nos outros. O ecologista comportamental William Irons (2001) argumentou que os rituais religiosos, apoiados por profundas crenças religiosas, podem fornecer justamente uma razão desse tipo. A chave, diz Irons, é a *sinalização*. Alguém que regularmente se envolva em um ritual religioso, rea-

---

reputação, punição e moralidade.

lizando repetidos sacrifícios custosos, sinaliza para os outros o compromisso com sua fé. Alguém que se dá o trabalho de usar vestes pesadas, ou rezar, ou comer apenas certos tipos de comida, e assim por diante, demonstra o tipo de fidelidade para com um grupo que pode dar a outros a garantia de poder confiar nessa pessoa. O antropólogo Richard Sosis resume a ideia da seguinte maneira:

> *Como resultado de níveis aumentados de confiança e compromisso entre os membros do grupo, os grupos religiosos minimizam mecanismos de monitoração custosos que de outro modo seriam necessários para superar os problemas de parasitismo que tipicamente atormentam os empreendimentos comunitários.* (2005: p. 168)

Em outras palavras, os membros passam menos tempo (valioso) preocupando-se a respeito de quem entre eles é digno de confiança. Essa hipótese gera diversas previsões testáveis. Para mencionarmos apenas uma, quanto mais limitações custosas um grupo religioso impuser sobre o comportamento de um membro, mais coeso deverá ser o grupo. E uma indicação da coesão deve ser a *duração* da existência do grupo. Sosis (2005) comparou as demandas que várias comunas americanas do século XIX colocavam sobre seus membros e por quanto tempo essas comunas sobreviveram. De fato, Sosis descobriu que quanto mais demandas uma comuna colocava sobre seus membros, mais tempo essa comuna permanecia em existência.

Não podemos dizer exatamente como esses resultados (se eles se sustentam) se relacionam com a evolução da moralidade. Pode ser que eles não sejam relacionados. Mas se forem ligados, isso ajudaria a explicar a poderosa conexão que as pessoas comumente traçam entre a religião e a moralidade. Como – essas pessoas perguntam – você pode ter uma sem a outra? Como Donald Wuerl, o arcebispo da diocese católica romana de Washington, D.C., colocou recentemente em uma homilia: "As considerações éticas não podem ser desligadas de seus antecedentes religiosos".[7] Talvez a disposição de sentir uma conexão com um grupo religioso seja parte da mesma disposição de considerar as ações como certas ou erradas. Talvez uma dê ensejo à outra. De qualquer modo, o que

---

[7] Ver: <priestforlife.org/magisterium/bishops/wuerl-2006-red-mass.htm>.

podemos dizer é que essa área permanece quase inteiramente inexplorada. Deixe-me seguir adiante para meu outro ponto de encerramento.

3.3 EXPLICANDO A NATUREZA DOS JUÍZOS MORAIS

Na seção anterior, identificamos seis traços do pensamento moral que necessitam de explicação. A primeira coisa que notamos foi que o pensamento moral exige uma compreensão de proibições. Julgar que o aborto é errado não é meramente (se o for de todo) expressar um desejo de não fazer um aborto; é afirmar que o aborto é *proibido*, que ele não deve ser feito. Essa distinção faz uma diferença prática. Pois considerar alguns atos como proibidos, *errados*, de certa forma coloca um fim à discussão; isso é um "encerrador de conversas". Se eu acredito que o ato é errado, então é isso. Ele não deve ser realizado. O pensamento moral tem uma maneira de sobrepujar meus outros modos de deliberação prática. Vale a pena contrastar isso com nossos desejos.

Somos bastante bons em nos pôr a fazer coisas que não desejamos, e até mesmo coisas que apaixonadamente odiamos (por exemplo, ir ao dentista, ou limpar o banheiro). Mas nos pôr a fazer coisas que consideramos *imorais* é um assunto diferente. Eu apostaria que nenhuma forma de persuasão faria você roubar o carro de seu vizinho ou espancar o casal de idosos no fim da rua – mesmo que eu pudesse garantir que você não seria pego. Isso não é dizer que somos incapazes de tais coisas; tragicamente, somos capazes.

O ponto é que parece haver uma diferença substancial entre fazer algo que você (fortemente) deseja não fazer e fazer algo que você acredita sinceramente ser (seriamente) imoral. A maioria das pessoas concordaria que é necessário um esforço psicológico consideravelmente maior para fazer aquilo que pensamos ser seriamente errado do que para fazer aquilo que fortemente desejamos não fazer. Parte desse esforço tem a ver com o "custo" psíquico de vivermos com nós mesmos após cometermos um ato imoral.

Ora, essa diferença, de acordo com a explicação evolutiva, tem consequências biológicas cruciais. Pois se assumimos que o sucesso reprodutivo em criaturas como nós dependa de modo tão crucial de forjar e preservar nossos vínculos sociais, então essa profunda relutância em fazer aquilo que consideramos proibido é precisamente o que deveríamos esperar ver. Planejar criaturas com um mecanismo psicológico que *sobrepuje* a deliberação prática quando assuntos morais emergem, assegura que um indivíduo não aja de maneira que possam colocar em risco futuros intercâmbios cooperativos. Como Joyce notou acima, meramente desejar não realizar certas ações deixa muito espaço para torções: afinal, cumprir promessas pode não parecer algo muito desejável uma vez que já tenhamos nos beneficiado do arranjo inicial (como ocorre com o fazendeiro A).

Isso explicaria também o senso de que os atos proibidos permanecem proibidos *mesmo que alguém deseje realizá-los*. Notamos anteriormente que se você julga que ninguém deveria fazer um aborto porque os abortos são errados, esse juízo permanece firme mesmo quando aplicado a alguém que positivamente deseja fazer um aborto. O que isso parece implicar é que a verdade de um juízo moral não depende dos desejos das pessoas, de seus interesses, de suas disposições mentais, e assim por diante. A erroneidade de uma ação é aparentemente baseada em algo mais, transcendente. Isso se encaixa perfeitamente com a sugestão acima de que o reconhecimento da erroneidade moral suspende a deliberação ulterior; ele domina nossa tomada de decisões. Alguém, cujos juízos morais *de fato* dependessem de seus desejos dessa maneira, correria um sério risco de arruinar sua reputação agindo de modo antissocial sempre que seus desejos o dominassem.

Em geral, os indivíduos que pudessem tão facilmente abrir mão de seus compromissos, roubar de seus vizinhos ou assassinar seus inimigos – simplesmente porque seus desejos se modificaram – teriam substancialmente mais dificuldades para formar e manter acordos cooperativos.[8] (Faça o teste você mesmo: em que tipo de pessoa você confiaria em um jogo do tipo Dilema do Prisioneiro?).

Implícita nessas observações está a assunção de que os juízos morais são fortemente ligados à *motivação*, outro traço da moralidade que discutimos. Novamente, se assumimos que o sucesso evolutivo (para criaturas como nós) realmente dependeu da preservação de acordos sociais, então, para que o pensamento moral desempenhe seu papel

---

[8] Estudos recentes sobre a evolução do comportamento social apoiam essa hipótese, como veremos no capítulo 4.

biologicamente significativo, ele tem que nos *mover* – mesmo diante da "resistência interna". O pensamento moral não deve ser ocioso. Ele não é como pensar que o céu é azul, ou que Ogg é um comilão desleixado ou mesmo que bagas vermelhas são saborosas. O pensamento moral deve "engajar a vontade" de modo bastante confiável. E isso é exatamente o que vemos. Por exemplo, você pode muito bem garantir que, se alguém acredita sinceramente que o aborto é um assassinato, você não verá aquela pessoa fazendo um aborto (facultativo) mais tarde naquele dia. Não importando o que mais o pensamento moral possa ser, ele é prático. Ele nos move. E ele pode nos mover para retaliar. Notamos na seção anterior que o pensamento moral implica noções de merecimento.

O próximo capítulo é dedicado a explorar como essa ideia se relaciona à punição, à reputação e aos sentimentos de culpa. Alguns dos trabalhos mais interessantes – provenientes dos campos da psicologia e da economia comportamentais – enfatizam a importância da punição e da reputação. De fato, minha própria visão se desenvolveu parcialmente em resposta a essas descobertas.

3.4– CONCLUSÃO

Meu objetivo neste capítulo foi descrever, primeiro, os traços importantes do juízo moral e, segundo, uma explicação evolutiva para esses traços. Realizar juízos morais envolve, antes de mais nada, um apelo a *proibições*. E essas proibições parecem transcender as normas meramente legais ou culturais. Além disso, nosso reconhecimento dessas normas envolve sermos movidos a agir de acordo com elas. A explicação evolutiva se propõe a esclarecer esses (e outros) traços enfatizando as vantagens da cooperação em interações sociais. Mas o valor da cooperação, conforme a narrativa, não pode ser assegurado meramente fazendo com que criaturas como nós *desejem* a cooperação. Em vez disso, um sistema de julgamento moral, com todos os seus traços concomitantes, evoluiu como um poderoso mecanismo para nos manter na linha. Essa explicação recebe um apoio adicional de análises da estrutura da punição. No próximo capítulo, examinaremos como a punição pode ter figurado no pensamento moral e na evolução biológica.

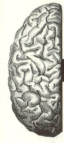

MERECIMENTOS JUSTOS

> *Um único desejo, uma única paixão agora resta*
> *Para manter a febre da vida ainda em suas veias.*
> *Vingança!*
>
> Thomas Moore. *Poetical Works*

Como notamos no capítulo anterior, uma das características que definem o pensamento moral é sua conexão com a punição: julgar que alguém agiu de modo errôneo envolve julgar que ele merece ser punido. Qualquer explicação do desenvolvimento do pensamento moral deve esclarecer essa característica. Neste capítulo abordaremos a questão da punição, bem como algumas questões associadas: a reputação e a emoção moral. Este capítulo, assim como o próximo, se baseia em um conjunto de trabalhos empíricos nos campos da economia e da psicologia. Dentre as questões nas quais os pesquisadores estão se concentrando, estão as seguintes: *Quando* as pessoas punem? *Por que* elas punem? *Como* a punição pode beneficiar um indivíduo ou um grupo? E como a punição se relaciona com a reputação e com os sentimentos de culpa de um indivíduo?

A explicação evolutiva da moralidade delineada no capítulo anterior fornece uma explicação aproximada para esse fenômeno. Primeiro, se os indivíduos considerassem a violação de proibições como ofensas passíveis de punição, então isso manteria tanto o próprio indivíduo quanto os outros na linha. Se eu sei que minha comunidade provavelmente me privará de algo que valorizo, e eu agir de maneiras que são proibidas, então isso apenas reforçará meu compromisso em fazer a coisa certa. E o mesmo vale para todos os outros membros da comunidade. Desse modo, um referencial comum é estabelecido – ou, se você quiser, um *equilíbrio*. A ameaça de punição age como uma influência contra a tentação de desertar.

Mas isso expõe uma limitação presente nos jogos de Dilema do Prisioneiro puros: na versão de um único jogo, desertar gera um grande resultado para você, ou um péssimo resultado para todos. Mas os intercâmbios sociais na vida real, se é que se assemelham de alguma forma ao Dilema do Prisioneiro, lembram a um jogo jogado repetidas vezes. Para ver como isso altera os resultados, coloque-se no seguinte tipo de situação.

Suponha que você e eu estamos entre um grupo de indivíduos jogando jogos de Dilema do Prisioneiro ao longo de um ano, sendo que os pagamentos são feitos em dinheiro (e se você quiser, para aumentar o risco, imagine que essa é sua única fonte de renda). Assuma que não há restrições sobre quem joga com quem ou sobre quantas vezes um jogo é jogado. Antes de o jogo começar, no entanto, nós temos uma semana para interagir com nossos companheiros participantes. O que você procuraria? Que tipo de pessoa chamaria sua atenção como um parceiro atraente? Você tentaria fazer arranjos explícitos?

Suponha ainda que você e eu decidimos jogar nossa primeira rodada juntos. Ambos prometemos cooperar. Mas quando o jogo começa, eu quebro minha promessa: você coopera, e eu deserto. Eu recebo uma bela quantia, e você não recebe nada. Como você se sentiria? Qual seria sua primeira resposta? Bem, você poderia começar me lançando algumas palavras escolhidas. Mas como você jogaria a *próxima* rodada? Uma opção seria jogar comigo de novo. Mas por quê? Certamente você estaria fazendo isso por rancor; você estaria buscando me dar um pouco do meu próprio remédio. E uma vez que você sabe que eu não sou estúpido, você sabe que eu *esperaria* que você desertasse. Então você poderia esperar que *eu* desertasse antecipadamente. Isso está começando a parecer um acordo de perdedores.

Em vez de desperdiçar dinheiro, a coisa mais esperta a fazer depois que eu quebro minha promessa é me deixar de lado, seguir adiante e encontrar alguém novo. Mas por que parar aí? Uma vez que isso não lhe custa quase nada, você provavelmente não deveria hesitar em notar – para qualquer um que ouvisse – que não sou alguém em quem se pode confiar. "Ele me traiu", você diria com desprezo. E não demoraria muito para essa informação se espalhar. Agora isso poderia soar como um boato, mas lembre-se: com tão pouca informação para seguir adiante, os participantes têm toda razão para usar esse boato ao decidirem como agir. O que as pessoas dizem importa, porque afeta aquilo que as pessoas fazem.[1] É difícil atribuir uma importância excessiva ao papel crucial que a punição desempenha em um grupo social. Não é necessário muito para desencadear o impulso de punir. Os seguintes experimentos enfatizam quando as pessoas punem, e alguns benefícios surpreendentes de fazê-lo.

4.1- O JOGO DO ULTIMATO

Estudos psicológicos recentes revelam o quão poderoso é o impulso de retribuição. Imagine ser convidado para jogar o que os psicólogos chamam de Jogo do Ultimato. Você recebe vinte notas de um dólar. Dizem-lhe que você pode dividir esses vinte dólares como você quiser com um estranho em outra sala, alguém que você nunca encontrou – mas que *sabe* qual a quantidade de dinheiro que você tem para dividir. Você pode dar a ele quanto você quiser – 1, 5, 7, 13 dólares, qualquer quantidade. Mas uma vez que tenha feito sua oferta, o estranho tem a seguinte escolha: ele pode aceitar a oferta, ou recusá-la. Se ele recusar a oferta, *ninguém fica com o dinheiro*. O jogo termina e você vai para casa. Então, quanto você ofereceria? Pense um pouco antes de continuar a leitura.

Eis o que eu aposto (e que os dados sugerem) que você faria. Se você acreditar que o estranho na outra sala é puramente racional – isto é, busca sua própria vantagem econômica acima de todo o resto –, você lhe oferecerá apenas $1. Por quê? Porque um ator puramente racional, movido unicamente por seu desejo de maximizar os lucros, preferirá $1 a nada, uma vez que nada é o que ele receberá se rejeitar a oferta. Mas essa *não* é a oferta que eu aposto que você faria. Se você for como a maioria das pessoas, sua oferta seria algo em torno de $7.

---

[1] De fato, o antropólogo Robin Dunbar formulou a hipótese de que a linguagem evoluiu em nós seres humanos precisamente porque nos permitiu *fofocar*. A melhor maneira de aprender sobre o comportamento e a reputação de outros é ouvir a "sujeira" que está acontecendo por aí. Quando o psicólogo Jonathon Haidt e um estudante Holly Hom pediram a cinquenta e um sujeitos para manterem um diário das conversas mais longas que eles tinham com amigos, eles descobriram que "a fofoca é esmagadoramente crítica, e diz respeito principalmente às violações morais e sociais dos outros" (2006: p. 54). "A fofoca", conclui Haidt, "é um policial e um professor".

Mas isso não é irracional da sua parte? Por que você está oferecendo a um completo estranho um dinheiro que poderia ser seu?

A resposta é simples: você acredita (corretamente) que os outros são movidos por mais do que um ganho econômico imediato: as pessoas também são movidas por um *senso de justiça*. E esse senso de justiça pode levar as pessoas a *punir* outras – mesmo que isso tenha um custo pessoal para elas. A razão pela qual você provavelmente não faria uma oferta de $3 é que você esperaria que o estranho rejeitasse essa oferta. Você sabe implicitamente que ele preferiria desistir de $3 para mostrar sua desaprovação, sua indignação justificada, do que aceitar o dinheiro e ser tratado injustamente. Repetidos estudos mostraram exatamente isso. As pessoas rejeitam a maioria das ofertas abaixo de $7. Esse senso de justiça é tão poderoso que as pessoas estão dispostas a pagar para punir pessoas que tratam *outros estranhos* injustamente.

Em uma variação do Jogo do Ultimato, um terceiro "observador" recebe $50. É dito ao observador que ele estará observando um jogo entre dois estranhos. Neste jogo, um jogador, o "alocador", tem $100 que ele pode dividir com outro jogador, o "recipiente", da maneira como ele escolher. Diferentemente do Jogo do Ultimato, no entanto, o recipiente não tem *nenhuma escolha* a não ser aceitar aquilo que o alocador oferece (os economistas o chamam de Jogo do Ditador, por razões óbvias). Assim, se o alocador dá ao recipiente um dólar, isso é o que o recipiente recebe. No entanto, aqui está a complicação. O observador tem a opção de entrar *antes* de qualquer dinheiro ser alocado ao recipiente. Se o observador escolher, ele pode desistir de uma parte do seu próprio dinheiro para reduzir a soma que o alocador leva para casa: para cada dólar que o observador abandona, o alocador tem de abandonar três. Com efeito, o observador tem a opção de *multar* o alocador – exceto que a multa sai de seu próprio bolso.

Os resultados do jogo são surpreendentes: o número de dólares que o observador abandona (isto é, a multa) é diretamente proporcional à iniquidade. Em outras palavras, quanto mais desigual a divisão, maior a multa imposta ao alocador. De fato, os observadores abandonam dinheiro por quase qualquer oferta *menor que* $50. Contra a assunção de que as pessoas sempre buscam seus melhores interesses, esses resultados são notáveis: aqui está alguém que desiste de seu próprio dinheiro para punir um completo estranho que tratou injustamente outro completo estranho. Tudo que o observador precisa fazer para sair com $50 é sentar-se ociosamente enquanto dois estranhos interagem. Mas as pessoas não conseguem sentar-se ociosamente.

4.2– O JOGO DOS BENS PÚBLICOS

Economistas comportamentais derivaram resultados similares daquilo que chamaram de experimentos de "Bens Públicos". Por exemplo, Ernest Fehr e Simon Gachter (2002) realizaram recentemente um conjunto de experimentos de "Bens Públicos" que possibilitavam punições. O experimento funciona assim: cada membro de um grupo de quatro pessoas recebe 20 unidades monetárias (digamos, dólares) e recebe a oportunidade de "investir" todo, algum, ou nenhum daquele dinheiro em um projeto do grupo. Permite-se que os estudantes fiquem com qualquer dinheiro que não seja investido. Notavelmente, contudo, é garantido aos estudantes um retorno de 40% sobre o investimento. Assim, se cada estudante investisse $10, eles ganhariam, como grupo, $16 para acrescentar aos $40 que investiram – um total de $56. E uma vez que os lucros do grupo são sempre divididos igualmente entre os membros (independentemente do investimento, se houve algum), cada pessoa sairia com $24, uma vez que os $4 de lucro de cada pessoa, mais seus $10 de investimento são acrescentados aos $10 que eles não investiram. Se cada estudante investisse *todos* os dólares, cada membro sairia com $32.

Aqui está a coisa, contudo: os investimentos são anônimos. Assim, eu não sei quanto (se houver) você está investindo e você não sabe quanto (se houver) eu estou investindo. Se eu invisto $5, mas *todos os outros* investem $20 cada, então eu saio com $22,75. Isso é um lucro de 55% sobre o meu investimento! Assim, há um incentivo para cada pessoa investir menos do que seu vizinho (de fato, eu posso *perder* dinheiro quando invisto muito mais do que os outros). É claro, quando *ninguém* investe seu dinheiro, não há nenhuma chance de aumentar sua quantia.

Agora, Fehr e Gachter (2002) realizaram duas séries de experimentos. Em uma série, os participantes jogaram seis rodadas do jogo do modo como foi descrito acima, sendo que a constituição do grupo muda após cada rodada. Assim, ninguém nunca interage com a mesma pessoa duas vezes. Na segunda série, o jogo permanece igual ao descrito acima, exceto que os participantes têm uma opção adicional: *punir* outros membros específicos após cada rodada (embora os punidores permaneçam anônimos). E a punição funciona assim: se você decide punir o jogador A – porque, por exemplo, você descobre que A só investiu $1 enquanto todo mundo investiu $10 – você atribui pontos a A. Para cada ponto atribuído a A, $3 são deduzidos dos rendimentos de A. Ao mesmo tempo, $1 é deduzido dos *seus* rendimentos. Os economistas se referem a esse tipo de punição como *punição altruísta*, já que a punição nesse caso não apenas reduz seus rendimentos, mas também significa que você nunca pode recuperar coisa alguma de A, uma vez que você nunca interage com A novamente. Então o que os experimentadores observaram?

Colocado de modo simples, a punição é vantajosa – pelo menos nesse cenário. Na rodada final da série *sem* punição, três quartos dos participantes investiram $5 ou menos. Na rodada final da série *com* punição, mais de três quartos dos participantes investiram $15 ou mais. Além disso, a punição e a ameaça de punição promoveram uma tendência: os investimentos aumentaram de rodada a rodada. Na série *sem* punição, os investimentos diminuíram de rodada a rodada.

Por certo, a ameaça de punição não era vazia. Mais de oito entre dez participantes puniram pelo menos uma vez; 35% dos participantes puniram em pelo menos cinco das seis rodadas do jogo. A punição também seguiu um padrão, que se equipara às descobertas do Jogo do Ultimato. Fehr e Gachter descobriram que quanto mais os investimentos de um jogador caíam abaixo do investimento médio dos outros membros, mais esse jogador era punido. Assim, por exemplo, quando o investimento de um jogador caía entre $8 e $14 *abaixo* do nível médio de cooperação de outros membros do grupo, esses membros pagavam em média $4 para puni-lo. Quando o investimento dele caía de $14 a $20 abaixo da média, esses membros pagavam em média $9 para puni-lo.

Fehr e Gachter também levantaram a hipótese de que a decisão de punir era mediada, pelo menos em parte, pelas emoções dos participantes. A punição, suspeitaram eles, resultava não tanto do cálculo, mas do desprezo. Foi pedido aos participantes que imaginassem uma situação em que eles, juntamente com outros dois membros, investiam em torno de $16, enquanto um quarto participante investia apenas $2. Como eles se sentiriam a respeito desse parasita? Metade dos participantes relataram sentir uma intensidade de raiva de 6 ou 7 (em uma escala até 7); quase 40% dos participantes relataram uma intesidade de raiva de 5. E, não surpreendentemente, a intensidade da raiva estava diretamente correlacionada com o desvio em relação ao investimento médio dos outros: quanto mais os investimentos de um indivíduo caíam abaixo do investimento médio, mais intensa era a raiva dirigida contra ele.

Igualmente significativas eram as *expectativas* de raiva. Pediu-se aos participantes que imaginassem que *eles* eram o parasita; como os outros se sentiriam se o encontrassem acidentalmente? Três quartos dos participantes previram que os outros sentiriam uma intensidade de raiva de 6 ou 7, e um quinto dos participantes esperaram uma intensidade de raiva de 5. No fim, essas expectativas excederam a realidade. As pessoas não relataram níveis de intensidade de raiva correspondentes ao que as pessoas esperariam. Isso é significativo, pois sugere que nos desviamos para o lado da cautela no que diz respeito à raiva dos outros. Isto é, somos agudamente cônscios de como os outros podem perceber nosso comportamento.[2]

4.3– VENCEDORES NÃO PUNEM

Contudo, há mais nuances nos resultados experimentais sobre punições do que minha discussão até aqui sugeriu. Por exemplo, um importante grupo de economistas e biólogos mostrou que, como indica o título de seu artigo: "Vencedores não punem" (Dreber *et al.*, 2008). Em uma variação do Dilema do Prisioneiro, os participantes tinham três escolhas em vez de duas: Cooperar, desertar ou punir. Enquanto a deserção significava ganhar (digamos) $1 a um custo de $1 para a outra pessoa, a punição significava pagar $1 para a outra pessoa *perder* $4. Os participantes praticaram jogos repetidos com a mesma pessoa, embora não soubessem por quanto tempo os jogos continuariam. O que Dreber descobriu foi que "os cinco jogadores

---

[2] Considero isso como algo especialmente importante para chegarmos a compreender a natureza da própria moralidade, como argumento no capítulo 12.

mais bem colocados, que ganharam o pagamento total mais alto, nunca usaram punições caras" (2008: p. 349). Revelou-se que os vencedores tendiam a usar uma estratégia de "olho por olho", como aquela que discutimos no capítulo anterior. Sua resposta à deserção era a deserção; os perdedores, por outro lado, respondiam à deserção com punições caras. Para ser claro, tanto os vencedores quanto os perdedores expressavam sua desaprovação sobre a deserção. Só que a estratégia vencedora consistia em punições moderadas (isto é, deserção), em vez de punições caras.

Será que esses resultados são inconsistentes com os resultados de Fehr e Gachter? Não necessariamente. Dreber descobriu que, em ambientes no qual a punição é uma opção, os cooperadores se saem melhor do que suas contrapartes em ambientes em que a punição não é uma opção. Mas adotar a opção da punição é quase sempre uma má ideia. Então temos um certo paradoxo aqui. Sua melhor esperança (nesses ambientes artificiais) seria jogar de modo amável em ambientes em que punições são ocasionalmente impostas. Mas isso exige, muito obviamente, punidores. E os punidores se saem muito mal. De fato, embora a cooperação aumente no cenário em que há a opção de punição, o benefício acrescentado à cooperação é contrabalançado por perdas adicionais sofridas pelos punidores, de modo que o *rendimento agregado de todos os participantes* era praticamente o mesmo que a punição, fosse ou não uma opção. Como esses resultados se relacionam com nossa preocupação mais geral sobre a moralidade?

A ideia principal é que, julgar que um indivíduo tenha violado uma norma moral, envolve julgar que ele *mereça* ser punido. Essa diferença pode soar insignificante, mas não é. Pois se é verdade que a seleção natural favoreceu um senso moral como o nosso, então nós *não* deveríamos observar indivíduos punindo outros de imediato, pois, como Dreber parece mostrar, essa estratégia fracassa. Em vez disso, deveríamos observar algo menor, algo mais restrito. E isso é de fato o que vemos. As pessoas são rápidas em identificar erros, mas não retaliam cegamente. Quando alguém nos fecha na estrada, nós não aceleramos automaticamente e fazemos o mesmo em retaliação. Embora não hesitemos em pensar que o idiota *merece* ser fechado, hesitamos em fazê-lo.

Lidamos com nossa desaprovação de modo diferente (com expressões não mencionáveis, digamos, ou um gesto de mão escolhido). Parece que, em muitas ocasiões, a retaliação é substituída por sentimentos ou juízos afetivos. O que parece consistente é a tendência a *evitar* o indivíduo que cometeu a má ação. Se tivermos sido notoriamente injustiçados, a necessidade de retaliação pode de fato nos dominar (ver, por exemplo, Hamlet). Mas quando o erro não chega a ser capital, nós simplesmente "apagamos o nome da pessoa". Ou, exatamente como descobriu Dreber, respondemos à deserção desertando – e não por meio de punições caras.

Toda essa pesquisa sobre a punição, no entanto, falha em responder a uma questão mais profunda: *Por que punir?* Quando punimos outros, o que nos move? Como justificamos (para nós mesmos, se você quiser) o ato de fazer os malfeitores pagarem? Essas questões nos encorajam a pensar mais rigorosamente sobre o papel da punição em nosso senso moral, e podem nos oferecer uma linha de apoio independente para a ideia de que nosso senso moral foi de fato uma adaptação. A psicologia da punição é uma área de pesquisa bastante nova, mas algumas das descobertas são sugestivas.

Os psicólogos Kevin Carlsmith, John Darley e Paul Robinson (2002) tentaram chegar ao fundo de nossa "psicologia ingênua da punição" realizando testes para verificar quais as características das violações de normas morais que mais nos influenciam nas decisões de punir. Mais especificamente, os testes foram projetados para revelar qual dentre duas filosofias de punição concorrentes as pessoas geralmente aderiam. Uma filosofia de punição – o modelo *repressivo* – é "voltado para o futuro": Punimos por causa das boas consequências que se seguem. Isso impede não apenas *esse* perpetrador, mas perpetradores em potencial de cometer violações semelhantes no futuro.

A outra filosofia da punição – o modelo *retributivo* ou dos *merecimentos justos* – é "voltada para o passado": Punimos porque um mal foi cometido e o perpetrador merece ser punido. A punição é proporcional ao crime, pois o objetivo é "consertar um erro". De modo interessante, quando os participantes eram confrontados com esses dois modelos de punição, eles geralmente tinham "uma atitude positiva em relação a ambos" e "não exibiam muitas tendências a favorecer um em detrimento do outro" (Carlsmith *et al.*, 2002: p. 294). No entanto, quando os participantes recebiam a oportunidade de impor de fato alguma punição (seja em termos de "não severa" a "extremamente severa", ou em termos de "inocente" a "pena perpétua") em resposta a uma má ação específica, os participantes operavam "principalmente a partir de uma motivação de merecimentos justos" (2002: p. 289). Isto é, os participantes pareciam estar respondendo quase exclusivamente às características assinaladas pelo modelo dos merecimentos justos (por exemplo, a seriedade da ofensa e a ausência de circunstâncias atenuantes), enquanto ignoravam as características assinaladas pelo modelo repressivo (por exemplo, a probabilidade de detecção e a quantidade de publicidade). O resultado é que, embora as pessoas possam expressar um apoio geral a diferentes justificativas para a punição, no que diz respeito a lidar com um caso específico, elas são quase sempre movidas por "uma atitude estritamente baseada no merecimento" (2002: p. 295).

Os resultados do estudo de Carlsmith são consistentes com a imagem filosófica do juízo moral esboçada no capítulo anterior. De acordo com essa imagem, parte do processo de realizar um juízo moral envolve julgar que alguém que viola uma norma moral mereça ser punido. O que a pesquisa atual indica é que o ultraje moral impulsiona o desejo de punir. Não punimos porque isso reprime. Punimos porque o punido merece.

A natureza categórica da punição (isto é, que o merecimento não depende das consequências da punição) sugere, contudo, algo mais profundo sobre a punição e sobre a evolução da moralidade: se não é possível eliminar por meio do raciocínio o desejo de punir, presente nas pessoas, então ser pego por uma má ação praticamente garante a punição (seja ela moderada ou cara). Se você for pego violando uma norma social ou moral, não espere que seus vizinhos estejam abertos à discussão – sobre, digamos, a falta de valor em puni-lo. O senso de que você merece uma punição é virtualmente automático. Afinal, como Fehr e Gachter (2002) descobriram, o impulso de punir é em grande medida um produto da raiva – não da razão. E a raiva é irrestrita.

O que isso significa, eu argumentaria, é que em ambientes sociais desse tipo teria existido uma pressão considerável sobre os indivíduos para evitar serem pegos realizando uma má ação. E como se faz isso?

Evite as más ações em primeiro lugar! Essa é efetivamente a estratégia que os participantes do estudo de Fehr e Gachter eventualmente adotaram. Quando a punição era uma opção, os participantes começaram a "se aprumar e andar direito". Em vez de investir um pouco de seu dinheiro e esperar que os outros investissem bastante, eles depositavam sua confiança no grupo. Eles haviam aprendido que quase qualquer outra coisa garantia uma resposta punitiva. É verdade que as respostas punitivas podiam ser caras (como demonstrou Dreber),[3] mas elas também podiam fortalecer e assegurar arranjos cooperativos. Na próxima seção, quero ligar essa discussão da punição à experiência da culpa.

4.4- OS BENEFÍCIOS DA CULPA

Voltemos ao nosso exemplo do jogo do Dilema do Prisioneiro com um ano de duração. A discussão anterior sobre a punição deveria tornar patentemente óbvio – se já não era – o quão importante seria para mim prestar atenção ao que os outros estão fazendo e dizendo (e você pode apostar que estou: afinal, já estou há um ano nesse jogo). Os outros serão rápidos para captar acusações. No caso de eu ser desafiado por quebrar minha promessa de cooperar com você, seria sábio realizar um controle de danos. Eu poderia acusar você de mentir. Eu poderia alegar que minha deserção foi um acidente. "Quer dizer, D significa *deserção*?!". Provavelmente a resposta mais efetiva seria o arrependimento: eu fui estúpido, eu errei, estou arrependido. E o mais importante: *Isso. Não. Vai. Acontecer. De novo.*

Melhor ainda, se eu pudesse *realmente me sentir* arrependido ou culpado, isso faria mais para reparar minha imagem do que qualquer

---

[3] A punição parece ser custosa de outra maneira. Os psicólogos Kevin Carlsmith, Daniel Gilbert e Timothy Wilson (2008) mostraram que a vingança não é tão doce. Quando os sujeitos eram explorados em um jogo de bens públicos (por um membro disfarçado da equipe de experimentação, o qual, após exortar outros membros a investirem pesadamente, desertava), alguns sujeitos tinham a opção de retaliar; outros não. Aqueles sujeitos que tinham a opção de retaliar e o faziam "relatavam um humor significativamente pior" após punir do que aqueles sujeitos que não tinham a opção, mas expressavam um desejo de punir. Além disso, os punidores ruminavam por muito mais tempo sobre o parasita do que aqueles incapazes de punir. Evidentemente, de modo contrário à sabedoria popular, oferecer a outra face pode de fato ser mais satisfatório.

coisa que eu pudesse dizer. Sócrates estava certo: "A maneira de obter uma boa reputação é se esforçar para *ser* aquilo que você deseja *parecer*" (ver o *Fédon* de Platão). Sentir realmente a culpa sinaliza a outros, antes de mais nada, que eu estou de fato *experienciando minha punição*, a punição de minha própria consciência. E isso é exatamente o que você e a comunidade procuram. Afinal, se eu quebro minha promessa a você, a retaliação será uma das principais coisas que cruzam sua mente. Uma razão para isso tem a ver com o que a punição pode fazer *por você*. A retaliação é o impulso de "dar o troco" a alguém por algo que ele fez de errado. Em nosso caso, isso poderia envolver recusar-se a jogar comigo outra vez, contar aos outros sobre minha traição, me bater. Mas o impulso de punir protege seus próprios interesses. Isso provavelmente não passará pela sua cabeça, mas a punição serve ao propósito de banir o malfeitor do grupo (o que quer que você faça, não jogue com *ele*), eliminar a possibilidade de ser traído por mim de novo, ou me esporear para me sentir mal sobre minha ação. No último caso, uma conexão entre deserção e dano psíquico é criada.

Isso pode ser bom para você de várias maneiras. A curto prazo, meus sentimentos de remorso podem me incitar a consertar as coisas, a corrigir o dano. Isso pode beneficiar você diretamente. A longo prazo, meus sentimentos de ser *castigado* funcionam como uma espécie de bloqueio interno contra futuras quebras de promessa. Aqui você pode se beneficiar diretamente – quando, por exemplo, eu coopero com você em um jogo futuro – ou indiretamente – quando eu não diminuo o nível geral de confiança em um grupo. De qualquer maneira, a punição é vantajosa.

A lição geral, no entanto, merece ser repetida. Através do mecanismo de punição e dos sentimentos correspondentes de culpa, um grupo pode efetivamente se isolar contra trapaceiros, e isso beneficia a todos.[4]

---

[4] Enquanto escrevo, o público está lidando com Bernard Madoff e a fraude de investimentos de $50 bilhões que ele cometeu. Quando questionado pela Rádio Pública Nacional sobre qual foi a "transgressão maior e mais difícil de perdoar" de Mardoff, o rabino Mark Borovitz disse sem hestiação: "O estupro da verdade. Eles o chamam de 'roubo de afinidade'. [...]. Faço você gostar de mim, faço você confiar em mim, e depois não apenas roubo seu dinheiro, roubo sua crença de que as pessoas são boas, decentes e zelosas". Então como Madoff será punido se, de acordo com a tradição judaica, não existe o inferno? "O sr. Madoff tem de viver consigo mesmo [...]. Não há ninguém para quem ele possa se voltar sem ver o dano que ele

As fofocas ajudam a nos informar sobre quem devemos manter por perto e com quem devemos ter cuidado (será que isso explica a estranha atração que sentimos pelos *reality shows* de televisão? Não cansamos da maledicência, das traições e dos esquemas. Há uma razão para chamarmos as fofocas de "suculentas", pois elas são para a mente social o mesmo que as comidas gordurosas são para as papilas gustativas).

Será que tudo isso significa que a culpa serve apenas aos interesses dos outros? Não. Meus sentimentos de culpa podem servir também aos meus *próprios* interesses. Na maioria dos casos, eles me levam a reparar o dano que causei à minha própria reputação. Realizo ações para retornar ao grupo de participantes, para me apresentar como digno de confiança afinal, e minhas emoções podem mediar esse processo. Alguém que não sinta nenhum remorso pode calcular maneiras de retornar ao grupo, mas as pessoas são surpreendentemente boas em perceber fraudes. As pessoas podem usualmente distinguir entre alguém que meramente "imita os movimentos" e alguém que passa pelo remorso. A melhor maneira de sinalizar aos outros que você se sente mal sobre seu comportamento é *realmente se sentir mal sobre seu comportamento*. Lembre-se, você não precisa assumir que tem consciência de nada disso. Seu sentimento da necessidade de retaliar, meu sentimento de remorso, estes são bastante automáticos. E isso é uma coisa boa, se é para suas consequências comportamentais cumprirem sua tarefa: seu desejo de retaliação deve ser genuíno, não calculado, se é para que eu acredite que meu ato de quebrar uma promessa tenha consequências. Da mesma forma, meus sentimentos de remorso não podem ser fingidos, se é para que eu realmente convença você de que sou digno de confiança no futuro.

O economista Robert Frank (1988) sugeriu que emoções como a culpa são difíceis de falsificar precisamente por essa razão: elas sinalizam a outros que o remorso do indivíduo é genuíno. O custo de sacrificar a habilidade de controlar algumas de nossas emoções é mais do que compensado pela confiança que os outros depositam em nós.

O que tentei mostrar nesta seção é que a explicação evolutiva da moralidade fornece uma explicação plausível de por que o pensamento moral está ligado à punição e à culpa. Um indivíduo que,

---

causou. E ser evitado, ser ostracizado [...] *isso é o inferno*."

quando injustiçado, *não* ameaçasse retaliar nem considerasse a punição como justificada estaria mais ou menos convidando outros a explorá-lo. Na ausência de uma estrutura social protetora, como uma família, tal indivíduo teria estado em uma nítida desvantagem entre seus pares. De modo semelhante, um indivíduo que fosse incapaz de experienciar a culpa e que não pudesse fazer uma exibição adequada de remorso (na maioria dos casos, *experienciando* de fato o remorso) estaria similarmente em desvantagem, uma vez que ele iria, ao longo do tempo, repelir os parceiros potenciais.

A narrativa que acabamos de apresentar goza de um apoio crescente. Versões dela aparecem em *websites* e em revistas científicas populares. O periódico *online* Evolutionary Psychology (Psicologia Evolutiva) apresenta regularmente artigos acadêmicos explorando diferentes facetas dessa narrativa. Até mesmo o *New York Times* recontou-a em um artigo de destaque na edição de domingo. Mas será que a popularidade é prematura? Será que estamos meramente celebrando uma boa narrativa – ou uma narrativa verdadeira? Desde sua introdução, alguns teóricos questionaram a legitimidade dessa narrativa. Nesta seção, quero discutir diversas objeções à explicação que acaba de ser oferecida. Uma objeção, apesar de seu apelo inicial, tem poucas chances de desestabilizar a narrativa. Essa objeção diz o seguinte: mesmo que o pensamento moral viesse a evoluir em um grupo particular de acordo com a narrativa precedente, ele seria em última instância sobrepujado por imoralistas ou amoralistas mutantes.

Duas objeções que não podem ser tão facilmente rejeitadas são: primeiro, enquanto essa narrativa realiza um trabalho adequado de explicar nossas atitudes morais em relação à cooperação, à quebra de promessas, e coisas semelhantes, ela não explica tão facilmente nossas atitudes morais em relação, por exemplo, a nós mesmos, ou a pessoas não nascidas, ou doentes terminais. É difícil enxergar como esses assuntos poderiam ser capturados por uma explicação baseada em jogos ao estilo do Dilema do Prisioneiro. Segundo, quando voltamos nossa atenção para as atitudes morais ao longo de diferentes culturas, parece haver variações substanciais; diante dessas variações, isso não é o que a explicação evolutiva prevê. Alguns especularam, portanto, que a narrativa evolutiva só chega até esse ponto: ela pode explicar certos sentimentos de consideração em relação a outras pessoas (por exemplo, o altruísmo), mas aquilo que consideramos distintamente como *pensamento moral* é um resultado de treinamento local. Em suma, a evolução nos dotou de poderosos mecanismos de aprendizagem, não de um senso moral inato. Vamos considerar essas objeções uma de cada vez.

4.5– UM CORDEIRO ENTRE OS LEÕES?

Alguns expressaram dúvidas de que o pensamento moral pudesse sobreviver entre indivíduos que não tivessem nenhuma consideração pela moralidade. Uma vez que um indivíduo que possuísse uma consciência moral seria relutante em capitalizar sobre oportunidades de ouro (isto é, oportunidades de promover seus próprios interesses à custa de outra pessoa, mas sem ser detectado), e uma vez que seria possível contar com ele para cooperar regularmente, ele pareceria se sair pior do que um indivíduo que não tivesse nenhuma consciência moral, mas que pudesse fingir ter sentimentos morais. Mesmo que a vantagem fosse pequena, ao longo de muitas gerações esse tipo de indivíduo viria a dominar uma população. Além disso, é difícil enxergar como uma população de indivíduos não morais poderia ser alguma vez dominada por indivíduos morais. Assim, conclui a objeção, a presença do pensamento moral existe *apesar* – e não *por causa* – da evolução por seleção natural.

Embora essa objeção possa inicialmente parecer convincente, sua força é em grande medida um resultado de subestimar a sofisticação de nosso senso moral. Primeiro, já foi mostrado que a seleção natural teria favorecido, em criaturas como nós, sentimentos de consideração pelos outros em relação àqueles que assumimos como sendo parentes. Dado que a incerteza teria inevitavelmente cercado a questão de quem de fato conta como um parente, nossos ancestrais teriam desenvolvido uma disposição geral, embora limitada, para sentir empatia em relação àqueles que estivessem ao seu redor. Assim, a população de indivíduos a partir da qual a moralidade supostamente evoluiu não era uma população de indivíduos frios e calculistas, como a objeção parece assumir.

Segundo, qualquer modelamento realista das interações sociais entre nossos primeiros ancestrais deve assumir *jogadas interadas* – isto é, múltiplas chances de interagir com o mesmo grupo principal de pessoas. Como tentei demonstrar acima, uma série de jogos de Dilema do Prisioneiro, com duração de um ano, revelaria rapidamente a reputação de seus participantes. E a reputação é tudo. Assim, acrescente às pressões adaptativas sobre nossos primeiros ancestrais a pressão de manter a aparência de, por exemplo, benevolência e confiabilidade.

Mas qual é o meio mais barato e mais seguro de parecer benevolente e confiável? *Ser de fato* benevolente e confiável! Nunca esqueça que a evolução favorecerá a solução rápida e suja se os benefícios superarem os custos. Uma vez que a flexibilidade da deliberação prática nos desviará ocasionalmente dos tipos de comportamento que fazem parte de nossos *interesses de longo prazo*, a seleção natural precisou de um meio para superar seletivamente esse sistema: uma consciência moral. Inscrito em nossos genes, portanto, está o imperativo de agir de maneira que outros achariam aceitáveis. De nossa perspectiva, essa é uma regra categórica; ela não possui exceções. Esse é um meio bastante barato de alcançar resultados importantes. Da perspectiva da natureza, no entanto, a regra na verdade dependeu das maneiras como as criaturas como nós interagiram ao longo do tempo.

Será que uma disposição geral para agir de maneiras socialmente apropriadas não atrairá também aqueles que buscam me explorar? Talvez. Mas devemos lembrar de várias coisas. Primeiro, falando de modo geral, eu retenho o poder de *escolher* com quem interajo, e posso retaliar contra aqueles que abusam da minha confiança. Segundo, me apresentar como confiável também servirá para atrair outros indivíduos *cooperativos* que buscam vantagem mútua. Logo, se eu procuro indivíduos "igualmente dispostos" e também anuncio uma disposição de retaliar (por exemplo, me recusando a cooperar após a deserção de outra pessoa), posso reduzir as chances de ser explorado e capitalizar sobre as relações cooperativas de longo prazo.

Os teóricos de jogos identificaram uma estratégia que corporifica essa abordagem. Eles a chamam de "olho por olho". Em um jogo de Dilema do Prisioneiro, a estratégia de olho por olho é simples: coopere na primeira rodada, e depois, nas rodadas futuras, copie o que seu parceiro fez na rodada anterior. Vamos assumir que você e eu concordamos em jogar. Eu começo cooperando. Se você também cooperar, então na rodada seguinte eu coopero novamente. Enquanto você jogar honestamente comigo, nós colhemos os benefícios da cooperação mútua e, ao longo do tempo, estabelecemos um arranjo duradouro mutuamente benéfico. Mas no momento em que você deserta, eu deserto na rodada seguinte. Em outras palavras, no momento em que você abusa da minha confiança, nossa relação se rompe. Eu devolverei o "favor" ou abandonarei a relação. É verdade que você se beneficiará naquela rodada em particular, mas os custos de perder aquela relação muito provavelmente excederão aquele benefício momentâneo.

Portanto, o indivíduo com uma consciência moral não é um cordeiro entre leões, como a objeção parece assumir. Uma consciência moral não o impede de evitar ou mesmo punir os trapaceiros ("A vingança é minha", diz o Senhor, "eu retribuirei"). Tampouco significa acolher a todos os que chegam: ninguém tem um dever moral de se sacrificar àqueles que desejam lhe causar danos.

4.6– UMA EXPLICAÇÃO PARA *TODA* A MORALIDADE?

O esboço evolutivo que acaba de ser oferecido faz um bom trabalho de explicar por que os seres humanos são predispostos a considerar alguns atos como moralmente errados. Os tipos de atos que imediatamente vêm à mente são: Quebrar uma promessa sem nenhuma razão, matar um vizinho sem nenhuma razão, mentir para promover seus próprios interesses. De acordo com a explicação evolutiva, esses atos têm o potencial de destruir a harmonia social e a confiança; eles ameaçam o tipo de atmosfera necessária para a cooperação mútua. Ao pensar neles como *errados*, e portanto proibidos, cada pessoa é fortemente motivada a se abster de praticá-los. Como resultado, todos se beneficiam mais do que se ninguém pensasse neles como errados, ou se as pessoas pensassem neles como meramente não atraentes.

Mas há algumas atitudes, alguns sentimentos, que parecem merecer serem chamados de *morais*, mas não são aparentemente ligados à preservação da harmonia social. Por exemplo, alguém poderia plausivelmente sustentar que temos deveres morais para *conosco*. Por exemplo, você tem um dever de desenvolver seus talentos, de cuidar da sua saúde, de se interessar por seu futuro, e assim por diante. Falhar em realizar esses deveres sem justificativa pode expor você à condenação moral. Mas está longe de ser claro por que essas atitudes morais autodirecionadas fariam qualquer coisa para preservar a harmonia social. Sentir-se obrigado a desenvolver seus próprios talentos, digamos, pode plausivelmente ser considerado como algo bom, mas por que deveria ser considerado um bem *moral*? A narrativa evolutiva não diz isso.

De modo alternativo, considere nossas atitudes morais para com aqueles que ainda não nasceram, ou para com os doentes terminais. Se a narrativa evolutiva estiver correta, não deveríamos enxergar os danos causados aos não nascidos ou a aceleração da morte de um paciente terminal como um assunto moral, uma vez que os não nascidos e os doentes terminais não podem exatamente participar dos tipos de relações recíprocas que estão no coração da narrativa evolutiva. Isso é importante. A explicação evolutiva estava baseada no modo como nossas ações poderiam influenciar aqueles com quem interagimos ou iríamos interagir no futuro próximo. Isso significa que o *conteúdo* de nosso pensamento moral deveria ser restrito aos parceiros potenciais em relações recíprocas.

Mas se isso estiver correto, então deveríamos ser moralmente neutros sobre coisas como o suicídio assistido por médicos ou mesmo o aborto, uma vez que o modo como os doentes terminais e os embriões são tratados não parece ter relação com nossos vínculos cooperativos. Mas é bastante óbvio que as pessoas *não são* moralmente neutras a respeito de tais questões. De fato, se alguém insistisse sobre isso, seria possível revelar uma gama de questões morais que não são facilmente capturadas pela explicação evolutiva. Como uma amostra, considere: o cuidado com a fome, a prostituição infantil, os direitos civis, os direitos dos deficientes, a crueldade contra os animais, a poluição e a degradação ambiental, e o melhoramento genético. Parece haver uma grande distância, por exemplo, entre se sentir mal por desertar em um jogo do tipo Dilema do Prisioneiro e se sentir mal por favorecer uma pessoa branca em detrimento de uma pessoa negra para um emprego, ou se sentir mal sobre alterar geneticamente sua prole. A preocupação, então, é que a explicação evolutiva é notavelmente *incompleta*.

É claro, há destinos piores do que ser incompleta. Afinal, os defensores da visão podem começar a trabalhar para preencher os detalhes, assumindo que tais detalhes estejam lá para serem preenchidos. E o trabalho já começou. A abordagem padrão é mostrar que, para cada um dos casos problemáticos acima, nossas atitudes morais *derivam* de algum modo da explicação evolutiva básica. Poder-se-ia mostrar, por exemplo, que a evidente desconsideração pelo ambiente está ligada a uma desconsideração geral pelos bens públicos, mas alguém que não exibisse nenhuma preocupação com os bens públicos correria o risco de diminuir sua reputação como uma pessoa "socialmente consciente". As proibições em relação à crueldade contra animais poderiam ser explicadas pela conexão que as pessoas tendem a traçar entre a disposição de ferir um animal por diversão e a disposição de ferir uma pessoa por diversão. A crueldade licenciosa contra os animais (assim como a crueldade licenciosa em geral) virá a ser considerada moralmente errônea. Agora isso é pouco mais do que um esboço. O que resta a ser verificado é se alguma evidência pode ser reunida em sua defesa.

Uma proposta ainda mais tantalizante deriva de trabalhos recentes no campo da psicologia evolutiva. Colocando de modo rudimentar, a generosidade vale a pena. Em um estudo (Iredale *et al.*, 2008), o foco foi sobre a preferência feminina em relação a parceiros. De acordo com o estudo, as mulheres exibem uma preferência por homens generosos. As mulheres, escrevem os autores, "parecem gostar de tipos heroicos para relacionamentos de curto prazo, mas de *altruístas* para relacionamentos de longo prazo".[5] Os autores especulam que "a generosidade poderia ser uma maneira de os homens mostrarem sua disponibilidade para investir em um relacionamento e ajudar a criar a prole". Se isso estiver correto, então poderia ser possível explicar o fato de que, por exemplo, fazer doações para reduzir a fome, ajudar os sem-teto e doar sangue são geralmente consideradas ações admiráveis. Se as fêmeas ancestrais exibissem uma preferência por machos

---

5 Conforme citado no *Daily Telegraph*, 8 de agosto de 2008.

que demonstrassem uma tendência para a generosidade, então, se todas as coisas permanecessem iguais, os machos que desenvolvessem essa característica viriam a dominar a população. Isso também poderia explicar por que tais *atos* de generosidade são considerados moralmente bons – pelo menos entre observadoras femininas.

Mas isso não é tudo. Martin A. Nowak, diretor do programa de Dinâmica Evolutiva em Harvard, produziu recentemente modelos matemáticos de jogos do tipo Dilema do Prisioneiro que indicavam que (novamente) a generosidade vale a pena. Ele escreve:

> *A análise matemática mostra que as estratégias vencedoras tendem a ser generosas, esperançosas, clementes. Generoso aqui significa não tentar obter mais do que o oponente; esperançoso significa cooperar na primeira jogada ou na ausência de informação; e clemente significa tentar restabelecer a cooperação após uma deserção acidental.*
> (Nowak, 2008: p. 579)

Portanto, contrariamente ao velho ditado de que a bondade é sua própria recompensa, a bondade pode de fato produzir outras recompensas biologicamente cruciais. A pesquisa de Nowak indica que "se estou disposto a deixar outros terem um pedaço um pouco maior da torta, as pessoas irão querer compartilhar tortas comigo. A generosidade gera acordos bem-sucedidos" (2008: p. 579).

É claro que é muito cedo para dizer se essa hipótese tem ou não sucesso; ainda assim, a direção da pesquisa indica que a abordagem evolutiva tem potencialmente os recursos para satisfazer a objeção da incompletude. Resta, contudo, um problema mais sério a ser enfrentado pela abordagem evolutiva.

4.7– MORALIDADE UNIVERSAL OU RAZÃO UNIVERSAL?

Há uma preocupação entre alguns teóricos de que a explicação evolutiva não explique o que ela busca explicar. Uma maneira de expressar essa preocupação é a seguinte. Se, através do processo de seleção natural, nossos primeiros ancestrais desenvolveram por evolução a capacidade de pensar moralmente, e se todas as pessoas sobreviventes têm os mesmos ancestrais, então deveríamos esperar que todas as pessoas exibissem crenças morais semelhantes. Isto é, deveríamos esperar um tipo de *moralidade universal*, segundo a qual as pessoas geralmente realizam os mesmos juízos morais sobre as mesmas coisas sempre que elas vivam. Deveríamos observar não apenas um consenso moral em nosso próprio país, mas em todos os países. Assim, seja você aborígene ou americano, brasileiro ou balinês, você deveria pensar que matar é geralmente errado, que a caridade é boa, e assim por diante.

Mas até mesmo alguém com uma familiaridade superficial com outras culturas sabe que essa afirmação é problemática. Acontece que há uma diversidade de tirar o fôlego nas atitudes morais ao redor do globo. Mesmo deixando de lado as diferenças entre atitudes morais em relação a coisas como comida, vestuário e ritos religiosos, restam diferenças morais muito básicas. Considere o ato de matar, por exemplo. Enquanto em muitas partes do mundo as mulheres têm os mesmos direitos morais que os homens, em algumas culturas árabes matar uma mulher que fez sexo fora do casamento é não apenas moralmente permissível, mas moralmente *obrigatório* (Hauser, 2006).

Entre os ilongot de Luzon, os ritos de iniciação exigem que os meninos decapitem uma pessoa inocente da aldeia próxima (Rosaldo, 1980). De fato, o canibalismo foi uma parte regular de algumas tradições culturais durante séculos. Diga o nome de uma prática que você tem certeza de ser proibida ao redor do mundo (infanticídio, parricídio, incesto entre irmão e irmã) e o registro etnográfico muito provavelmente provará que você está errado. No que tange à moralidade, o mundo é uma mistura. O vício de um homem é a virtude de outro.

A diversidade é uma razão crucial pela qual alguns teóricos pensam que nossas mentes morais têm uma origem diferente. A evolução, como sustenta o filósofo Neil Levy, apenas "nos deu as *pré-condições* da moralidade". Mas a própria evolução é insuficiente. "É somente como um resultado da *elaboração cultural* desse material bruto que chegamos a ser entes morais" (Levy, 2004: p. 205). Assim, a força real por trás da moralidade humana (na medida em que existe uma moralidade humana universal) é o *aprendizado humano*. Aprendemos com aqueles ao nosso redor quais atos são certos e quais atos são errados, assim como aprendemos quais números são ímpares e quais números são pares.

O filósofo William Rottschaefer e seu colega biólogo David Martinsen elaboram sobre essa ideia, citando "a imitação ou a aprendizagem e o raciocínio simbólicos, (e) o treinamento moral indutivo" discutidos pelo psicólogo Martin Hoffman. "Nas técnicas indutivas, os pais destacam para seus filhos os efeitos benéficos e prejudiciais de sua ação sobre os outros, de uma maneira apropriada para suas idades" (Rottschaefer e Martinsen, 1995: p. 167). Segundo essas propostas, o papel da seleção natural é rebaixado ao de provedora de materiais brutos.

Uma posição que ocupa uma espécie de território intermediário entre a explicação evolutiva e (aquela que chamarei, de maneira um tanto enganosa) a explicação *da aprendizagem,* é uma posição proposta recentemente pelos filósofos Chandra Sripada e Stephen Stich. Diferentemente da explicação evolutiva, o modelo de Sripada e Stich (S&S) nega que os seres humanos sejam inatamente predispostos a pensar moralmente, e diferentemente da explicação da aprendizagem, o modelo S&S nega que os seres humanos desenvolvam suas mentes morais a partir de mecanismos de raciocínio "para todos os propósitos". O que Sripada e Stich propõem é que os seres humanos são inatamente dotados de uma espécie de sistema de "detecção de regras", o que eles chamam de um *sistema de aquisição de normas*. Para os propósitos de nossa discussão, podemos pensar nas normas como regras sociais que ditam o que pode e o que não pode ser feito. Stich descreve o sistema em termos completamente mecânicos:

> *A tarefa do Mecanismo de Aquisição é identificar na cultura circundante as normas cuja violação é tipicamente tratada com punição, inferir o conteúdo dessas normas, e transmitir essa informação ao Mecanismo de Execução, onde ela é armazenada no Banco de Dados de Normas. O Mecanismo de Execução tem a tarefa de inferir que algum comportamento atual ou contemplado viola (ou é exigido por) uma norma, e gerar uma motivação intrínseca (isto é, não instrumental) para aquiescer e punir aqueles que não aquiesçam.* (Stripada e Stich, 2008: p. 228)

Portanto, uma mente equipada com esse sistema produzirá um conjunto de crenças morais que são unicamente ligadas a seu ambiente. Ao mesmo tempo, essa mente produzirá um conjunto de regras que podem ser (ou podem não ser) classificadas como morais, mas que, não obstante, desempenharão um papel limitante na comunidade local do indivíduo (por exemplo, curvar-se para os anciãos de passagem). A razão é que, no modelo S&S, a evolução não nos selecionou para sermos sensíveis a regras *morais*; ela nos selecionou para sermos sensíveis a uma classe mais geral de regras, chamamos de regras *sociais*. Se o valor adaptativo de seguir regras for grande o suficiente, então é menos importante que alguém discrimine entre regras morais e outras regras da comunidade.

A vantagem óbvia da explicação de Sripada e Stich – em relação à explicação evolutiva – é que ela explicará facilmente a diversidade moral do mundo. As crenças morais que você vier a ter serão uma função direta das regras às quais você for exposto em sua comunidade local. Isso será verdadeiro também para a explicação da aprendizagem. Se meus cuidadores rotineiramente recompensam um tipo de comportamento e punem outro, então não é nenhuma surpresa que como adulto eu tenda a agir e me comportar de maneira que reflitam aquelas atitudes morais, em vez das atitudes morais de comunidades geograficamente remotas. Uma segunda vantagem dessas alternativas sobre a explicação evolutiva é a simplicidade: essas explicações são mais simples do que a explicação evolutiva. Como vimos em vários lugares, a seleção natural é um processo altamente conservador. A biologia evolutiva revela repetidas vezes que a seleção natural irá "favorecer" soluções mais simples e mais baratas para problemas adaptativos, mesmo que elas sejam menos efetivas do que alternativas mais sofisticadas que possamos imaginar.

Por certo, a evolução tem um papel a desempenhar nessas outras explicações; só que seu papel é significativamente diminuído. A evolução poderia explicar a seleção de mecanismos gerais de raciocínio e aprendizagem, ou, como no modelo S&S, de sistemas sofisticados de aquisição de normas. Ela também poderia explicar disposições motivacionais gerais – por exemplo, a preocupação com o sofrimento de outros. Mas essa imagem da moralidade se baseia menos crucialmente na evolução (afinal, segundo essa imagem, alienígenas poderiam ter o mesmo sucesso em se desenvolver como criaturas morais). Segundo essa imagem, a principal razão pela qual os seres humanos são criaturas *morais* é que eles são criaturas *raciocinantes*.

No próximo capítulo, exploraremos essas explicações com um pouco mais de detalhes, conforme nos voltarmos para o lado empírico da história. O que tentei fazer neste capítulo foi esboçar o processo que pode (enfatizo, *pode*) ter levado a nosso senso moral. Eu disse muito pouco, contudo, sobre a *estrutura* de nossas mentes morais. Isso é o que buscaremos no próximo capítulo.

Consideraremos pesquisas provenientes de diversas áreas do espectro científico, pesquisas que nos ajudem a aguçar nossa compreensão da estrutura da mente moral. Por exemplo, examinaremos cuidadosamente dados primatológicos que sugerem comportamentos de tipo moral em primatas; investigaremos o comportamento de bebês e crianças pequenas, em busca de pistas sobre como as crianças se desenvolvem moralmente; e finalmente, examinaremos dados neurocientíficos que revelam como o cérebro representa e processa a moralidade, e como ele inicia as respostas morais. Argumentarei também que, apesar de toda a informação que chega em grande quantidade, não estamos ainda em posição de articular a estrutura da mente moral. Na melhor das hipóteses, nos colocaremos em uma posição de delinear os contornos de uma teoria plausível.

4.8– CONCLUSÃO

O objetivo deste capítulo foi oferecer uma explicação histórica popular de por que os seres humanos desenvolveram a disposição de pensar e se comportar moralmente, uma disposição que precisa ser nitidamente distinguida de outros tipos de pensamento e comportamento. Essa explicação se baseia essencialmente nas vantagens da cooperação em interações sociais.

Se pudermos supor que o pensamento moral (ou algum protótipo inicial) conseguiu obter uma posição segura em uma população de humanos primitivos, como acreditam alguns filósofos e psicólogos, então poderemos traçar uma narrativa explicando por que ele se espalhou pela população como um todo. Pois quando comparamos um grupo de indivíduos que considera determinadas ações como *moralmente erradas* – tornando assim sua realização bastante rara – com um grupo de indivíduos que não considera essas ações como erradas, mas talvez apenas como não atraentes, vemos que os membros do primeiro grupo, diferentemente dos membros do segundo grupo, desfrutam de benefícios biológicos que favorecem sua seleção.

Como um modelo de tais interações, os jogos de tipo Dilema do Prisioneiro trazem isso à tona – mas somente se concedemos aos participantes a capacidade de escolher com quem eles interagem e a tendência a punir os desertores. Como isso é feito pode depender de certas disposições emocionais (algo que exploraremos no próximo capítulo). O que torna essa explicação atraente para seus proponentes é sua habilidade de apreender as características distintivas da moralidade: por exemplo, o senso de que os atos imorais são atos *proibidos* (e não meramente não atraentes), que não dependem dos interesses e desejos de qualquer pessoa particular, que deveriam provocar culpa naqueles que os cometem e que incitam outros a se sentirem justificados em punir os malfeitores.

Os críticos da explicação evolutiva enfatizam a diversidade das atitudes morais ao redor do globo. Se a explicação evolutiva estivesse correta, perguntam eles, não deveríamos observar mais consistência do que observamos? Como uma alternativa, eles sugerem que a mente é inatamente equipada com mecanismos mais gerais de aprendizagem, e que são esses mecanismos que permitem aos seres humanos se desenvolverem como criaturas morais. Os debates sobre *como* viemos a ter as mentes morais que temos não serão decididos enquanto não começarmos a compreender *qual* a aparência da mente moral – isto é, sua estrutura. Nos voltaremos agora para isso.

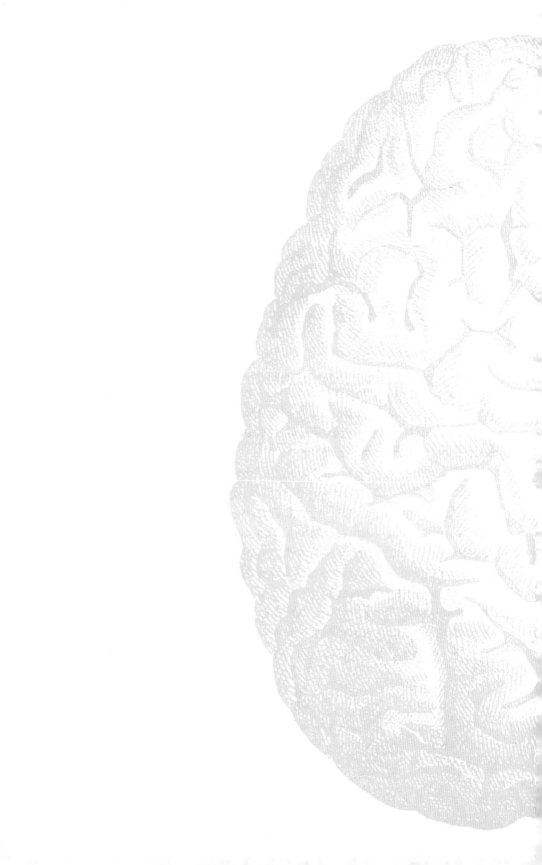

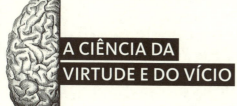

5
A CIÊNCIA DA VIRTUDE E DO VÍCIO

> *Lamentar a aflição é apenas humano; aliviá-la é divino.*
> Horace Mann. *Lectures on Education*

> *Por que todo mundo considera algo garantido que não aprendemos a crescer fortes, mas sim somos projetados para crescer fortes? De modo semelhante, deveríamos concluir que, no caso do desenvolvimento dos sistemas morais, há uma dotação biológica que efetivamente exige que desenvolvamos um sistema de julgamento moral e uma teoria da justiça que, por assim dizer, de fato tem uma aplicação detalhada sobre um amplo espectro.*
> Noam Chomsky. *Language and Politics*

As crianças podem ser cruéis. Os insetos não têm nenhuma chance perto de um grupo de meninos com acesso ao fogo. Meninas pequenas podem roubar impunemente. As crianças não fazem nada para esconder seu desprazer em terem que beijar a velha tia Bettie, ou ao ganharem meias no Natal. Elas caçoam, maltratam e atormentam. Elas são a inspiração para personagens como: Dennis, o Pimentinha, Bart Simpson e a Lucy do *Snoopy*. Então pode ser uma surpresa descobrir que as crianças são uma fonte favorita de evidências sobre as raízes históricas de nossas mentes morais. Por quê? Porque sua apreensão da moralidade é – com toda honestidade – impressionante. Quer elas regularmente *façam* ou não a coisa certa, elas invariavelmente *sabem* qual é a coisa certa. E isso levou os psicólogos a especular que talvez a moralidade não seja ensinada. Talvez a moralidade seja inata.

Eis o raciocínio. Suponha que as crianças possam demonstrar um certo tipo de competência desde uma idade bastante jovem. E suponha que seja improvável que elas possam ter aprendido a partir de seus arredores todas as habilidades associadas àquela competência.

Bem, se aquela competência não veio *de fora*, então ela deve ter vindo *de dentro*. Isto é, a competência deve ser inata. Ela deve ser parte das "especificações de fábrica" da criança. Mas isso levanta uma nova questão: como essa competência veio a ser inata? Alguém ou alguma coisa deve tê-la "colocado" ali. Os defensores da abordagem evolutiva argumentam que a seleção natural colocou-a ali – na forma de genes que moldam a maneira como a mente funciona.

Não obstante, as evidências anedotais citadas por pais e professores de escola, estudos cuidadosos, indicam que as crianças seguem um percurso de desenvolvimento moralmente rico, desde uma idade muito precoce. Dennis, o Pimentinha, sabe muito mais sobre moralidade do que você poderia pensar. Agora, isso não significa que as crianças não serão cruéis, assim como não significa que os adultos – que são indiscutivelmente criaturas morais – não serão cruéis.

O que isso significa é que, na falta de outras influências externas poderosas, a maioria das crianças desenvolverá o leque de capacidades morais típicas dos adultos, *quer seus cuidadores tenham ou não lhes fornecido o assim chamado "treinamento moral"*. Elas podem às vezes agir como monstros morais, mas em uma inspeção mais próxima elas são muito mais sintonizadas com seu ambiente moral do que consideramos. Ao estudarmos as mentes morais das crianças, obtemos algum *insight* sobre nossa herança evolutiva.

Mas se estivermos tentando compreender de onde veio nossa moralidade, não devemos parar nas crianças pequenas. Devemos voltar ainda mais. De acordo com o preeminente primatologista Frans de Waal, "os blocos de construção da moralidade claramente precedem a humanidade" (2005: p. 225). De Waal passou uma vida inteira observando e escrevendo sobre suas experiências com primatas: gibões, capuchinhos, bonobos e chimpanzés. Essas observações são significativas porque os primatas são nossos primos; nós partilhamos um ancestral comum. Portanto, aquilo que observamos neles fornece evidências indiretas sobre como era esse ancestral distante. As características que os humanos têm em comum com os primatas nos dizem algo sobre nosso passado distante e sobre os tipos de adaptações que direcionaram o caminho da evolução.

Além disso, podemos corroborar essa explicação investigando a estrutura do órgão responsável pelo comportamento, isto é, o cérebro. Portanto, uma terceira linha de investigação diz respeito ao modo como o cérebro opera quando tenta navegar pelo mundo moral. Há bastante concordância de que não existe nenhum órgão ou sistema moral dedicado no cérebro da mesma maneira como existe um sistema visual ou auditivo dedicado no cérebro. Em vez disso, parece que múltiplos sistemas contribuem para nossas mentes morais, e através do trabalho de neurologistas e neurocientistas estamos começando a compreender como esses sistemas contribuem para o todo. Pois quando um sistema particular deixa de funcionar apropriadamente ou está completamente ausente, resultam déficits morais definidos. E isso nos fornece algum *insight* sobre a função daquele sistema particular. A partir daqui, podemos realizar estudos comparativos com primatas para determinar, por exemplo, qual a idade de certos sistemas, e quais os tipos de pressões adaptativas que podem ter contribuído para sua seleção.

Assim, o objetivo deste capítulo é revisar parte das fascinantes novas pesquisas sobre a biologia e a psicologia da moralidade, a partir da perspectiva de psicólogos do desenvolvimento, primatólogos e neurocientistas. Com essa imagem em mãos, podemos retornar à narrativa especulativa esboçada no capítulo anterior para ver em que medida as duas concordam.

5.1– TESTE DE AFLIÇÃO

Podemos dizer que o caminho para a mente moral começa com a aflição. As crianças parecem experienciar uma série de emoções, mesmo nas primeiras poucas horas de vida, mas uma emoção em particular se destaca: a aflição. As crianças exibem sinais de aflição não apenas em resposta a seu próprio desconforto, mas em resposta ao desconforto dos outros. As crianças parecem ser feitas para refletir a aflição daqueles que a cercam: chore, e todo o mundo (de recém-nascidos por perto) chora com você. A psicóloga Nancy Eisenberg interpreta essa sensibilidade como uma "forma rudimentar de empatia" (Eisenberg e Mussen, 1989: p. 789). Quando você e eu empatizamos com outros, não chegamos meramente a ter crenças sobre seus estados de aflição (o que podemos chamar de simpatia), mas de fato experienciamos "cópias tênues" desses estados. Nós *sentimos* a dor dos outros. As crianças, embora provavelmente não possuam quaisquer crenças sobre as emoções de seus próximos, parecem *ressoar* com aquilo que os outros estão sentindo. Esse teste de aflição é o que faz a roda moral girar. Pois sentir a dor dos outros logo nos impele a agir: queremos que a aflição pare (talvez seja cedo demais para chamar isso de uma emoção moral, uma vez que uma pessoa poderia ter razões egoístas para querer que a aflição pare).

Em um fascinante conjunto de estudos, a psicóloga Carolyn Zahn-Waxler (Zahn-Waxler *et al.*, 1991) demonstrou que essa resposta começa em uma idade notavelmente precoce. O que Zahn-Waxler descobriu foi que crianças de 14 meses não apenas experienciam aflição em resposta à aflição de outra pessoa, mas também se movimentam – sem que se sugira isso a elas – para confortar a pessoa aflita. Zhan-Waxler fez com que membros da família da criança fingissem chorar ou estremecer de dor. Em resposta, a criança, como que por algum instinto, afagou o membro da família ou esfregou seu ferimento. Tais descobertas seriam menos notáveis se pudessem ser explicadas pelo fato de que alguém tivesse *dito* à criança como responder ou que ela tivesse observado outros respondendo de maneira apropriada. Mas o fato é que crianças de 14 meses estão longe de dominar uma linguagem. E crianças cujos cuidadores nunca exibiram sinais de aflição não obstante respondem com empatia.

De fato, as crianças parecem ser mais sensíveis do que apenas a aflição. Elas parecem ser auxiliadoras naturais. Deixe cair um lenço, digamos, nas proximidades de uma criança tão jovem quanto 14 meses de idade, e você pode ser surpreendido pela reação dela. De acordo com Felix Warneken, um psicólogo de Harvard, "ela irá até lá, pegará o lenço e o devolverá a você", mesmo na "completa ausência de encorajamento ou elogio" (Warneken e Tomasello, 2009: p. 397). Se, em vez de deixar cair o lenço, o experimentador o jogar no chão, as crianças normalmente não farão um esforço para recuperá-lo. Em outro conjunto de experimentos, Warneken e seus colegas (Warneken e Tomasello, 2007) testaram o que as crianças fariam quando um objeto fosse colocado fora do alcance de um experimentador, mas dentro do alcance da criança. Quando os experimentadores tentavam alcançar o objeto (mas falhavam), as crianças normalmente ajudavam o experimentador, recuperando o objeto.

O interessante é que a ajuda dada pelas crianças não era influenciada por uma recompensa. Em vez disso, sua tendência a ajudar dependia apenas de o experimentador tentar ou não alcançar o objeto: quando o experimentador não tentava alcançar o objeto, as crianças não ajudavam. Isso sugere, no mínimo, que as crianças eram capazes de reconhecer não apenas que os outros têm objetivos, mas que eles necessitam de ajuda para realizar esses objetivos.

Tudo isso gera uma questão. Se as crianças exibem formas rudimentares de empatia, e se essas formas de empatia não dependem da linguagem, então talvez devamos procurar a empatia fora da espécie humana. Talvez a sensibilidade à aflição seja um sistema antigo. Diversas linhas de evidências apoiam essa ideia.

O primatólogo Frans de Waal argumenta que as respostas à aflição são lugar-comum entre os macacos. Assim como as crianças que estão aprendendo a andar, os macacos jovens aprendendo a subir em árvores ocasionalmente caem. Quando isso acontece, de acordo com De Waal, o jovem aos gritos "será imediatamente cercado por outros que o seguram e acalentam [...]. Se um adulto perde uma briga com um rival e senta-se gritando em uma árvore, outros subirão até ele e o tocarão e acalmarão." (2005: p. 183)

E essa resposta não se limita a membros da família. Essa resposta aos outros pode ser levada a extremos notáveis. Macacos e ratos literalmente passarão fome em vez de causar aflição a outros. Em um conjunto de experimentos (Masserman *et al.*, 1964; Wechkin *et al.*, 1964), a única maneira de um macaco receber comida era pressionando uma barra que iria – ao mesmo tempo – dar um choque elétrico em outro macaco em uma jaula adjacente (Os macacos rapidamente apreendiam a associação.). O macaco agente era então forçado a tomar uma decisão difícil: passar fome ou causar aflição a um próximo. Os macacos rotineiramente ficariam *cinco dias* sem comer. Um macaco ficou *doze dias* sem comer.

Agora, para explicar o que está acontecendo aqui, não temos que atribuir empatia a esses macacos. A explicação mais simples e direta é que os macacos não gostam de aflição, seja neles mesmos ou em outros. Em suma, a aflição produz aflição. É claro que isso é diferente de preocupar-se diretamente com o bem-estar dos outros.[1] Ainda assim, as descobertas são provocativas, pois indicam que as *emoções sociais* (como podemos chamá-las) são produzidas por sistemas muito antigos, sistemas que provaram e continuam a provar seu valor biológico. De Waal especula que tais emoções servem para nos alertar sobre elementos causadores de aflição presentes em nosso ambiente:

> *Se os outros exibem medo e aflição, pode haver boas razões para que você se preocupe também. Se um pássaro de um bando no chão subitamente alça voo, todos os outros pássaros alçam voo também [...], aquele que fica para trás pode ser uma presa.* (2005: p. 187)

Em geral, a ideia de que a capacidade para a empatia é parte de nossa biologia herdada é consistente com o esboço evolutivo oferecido no capítulo anterior, com o qual a moralidade serve para promover e proteger arranjos cooperativos entre indivíduos. Se os seres humanos são naturalmente dispostos a se afligirem com a aflição de outros, então eles irão, tanto quanto possível, tomar providências para evitar ações que causem aflição a outros. Isso exigirá, entre outras coisas, um pouco de treino cultural. As crianças não estiveram presentes por um tempo suficiente para aprender quais atos causam aflição aos outros (como logo veremos, isso pode depender, por exemplo, da habilidade de assumir a perspectiva de outros).

Mas uma vez que essa habilidade esteja estabelecida, e uma vez que os outros comecem a depositar sua confiança em uma pessoa, ela será *emocionalmente* predisposta (de acordo com essa explicação) a evitar atos de "deserção", pois espera-se que tais atos causem aflição a outros. Nenhuma dessas associações precisa ser consciente. Esse é,

---

[1] Mas essa explicação conservadora pode não ser suficiente para explicar o que Warneken e seus colegas observaram (2009): Os chimpanzés eram quase tão prestativos quanto as crianças quando alguém estava em necessidade. E assim como as crianças testadas, os chimpanzés tendiam a responder "mesmo na ausência de encorajamento ou elogio".

se você quiser chamá-lo assim, o precursor emocional do sofisticado senso moral que os adultos possuem.

Um apoio adicional à ideia de que os seres humanos são feitos para refletir a aflição de outros vem do trabalho dos psicólogos cognitivos e neurocientistas. Qual é, perguntam eles, o papel do *cérebro* na empatia? Qual sistema ou sistemas cerebrais estão envolvidos na recepção da informação relevante do ambiente, no processamento dessa informação e no desencadeamento de uma resposta? Chegar a essa compreensão é, para dizer o mínimo, formidável. Quase nada no universo (natural ou não) se equipara à complexidade do cérebro humano, com seus 100 a 1.000 trilhões de conexões (ou sinapses neurais) entre mais de um trilhão de células nervosas. Tudo isso reunido em algo menor do que uma bola de boliche.

Apesar dessa complexidade, os pesquisadores em busca das bases neurais da moralidade conseguiram produzir alguns resultados intrigantes – em grande medida por meio de uma fonte não ortodoxa: os psicopatas. Um dos meios mais efetivos de aprender sobre o cérebro é comparar indivíduos com um déficit cognitivo ou comportamental bastante específico, um déficit que não afete outras capacidades mentais, com indivíduos *sem* aquele déficit. Como seus cérebros são diferentes, se é que o são? E o que essas diferenças nos dizem sobre a função de diferentes sistemas cerebrais? Em alguns casos, não há diferenças notáveis. Em outros casos, contudo, as diferenças são inconfundíveis.

Considere a cegueira para rostos (ou *prosopagnosia*), uma condição neurológica marcada pela inabilidade de reconhecer rostos. Os prosopagnósicos não têm nenhuma dificuldade para passar em uma ampla série de testes de visão, e suas memórias não são perceptivelmente prejudicadas. Mas os rostos são inteiramente esquecíveis; eles não reconhecem amigos, parentes, ou mesmo a si próprios.[2] Eles podem perfeitamente bem descrever a pessoa que estão vendo. Só que eles não sabem *quem* é aquela pessoa. Quando os neurocientistas começaram a submeter prosopagnósicos a varreduras cerebrais, tornou-se claro que algo de fato estava errado com seus cérebros. Especificamente, o

---

[2] Em alguns casos, os pacientes exibem outras deficiências de reconhecimento – por exemplo, uma inabilidade de reconhecer plantas e animais comuns, ou uma inabilidade de reconhecer lugares ou expressões faciais.

que os neurocientistas *não* viram nos prosopagnósicos que regularmente aparecia em não prosopagnósicos era a atividade nos *lobos occipital* e *temporal* do córtex cerebral (uma porção do cérebro envolvida na memória, atenção e consciência perceptiva) juntamente com o processamento no *giro fusiforme* (não se preocupe, isso não vai cair na prova).

O ponto é que, com base nesses experimentos, agora se acredita que essas diferentes áreas do cérebro são criticamente importantes para o reconhecimento de rostos. Resultados semelhantes foram mostrados em chimpanzés, um de nossos parentes mais próximos. Então o que os psicopatas nos ensinam sobre o papel do cérebro em nossas vidas morais?

Embora possa parecer surpreendente, os psicopatas possuem um déficit bastante específico. Apesar de suas personalidades exageradas, os psicopatas são surpreendentemente normais no que diz respeito à maioria das tarefas cognitivas. Eles podem passar em quase todos os testes psicológicos, até mesmo testes projetados para avaliar conhecimentos morais. Os psicopatas não têm mais problemas para identificar o que é certo (ou errado) do que você tem. O que separa os psicopatas das pessoas como você e eu é, no fundo, um déficit *emocional*. Não é tanto o que eles não *sabem* que torna os psicopatas, psicopatas; é o que eles não *sentem* (Considere o título de um artigo recente no periódico Social, Cognitive, and Affective Neuroscience [Neurociência social, cognitiva e afetiva]: "Os psicopatas distinguem o certo do errado, mas não se importam").

Os psicopatas não têm empatia. Diferentemente de você e eu, eles não são perturbados pela aflição que os outros sentem, embora eles corretamente *acreditem* que seus atos causem aflição a outros. Mais especificamente, os psicopatas falham em reconhecer indicações de submissão, de acordo com o neurocientista James Blair (2005). Quando você (um não psicopata, assumirei) observa um esgar, um sobressalto, ou um olhar de tristeza em outra pessoa, isso põe em movimento uma série de eventos emocionais involuntários que servem para inibir você (mesmo que fracamente) de feri-la. Os psicopatas ignoram essas indicações.[3]

---

[3] Quando somos expostos a imagens representando indivíduos em severa aflição (vítimas de acidentes de carro, pacientes sofrendo cirurgias grosseiras), nossos

No entanto, eles são perfeitamente lúcidos sobre o que estão fazendo. Suas cabeças são claras. Se há alguma diferença, seus corações são enevoados. É claro, na realidade isso não tem nada a ver com seus corações. Seus cérebros são o problema.

Tania Singer (2007), uma neurocientista cognitiva da Universidade de Zurique, se pôs a identificar as partes do cérebro que são subjacentes à empatia. Duas áreas do cérebro pareceram se destacar: a *ínsula anterior* e o *córtex cingulado anterior*. Quando um sujeito recebia um leve choque elétrico, essas duas áreas eram ativadas – em adição à parte do cérebro que registra a dor: os *córtices somatossensoriais*. Quando, em vez disso, uma pessoa amada pelo sujeito recebia o choque elétrico, os córtices somatossensoriais ficavam inativos, enquanto a ínsula anterior e o córtex cingulado anterior permaneciam ativos. Estudos independentes mostraram que essas áreas são cruciais para a regulação emocional e a resolução de conflitos, respectivamente.

O neuropsiquiatra Laurence Tancredi (2005) descreve o córtex cingulado anterior como o "mediador" do cérebro, pois ele é responsável pelo autocontrole emocional e pela resolução de problemas. A ínsula anterior, localizada em uma parte profunda no interior do cérebro, alerta o organismo sobre perigos iminentes. De uma perspectiva neurocientífica, portanto, a empatia é a coordenação de sistemas cerebrais que regulam a emoção e a tomada de decisões. Obtemos informações emocionais a partir de indicações de nosso ambiente (nossa esposa grita de dor), e isso ocupa a parte racional da mente na formação de um plano de ação. Nos psicopatas, a atividade nessas áreas é diminuída. Portanto, sua habilidade de processar emoções é prejudicada; os psicopatas são facilmente distraídos e recebem informações emocionais insuficientes. As indicações que os psicopatas recebem do ambiente não são tratadas como indicações emocionais, e, portanto, não influenciam o comportamento da maneira como fazem para o resto de nós.[4]

---

corpos reagem de maneiras características: nosso pulso cardíaco aumenta, nossas palmas suam, nossa pressão sanguínea se eleva. Essas são respostas do sistema nervoso autonômico, um sistema que opera (em sua maioria) independentemente de nossa vontade. Os indivíduos identificados como psicopatas não exibem tais reações. Eles são indiferentes à aflição dos outros.

4 O psicólogo Joshua Greene relata que "o giro cingulado posterior, uma re-

No centro de muitas discussões neurocientíficas sobre a moralidade está a *inibição*. Os indivíduos moralmente bem-sucedidos podem se controlar, mesmo em tempos particularmente exigentes. Os psicopatas são notoriamente deficientes nesse campo. O que os estudos do cérebro revelam é que a habilidade que um indivíduo tem de inibir seus impulsos mais sombrios provém de um delicado equilíbrio entre diversas áreas: entre outras, o hipocampo, o córtex cingulado anterior e a amídala. Assim como o córtex cingulado anterior, o hipocampo desempenha um papel crucial na regulação da agressão. Portanto, se o hipocampo é danificado ou diminuído de tamanho, a atividade dos centros emocionais do cérebro ocorre sem restrições, resultando em comportamentos impulsivos e às vezes agressivos.

Isso é verdadeiro para boa parte do lobo frontal do cérebro: ele *amortece* os sinais dos centros emocionais do cérebro. Por outro lado, a agressão irrestrita pode ser um resultado, não de um hipocampo ou lobo frontal diminuídos, mas de uma amídala *excessivamente ativa*. A amídala, que Tancredi chama de "cão de guarda" do cérebro, avalia ameaças do mundo exterior. Ela governa o sistema de resposta a ameaças, aquela em que pensamos como a resposta de "lutar ou fugir". Os indivíduos com uma amídala excessivamente ativa, portanto, percebem regularmente ameaças no qual o resto de nós não percebe. Tais indivíduos são geralmente mais paranoicos do que o resto de nós. Em níveis suficientes, as ameaças percebidas sobrepujarão o trabalho inibitório até mesmo de lobos frontais com desenvolvimento normal.

A pesquisa sobre o cérebro não resolve por si só a questão da evolução da moralidade. O que ela mostra é que o cérebro contém sistemas que parecem ser necessários para registrar a aflição dos outros, e isso parece necessário para um comportamento moral bem-sucedido (pelo menos para criaturas como nós). As emoções ou respostas afetivas importam. De acordo com Joshua Greene, "há uma importante dissociação entre as contribuições afetivas e 'cognitivas' para a tomada moral/social de decisões e a importância das contribuições afetivas foi subestimada por aqueles que consideram o juízo moral

---

gião que exibe uma atividade aumentada durante uma variedade de tarefas relacionadas a emoções, era menos ativa no grupo psicopático do que nos sujeitos de controle" (2005: p. 343).

primariamente como um processo de raciocínio" (2005: pp. 341-342).

Como sabemos, o desenvolvimento desses sistemas depende em grande medida dos genes do indivíduo. Isso não significa que o ambiente não tenha nenhuma influência sobre a estrutura do cérebro; de fato, experiências da primeira infância (mais notavelmente as experiências traumáticas) podem alterar conexões cerebrais cruciais de maneira que podem durar uma vida inteira. Ainda assim, uma criança não *aprende* a fazer crescer uma amídala ou *escolhe* não desenvolver completamente seu córtex cingulado anterior. O código genético, inscrito em todo núcleo de toda célula de seu corpo, instrui seu corpo a produzir estruturas bastante específicas responsáveis por tarefas bastante específicas. Quando essas instruções são truncadas ou erroneamente interpretadas, os resultados são notáveis. Um estudo de 2002 realizado pelo Instituto Nacional de Saúde (Miller, 2002), por exemplo, demonstrou que uma alteração em um único gene pode alterar a resposta do cérebro a situações emocionalmente carregadas, ao alterar a *performance* da amídala. Indivíduos com a variante genética experienciam níveis mais elevados de medo, em relação ao qual a resposta é ou um retraimento excessivo ou uma agressão excessiva.

Como sugerido acima, a sensibilidade à aflição por si mesma só se assemelha vagamente ao senso moral maduro. Por exemplo, o fato de eu me sentir mal em resposta ao fato de *você* se sentir mal é perfeitamente compatível com não me importar com seu bem-estar; afinal, se eu não quero mais me sentir mal, posso simplesmente sair da sua presença! Mas isso dificilmente é o que imaginamos quando pensamos em respostas empáticas.

O que está faltando aqui é um senso de como são as coisas *para você* – isto é, como as coisas são a partir da sua perspectiva. Realizar esse feito, contudo, requer a habilidade de apreender (entre outras coisas) o fato de que você tem crenças, sentimentos e desejos que não são diferentes das crenças, sentimentos e desejos que eu tenho. Consideramos isso como dado agora. É uma segunda natureza para você e para mim pensarmos que as pessoas fazem as coisas por certas *razões*, sendo que essas envolvem coisas como crenças e desejos. Por exemplo, poderíamos explicar o ato de Beatrice de se levantar, ir até a geladeira, pegar uma maçã e comê-la apelando para o *desejo* de

Beatrice por uma maçã e sua *crença* de que a geladeira contém uma maçã (o que mais poderia explicar a ação de Beatrice se não fosse alguma combinação de crenças e desejos? Controle mental alienígena?). Embora esse tipo de "leitura de mente" venha fácil para você e eu, não podemos deixar que isso nos cegue para o fato de que, em algum momento, nós *desenvolvemos* essa habilidade. É duvidoso que tenhamos saído do útero todos úmidos e aquecidos, ponderando o profundo sentido de admiração que nossos pais devem ter experienciado naquele momento.

5.2– LEITURA DE MENTES

Na verdade, a "leitura de mentes" é uma habilidade que se desenvolve de modo bastante natural em crianças por volta dos 4 anos de idade. Sabemos disso porque as crianças dessa idade – mas não tipicamente antes – podem passar no que é conhecido como "teste da falsa crença". Na versão clássica do teste (Wimmer e Perner, 1983), uma criança observa Maxi, o Fantoche, colocar um pedaço de chocolate em uma chapeleira e depois ir embora. Enquanto Maxi está fora, a mãe de Maxi transfere o chocolate da chapeleira para o armário. Quando Maxi retorna, o show é interrompido e pergunta-se à criança: onde Maxi vai procurar o pedaço de chocolate? Se a criança tem menos de 4 anos, ela provavelmente dirá *no armário*, exibindo uma falha em perceber que Maxi tem crenças (nesse caso, pelo menos uma crença falsa) que são diferentes das suas próprias. Para uma criança com menos de 4 anos, o mundo é tipicamente visto apenas através de um conjunto de olhos: os seus próprios.

Mas os de 4 anos de idade parecem marcar um ponto de transição: crianças de 4 anos tendem a dar a resposta correta: *na chapeleira*. Isso indica que a criança passou a distinguir suas próprias crenças das crenças (aparentes) de outra pessoa. Ela percebe que os outros podem pensar e supostamente sentir-se de modo diferente dela. Ela desenvolve, em suma, uma *teoria da mente*, uma teoria que explica o comportamento dos outros.

Isso, por sua vez, expande o conjunto de respostas que uma criança pode ter para com as pessoas ao seu redor. Antes de tal compreensão, não há um significado real para aquilo a que uma criança responde; é como se os outros emitissem um sinal elétrico que aflige a criança. Mas com a compreensão de que os outros têm sentimentos (e desejos e crenças) semelhantes aos seus, a criança pode subitamente dar um significado àquilo que ela está sentindo: eu me sinto mal *porque ele se sente mal*. E isso pode ser feito sem confundir quem está sentindo o quê. Além disso, a habilidade de perceber o que os outros estão pensando e sentindo aguça as avaliações que a criança faz de situações morais mais complicadas, como o seguinte exemplo demonstra.

Um estranho pergunta a Jones como chegar a um certo restaurante. Jones pretende dar ao estranho a indicação *correta*, mas acidentalmente manda o estranho na direção errada. Quando é perguntado a Smith (por um outro estranho) como chegar a um certo restaurante, Smith pretende *enganar* o estranho, mas acidentalmente manda-o na direção correta. O que é interessante é que, quando se pergunta às crianças quem é mais "malvado", suas respostas variam de acordo com sua idade – e, supostamente, com o amadurecimento de seu senso moral.

As crianças de 4 anos tendem a julgar que Jones é mais malvado do que Smith, aparentemente depositando maior peso nas *consequências* das ações de uma pessoa do que em suas intenções. Crianças de 5 e 6 anos tendem progressivamente a dizer que Smith é mais malvado do que Jones. De acordo com uma equipe recente de psicólogos de Harvard, "o que se desenvolve, portanto, não é apenas uma 'teoria da mente', ou a habilidade de representar os estados mentais de outros, mas a habilidade de integrar essa informação com informações sobre consequências no contexto do juízo moral" (Young *et al*., 2007: p. 8235). Para a criança em desenvolvimento, o certo e o errado começam a ir além daquilo que meramente acontece. Eles começam a envolver naquilo que as pessoas *têm intenção* de que aconteça.

Essa mesma equipe de psicólogos reforçou esses resultados por meio da investigação do cérebro. Será que os sistemas do cérebro que subjazem à atribuição de crenças, perguntaram eles, *também* subjazem ao julgamento moral? Estudos independentes sobre o cérebro revelaram que a junção temporoparietal direita (JTPD) tem um envolvimento crucial na produção de avaliações sobre os estados mentais de outros.

Será que a JTPD também está ativa quando os indivíduos julgam que algum ato é certo ou errado? Aparentemente sim. Se alguém não causou nenhum dano, mas *tinha a intenção* de causar (como fez Smith), os juízos dos sujeitos eram "duros, feitos com base apenas nas crenças (do agente), e associados com um recrutamento acentuado de circuitos envolvidos na atribuição de crenças". Quando o dano não foi intencional, os sujeitos não exibiam o mesmo padrão de atividade cerebral. Os autores concluem que:

> *Os juízos morais podem, portanto, representar o produto de dois processos distintos e às vezes competidores, um responsável por representar resultados danosos e outro por representar crenças e intenções* (Young et al., 2007: p. 8239).

Isso está em concordância com a imagem rudimentar que tem se desenvolvido até aqui. Desde uma idade muito precoce, as crianças são sintonizadas com as emoções de outros (particularmente aquelas emoções associadas à aflição). De fato, o cérebro parece conter sistemas cruciais para essa habilidade, pois quando eles funcionam mal, observamos (digamos assim) comportamentos morais *abaixo do padrão*. Mas os juízos morais maduros vão além de meramente registrar a aflição de outros. Parece que uma parte crucial do enigma moral é a adoção de perspectivas. De fato, o filósofo Jonathon Deigh argumenta que uma completa apreensão de certo e errado requer uma *empatia madura*, sendo que isso envolve "assumir a perspectiva dessa outra pessoa e imaginar os sentimentos de frustração e raiva" (1996: p. 175).

Antes que uma criança chegue a apreender o papel que as intenções desempenham no julgamento moral (o que requer, entre outras coisas, uma apreensão das suas próprias intenções), a criança tende a dizer que causar dano é suficiente para "ser malvado". Conforme sua compreensão de outras mentes se desenvolve, contudo, ela tem uma tendência cada vez maior de levar em conta as *intenções* de um agente, refletindo uma crescente tendência a integrar a informação sobre as intenções com a informação sobre o dano, gerando juízos morais que se aproximam dos juízos feitos por adultos.

Pode parecer que esse seja o lugar de finalizar essa pequena narrativa elegante e organizada. Infelizmente, as coisas não são tão elegantes e organizadas. De fato, um dos estudos mais comentados sobre o desenvolvimento moral da infância complica a explicação que acaba de ser oferecida. De acordo com o trabalho do filósofo Shaun Nichols (2004), a competência moral de uma criança *não* depende tão crucialmente da tomada de perspectivas afinal. Na próxima seção, consideraremos por quê.

5.3– "ELES SÃO AS REGRAS"

Considere por um momento todas as regras que as crianças são obrigadas a seguir: "Não fale com a boca cheia; Compartilhe seus brinquedos; Não bata na sua irmã; Levante a mão na classe se você quiser falar; Não enfie o dedo no nariz; Coloque a louça na pia; Cumpra suas promessas; Não reclame; Não minta; Não cuspa; Tire os sapatos da cama; Tire os cotovelos da mesa; Seja gentil". Os cuidadores dirigem essas regras a seus pupilos sem qualquer consideração quanto à idade ou ao entendimento. Além disso, elas são dirigidas às crianças com níveis amplamente variados de intensidade. Mentir, cuspir, reclamar, bater – não há como dizer como um pai responderá. Ao deixar a criança na creche de manhã, os pais dão-lhe um tapinha na cabeça, dizendo-lhe com doçura para *ser gentil*. Porém mais tarde naquele mesmo dia os pais tratam o lançamento de comida como a gota d'água, explodindo em uma fúria e mandando a criança para o "castigo". Os cuidadores não fazem nenhuma tentativa de separar as regras em um tipo ou outro. No que diz respeito às crianças, as regras não vêm com etiquetas; simplesmente espera-se que as crianças as sigam.

Mas ao refletirmos, nós – enquanto teóricos – *podemos* separar essas regras em tipos. As *regras convencionais*, como às vezes são chamadas, obtêm sua autoridade de alguma convenção, prática ou pessoal. Levantar a mão na classe é uma regra que recebe seu sentido e autoridade de convenções associadas à escola; tirar a louça recebe seu sentido e autoridade de convenções associadas à família; não enfiar o dedo no nariz recebe seu sentido e autoridade de convenções associadas à etiqueta; e assim por diante. As *regras morais*, por outro lado, não parecem depender de convenções. Elas parecem ser independentes da autoridade. Elas são tratadas como mais sérias, "generalizáveis", e incondicionalmente obrigatórias (relembre nossa discussão da moralidade em §3.1). Quando justificamos o ato de segui-las, provavelmente apelamos para coisas como a justiça, o bem-estar de uma pessoa e os direitos. Agora aqui está a coisa surpreendente: apesar da maneira indiscriminada como as regras são apresentadas às crianças, elas não obstante percebem a distinção entre regras convencionais e regras morais. Eis como sabemos disso.

Em meados dos anos 1980, o psicólogo Eliot Turiel (1983) e seus colegas conduziram experimentos (que foram reproduzidos várias vezes em diferentes cenários) pedindo a crianças tão jovens quanto 3 anos para considerarem algumas situações hipotéticas envolvendo mudanças de regras. Por exemplo, é dito às crianças para imaginarem seu professor dizendo: "Hoje, se vocês quiserem falar na classe, vocês *não* têm que levantar a mão". Pergunta-se então às crianças, "Seria Ok se hoje você falasse na classe sem levantar a mão?". Sem hesitação, as crianças dizem *sim*. De modo semelhante, as crianças dizem que seria Ok jogar comida se seus pais dissessem que seria Ok jogar comida.

Mas então pede-se às crianças que imaginem seu professor dizendo: "Hoje, se você quiser bater no rosto do seu amigo, você pode fazer isso". Nesse caso, as crianças *quase nunca* dizem que seria Ok bater no amigo, mesmo com a permissão do professor. A maioria das crianças – ao serem solicitadas a imaginar um pai dizendo: "Hoje, seria Ok você mentir para o seu irmão" – não obstante, *negará* que seria Ok mentir para o irmão. Em uma dramática exibição dessa distinção, o psicólogo Larry Nucci pediu a crianças *amish* para imaginarem uma situação em que Deus não tivesse criado nenhuma regra contra trabalhar no domingo: 100% das crianças disseram que, nessas circunstâncias, seria Ok trabalhar no domingo. Por contraste, quando se pedia às crianças para imaginarem uma situação em que Deus não tivesse criado nenhuma regra contra bater nos outros, 80% das crianças disseram que, nessas circunstâncias, ainda assim bater nos outros *não* seria Ok (Nucci *et al.*, 1983).

A implicação mais imediata dessa pesquisa é a seguinte: crianças muito jovens parecem aprender a diferença entre regras convencionais (por exempo, levantar a mão antes de falar) e regras morais (por exemplo, não bater nos outros). As crianças parecem reconhecer que algumas regras podem ser suspendidas por uma autoridade (por exemplo, jogar comida) e algumas regras não podem (por exemplo, não bater). E o que é tão notável a respeito disso é que as crianças reconhecem essa diferença *apesar* do fato de que a diferença não é aparente de modo algum em sua formação (voltaremos em breve a esse ponto).

Shaun Nichols (2004) chamou atenção para outra implicação importante do trabalho de Turiel: muitas das crianças que exibem uma compreensão da diferença entre regras convencionais e morais *falham* no teste da "falsa crença". Estas são, afinal, crianças de 3 anos. Mas se uma criança pode perceber que algumas regras são independentes de uma autoridade, generalizáveis e incondicionalmente obrigatórias *sem* reconhecer os estados mentais de outros, então talvez a competência moral não exija a adoção de perspectivas, como pensamos anteriormente. De acordo com Nichols, as regras que as crianças consideram como independentes de uma autoridade, generalizáveis e sérias "constituem um núcleo importante do julgamento moral" (2004: p. 7). Mas se essas mesmas crianças não desenvolveram uma "teoria da mente" apropriada, então talvez uma teoria da mente não seja necessária para os juízos morais centrais. Talvez as regras da moralidade sejam ainda mais básicas para nossa psicologia do que pensávamos. Talvez haja um núcleo de conhecimento ou competência moral que seja *inato*.

5.4 – O INATISMO MORAL E A ANALOGIA LINGUÍSTICA

Um dos debates mais acalorados ocorrendo atualmente entre os psicólogos morais diz respeito exatamente a essa questão do inatismo. Em que medida, se é que alguma, a moralidade é inata? Responder a essa questão exige, é claro, esclarecer duas coisas: o que é a *moralidade* e o que é o *inatismo*? A primeira dessas questões foi abordada em §3.1, no qual (seguindo Richard Joyce) propusemos uma lista de condições que uma criatura deve satisfazer a fim de ser considerada moral. Nichols está preparado para aceitar um conjunto um pouco menos exigente de requisitos. Para ele, uma criança que insista que *não* seria Ok bater em seu amigo, mesmo que o professor diga que é Ok, é moralmente competente. Segundo a explicação de Joyce, precisaríamos saber mais sobre a criança a fim de considerá-la moralmente competente. Para nossos propósitos, não decidiremos a questão aqui: os resultados merecem ser discutidos em qualquer um dos casos.

O conceito de inatismo desempenha um papel em uma série de disciplinas – biologia, psicologia, filosofia. Não é uma surpresa, portanto, que o conceito seja usado de diferentes maneiras dependendo de qual disciplina o emprega. Em alguns lugares (por exemplo, a biologia), o conceito é às vezes entendido como significando uma "invariância ambiental", como em: "uma característica é inata somente caso ela se desenvolva de modo confiável em ambientes variados". Em outros lugares (por exemplo, a psicologia) o conceito é às vezes usado para significar "não adquirido por meio de um processo psicológico". Felizmente, podemos explorar alguns dos dados sem ter de entrar nessa disputa acerca de definições, pois os dados parecem sugerir o inatismo de acordo com a maioria das definições.

Mas a defesa do inatismo moral – pelo menos de acordo com defensores recentes – começa em outra vizinhança, uma que recebeu bastante atenção nos últimos 40 anos: a *linguística*, isto é, o estudo da linguagem. Para colocar as coisas em movimento, tentemos um pouco de linguística interativa. Considere a seguinte sentença:

1) *John disse que Bill alimentaria ele mesmo.*

Em (1) a expressão "ele mesmo" deve se referir a John ou a Bill? Ou será que ela poderia se referir a qualquer um deles, ou a alguém totalmente diferente? (Para que não haja quaisquer dúvidas, as respostas são reveladas na nota 5). Tente esta sentença:

2) *John disse a Bill que ele iria alimentar ele mesmo.*

Em (2) a expressão "ele mesmo" deve se referir a John ou a Bill? Ou será que ela poderia se referir a qualquer um deles, ou a alguém totalmente diferente? (Disponha de todo o tempo de que você precisar). E quanto à seguinte:

3) *John disse que Bill o viu.*

Em (3) a palavra "o" deve se referir a Bill ou a John? Ou será que ela poderia se referir a qualquer um deles, ou a alguém totalmente diferente? Tente converter a seguinte declarativa em um imperativo – isto é, em uma questão:

4) *O menino que é feliz está ausente.*

Em (4) o imperativo correto é: "É o menino que feliz está ausente?" ou "Está o menino que é feliz ausente?". Converta esta última em um imperativo:

5) *O pato está triste, pois a galinha está ausente.*

Em (5) o imperativo correto é: "Está triste o pato, pois a galinha está ausente?" ou "Está o pato está triste, pois a galinha ausente?"

A menos que este capítulo esteja fazendo você dormir ou que você sofra de um déficit específico de linguagem, nenhuma dessas inferências exigiu muito pensamento.[5] Mas não é isso que impressiona os linguistas. O que impressiona os linguistas não é como nós as realizamos, mas como as *crianças de 4 anos* as realizam. As crianças de 4 anos respondem a esse tipo de questão quase sem errar. Considere o seguinte exemplo.

Os experimentadores apresentam um fantoche a crianças de 4 anos. Eles dizem às crianças para perguntar ao fantoche se o menino que é feliz está ausente. Lembre-se de que essa é uma sentença que nenhuma criança jamais ouviu antes, e sua estrutura também é provavelmente muito nova para as crianças – uma sentença com verbos auxiliares embutidos (ou seja, "é"). Agora, as crianças provavelmente ouviram muitas pessoas transformarem declarativas, tais como "O gato estava no sapato" em imperativos "Estava o gato no sapato?". Muito menos comum para o ouvido de uma criança são as

---

5 Apenas para ter certeza: em (1), "ele mesmo" *deve* se referir a Bill; em (2), "ele mesmo" poderia ser qualquer pessoa (contanto, suponho, que seja do sexo masculino); em (3), "ele" poderia se referir a qualquer pessoa exceto Bill. Bill não pode ser o referente de "ele" em (3); em (4), o imperativo correto é "Está o menino que é feliz ausente?"; e em (5) o imperativo correto é "Estava o pato triste pois a galinha estava ausente?".

transformações dessas sentenças mais complexas. Então certamente *algumas* crianças, quando se lhes pede para transformar a sentença "O menino que é feliz está ausente", dirão: "É o menino que feliz está ausente?". Afinal, há *dois* verbos auxiliares entre os quais escolher; certamente alguma criança moverá o primeiro para o início da sentença em vez do segundo. Mas as crianças de 4 anos quase *nunca* fazem isso. Elas sempre se deparam com a transformação correta.

Ok, talvez as crianças sejam apenas sortudas. Talvez elas arrisquem (todas elas!) e se deparem com uma regra que diz que ao transformar declarativas com auxiliares embutidos em imperativos, sempre escolha o *último* verbo auxiliar para mover para o início da sentença. Para testar isso, os experimentadores deram a essas mesmas crianças de 4 anos essa sentença: "O pato está triste, pois a galinha está ausente". Agora se as crianças realmente estiverem usando a regra do *último verbo auxiliar*, então deveríamos ouvi-las dizer: "Está o pato está triste, pois a galinha está ausente?". Mas essa salada de palavras quase nunca sai das bocas das crianças. De algum modo elas sabem que, *nessa* sentença, é o primeiro verbo auxiliar que deve ser movido para o início da sentença – não o segundo. Como as crianças sabem disso? Como elas chegaram a essa regra? Além disso, qual *é* a regra gramatical que governa essas transformações (você acha que é esperto(a)? Diga qual é)?

Esse é apenas um de uma multidão de exemplos que demonstram que, como argumenta o psicolinguista Steven Pinker, "as crianças merecem a maior parte do crédito pela linguagem que adquirem". De fato, Pinker continua: "Podemos mostrar que elas sabem coisas que não poderiam lhes ter sido ensinadas" (1994: p. 40). Mas isso imediatamente levanta a questão: se as crianças sabem coisas sobre a linguagem que não poderiam lhes ter sido ensinadas, então de onde vem esse conhecimento? Você adivinhou: elas nascem com ele. Pinker oferece essa pequena analogia:

> *As pessoas sabem falar mais ou menos no mesmo sentido em que as aranhas sabem tecer teias. A tecelagem de teias não foi inventada por algum gênio aranha desconhecido, e não depende de ter a educação correta ou de ter uma aptidão para a arquitetura ou para as profissões de construção.*

> *Em vez disso, as aranhas tecem teias porque elas têm cérebros de aranha, que lhes dão o impulso de tecer e a competência para ter sucesso.* (Pinker, 1994: p. 18)

De acordo com Pinker, nossos cérebros são feitos para a linguagem. A linguagem é "um instinto". Vale a pena repetir, contudo, que os linguistas sentem-se levados a essa posição porque as crianças sabem coisas que não poderiam plausivelmente adquirir de seu ambiente. É por isso que o argumento que move esses linguistas é chamado de *argumento da pobreza de estímulo*: o estímulo linguístico ao qual as crianças são expostas é pobre demais para explicar o que as crianças sabem sobre a linguagem. Então, o que isso tem a ver com a moralidade?

A resposta é a seguinte: Temos um instinto *moral*, assim como temos um instinto para a linguagem. E a razão para acreditar nisso é (você consegue ver isso chegando?) um argumento de pobreza de estímulo *moral*: o estímulo moral ao qual as crianças são expostas é muito pobre para explicar o que as crianças sabem sobre a moralidade. O filósofo e jurista John Mikhail (2009) foi o primeiro a rigorosamente desenvolver essa ideia. De acordo com Mikhail, os estudos morais/convencionais tornados famosos por Turiel oferecem o argumento mais persuasivo para uma moralidade inata. Turiel mostrou que as crianças a partir de 3 anos de idade fazem a distinção entre regras morais e regras convencionais.

Mas, argumentou Mikhail, para explicar a capacidade das crianças de fazer essa distinção, deveríamos esperar três coisas: a) As crianças foram *treinadas* por seus cuidadores para fazer a distinção; b) As crianças *aprenderam* a fazer a distinção estudando seu ambiente; ou c) As crianças desenvolvem a capacidade por meio de processos *inatos* (Note o paralelo com a linguagem. Para explicar, por exemplo, a capacidade das crianças de transformar corretamente declarativas com auxiliares embutidos em imperativos, deveríamos esperar três coisas correspondentes: a) Treinamento, b) Aprendizado, c) Inatismo.).

Bem, é bastante claro que os cuidadores não treinam explicitamente suas crianças para fazer a distinção entre regras morais e regras convencionais. A maioria dos cuidadores provavelmente nunca nem mesmo considerou essa distinção. Também parece implausível que as crianças tenham aprendido a distinção estudando seu ambiente. Lembre-se que os cuidadores não fazem nenhum esforço para distinguir regras morais de regras convencionais. O que a criança ouve é: "Não faça isso!" – seja jogar comida fora ou contar uma mentira. E não pode ser que as regras morais sejam tratadas como mais sérias do que as regras convencionais, uma vez que as consequências de quebrar algumas regras convencionais podem ser tão severas quanto (ou mesmo *mais* severas) as de quebrar regras morais. Isso pode depender do cuidador; isso pode depender do dia da semana. Isso deixa (c), a visão de que as crianças desenvolvem a capacidade por meio de processos inatos.

Mas o trabalho de Turiel não é a única evidência citada pelos defensores do inatismo. As crianças também parecem reconhecer outro tipo de distinção. Por exemplo, é dito a uma criança: "Se hoje é sábado, amanhã deve ser domingo". Suponha que é dito à criança que amanhã *não* é domingo. Hoje poderia ser sábado? Crianças a partir de 4 anos dizem *Não*. Mas então é dito a uma criança: "Se Sam vai lá fora, então Sam deve usar um chapéu". E depois é dito à criança que Sam não está usando um chapéu. Será possível que Sam esteja do lado de fora? Apesar da estrutura idêntica desses dois juízos (Se *p* é F, *então q deve ser G*), as crianças reconhecem de algum modo que sim, Sam *poderia estar* do lado de fora. Como? Sam está sendo malvado! A distinção aqui tem a ver com os condicionais – isto é, os enunciados se/então.

Chamamos os condicionais como: "Se hoje é sábado, então amanhã deve ser domingo" de *indicativos* uma vez que (de modo bastante rudimentar) eles indicam qual é o caso. Quando dizemos que domingo deve ser posterior ao sábado, estamos relatando uma necessidade conceitual. Por outro lado, condicionais como: "Se Sam vai lá fora, então ele deve usar um chapéu", são chamados de *deônticos*, uma vez que (de modo bastante rudimentar) eles dizem respeito a *deveres*.

Assim como no caso da distinção moral/convencional, as crianças parecem perceber essa diferença, *apesar* do fato de que a diferença não é aparente de modo algum em sua formação. Com que frequência os pais param para explicitar a diferença entre o "deve" da necessidade (como em "solteiros *devem* não ser casados") e o "deve" do dever (como em "você *deve* devolver o que pertence aos outros")? E ainda assim, as crianças a apreendem. Como isso poderia ser assim, perguntam os defensores do inatismo, se esse conhecimento *não* fosse inato?

As crianças também parecem capazes de avaliar a diferença que as *intenções* fazem. Eu mencionei isso na seção anterior. Considere algumas evidências adicionais. É dito a uma criança que se Sam vai lá fora, Sam deve usar um chapéu. Então são mostradas à criança quatro imagens representando Sam. Na primeira imagem, Sam está do lado de dentro sem seu chapéu. Na segunda imagem, Sam está do lado de dentro com seu chapéu. Na terceira imagem, Sam está do lado de fora sem seu chapéu. Na quarta imagem, Sam está do lado de fora sem seu chapéu, mas seu chapéu está sendo levado por uma ventania.

Então pergunta-se à criança: qual imagem (ou quais imagens) mostram Sam sendo *malvado*? Agora uma vez que *ambas* as imagens 3 e 4 representam Sam do lado de fora sem seu chapéu, esperaríamos que algumas crianças dissessem que Sam está sendo malvado em ambas as imagens, que algumas crianças dissessem que Sam está sendo malvado na imagem 3, e que algumas crianças dissessem que Sam está sendo malvado na imagem 4. Mas a evidência não mostra isso. Ao contrário, quase todas as crianças com idade acima de 4 anos dizem que Sam está sendo malvado *apenas* na imagem 3. As crianças evidentemente percebem que ser malvado exige ser *intencionalmente* malvado. Uma vez que o vento faz Sam perder seu chapéu na imagem 4, ele não está intencionalmente do lado de fora sem seu chapéu. Portanto, Sam não está sendo malvado naquela imagem. Esses resultados se sustentam mesmo em lugares onde raramente faz frio suficiente para precisar de chapéus.

Assim como no caso da linguagem, esses resultados revelam que as crianças possuem uma rica compreensão da moralidade – apesar do que parece ser uma exposição muito limitada ao discurso moral. Mas, argumentam os psicólogos morais, se aquilo que sai das crianças é muito mais sofisticado do que aquilo que entra, então deve haver um corpo de conhecimento já no interior das crianças. O conhecimento moral (ou pelo menos um núcleo dele) é inato.

Dito isso, vale a pena repetir que mesmo que a moralidade seja inata, isso não acarreta que a moralidade seja uma adaptação evolutiva. Voltando atrás, devemos enfatizar que o nativismo moral, assim como o nativismo linguístico, é uma narrativa sobre aquilo que está presente nos seres humanos desde o início (por assim dizer). O adaptacionismo é uma narrativa sobre *como* aquilo que está presente nos humanos chegou ali. Isso significa que alguém pode aceitar o nativismo moral, mas negar que a moralidade seja uma adaptação. Pode-se argumentar, por exemplo, que a moralidade é um subproduto de outros sistemas cognitivos, isto é, uma *exaptação* (ver §1.1). Ou, por exemplo, pode-se argumentar que Deus colocou o conhecimento em nós ao nascermos. De qualquer modo, é importante manter nossas opções abertas conforme chegue a evidência. Se a narrativa da adaptação esboçada no capítulo anterior não receber em última análise a evidência de que necessita, podemos decidir rejeitá-la. Mas isso não nos força a rejeitar ao mesmo tempo o nativismo moral. Podemos achar que as evidências nesse campo são convincentes. Ou podemos não achar.

A hipótese do inatismo moral parece convincente quando nossa atenção está concentrada naquilo que um pequeno conjunto de crianças sabe desde uma idade muito precoce. Mas o que acontece quando ampliamos nosso foco? Lembre-se do capítulo 4, a variedade de visões morais que vemos em outras culturas. Os atos de matar que achamos estarrecedores são aceitáveis em outras partes do mundo – se não exigidos; na maioria das culturas ocidentais as mulheres são tratadas com igualdade sob a lei, uma prática que parece moralmente abominável para algumas culturas. Mas será que a variação moral entre culturas não marca um obstáculo para a hipótese do inatismo moral? Afinal, se o instinto para a moralidade está presente em todos os seres humanos, não deveríamos observar visões morais semelhantes sempre que encontramos seres humanos? Essa questão incitou alguns psicólogos morais a recuar bastante em relação à hipótese do inatismo moral.

5.5– PAINÉIS DE CONTROLE, VIÉSES E RESSONÂNCIAS AFETIVAS

Ao fazer uma defesa do nativismo linguístico, eu deixei de lado um fato bastante óbvio: Da última vez que verifiquei, as pessoas falam línguas diferentes! Mas se a linguagem é inata, não deveríamos ver todo mundo falando a *mesma* língua? Ninguém duvida de que o desenvolvimento de dois braços e duas pernas seja inato. E certamente, os seres humanos ao redor do globo têm dois braços e duas pernas. Então, como os nativistas linguísticos podem afirmar que a linguagem é inata, se há quase 7.000 linguagens diferentes faladas ao redor do globo?

A resposta exige clareza sobre *o que exatamente* é inato. De acordo com os nativistas linguísticos (seguindo Chomsky), as linguagens nativas ou naturais – isto é, a língua que falamos de fato e que aprendemos de nossos pais – não são inatas. O que *é* inato, de acordo com os nativistas linguísticos, é a *gramática* subjacente a todas essas linguagens. Pois uma das descobertas notáveis dos últimos cinquenta anos é que todas as linguagens naturais compartilham alguns universais comuns. Chomsky chamou essa profunda similaridade de *Gramática Universal*. Uma maneira de compreender isso é imaginar o espaço das linguagens logicamente possíveis (as linguagens de computador, por exemplo); pense em todas as extravagantes regras sintáticas que possamos imaginar que governam como transformar sons em significados.

O que é surpreendente, dizem os linguistas, é que todas as linguagens naturais faladas pelos seres humanos se encontram em uma parcela muito pequena desse espaço lógico. Isso não significa sugerir, é claro, que não haja vastas diferenças separando diferentes linguagens. Mas acontece que essas diferenças são apenas superficiais. Sob a superfície, as diferenças são desprezíveis. E uma forma de pensar sobre essas diferenças é em termos de interruptores ou parâmetros. Será útil considerar alguns exemplos.

Grosseiramente falando, o que torna o inglês diferente, digamos, do italiano, tem a ver em grande medida com o modo como os interruptores são dispostos. Por exemplo, os falantes de italiano (mesmo as crianças pequenas) reconhecem as sentenças:

1) *Io vado al cinema.*
2) *Vado al cinema.*

Ambas, são aceitáveis. E expressam a proposição de que estou indo ao cinema. Mas em inglês, enquanto a sentença:

3) *I am going to the cinema.*

É aceitável. Já a sentença:

4) *Am going to the cinema.*

Não é. A razão é que em inglês – mas não em italiano – o sujeito da sentença deve ser pronunciado. Os linguistas se referem a essa limitação como o *parâmetro do sujeito nulo*. Toda linguagem conhecida tem o *sujeito opcional* (como em italiano) ou o *sujeito obrigatório* (como em inglês). Para todas as linguagens conhecidas, isso esgota as possibilidades. Ao longo dos últimos quarenta anos, os linguistas identificaram muitos desses parâmetros. Em quase todos os casos, o parâmetro tem apenas duas disposições.

Identificar esses parâmetros e o modo como eles são dispostos nos ajuda a aguçar a afirmação dos nativistas linguísticos. O que a criança traz para o mundo, argumenta o nativista, é esse "painel de controle" da Gramática Universal. O que a criança adquire de seu ambiente é a informação sobre como esses interruptores devem ser dispostos. As pessoas em meu ambiente estão regularmente pronunciando o sujeito das sentenças declarativas ou não? A faculdade da linguagem é supostamente sensível a essa informação (abaixo do nível de consciência de uma criança) e realiza a disposição necessária. O que a criança *não* tem de aprender independentemente é que as sentenças têm sujeitos e que esses sujeitos ou são pronunciados ou não. Essa parte de sua educação está terminada antes de ela começar.

Essa visão da linguagem, dizem os nativistas morais, fornece um modelo para compreender o desenvolvimento moral como deveríamos. Assim como Mikhail, o psicólogo Marc Hauser tem defendido vigorosamente essa ideia. De acordo com Hauser, assim como os juízos de gramaticalidade de uma criança emergem de uma gramática linguística universal, cujos parâmetros são dispostos por condições locais, os juízos morais da criança emergem de uma "gramática moral universal, repleta de princípios compartilhados e parâmetros culturalmente modificáveis" (2006: p. 43). O que a criança herda, em suma, é um painel de controle moral. O que a criança absorve de seu ambiente é como dispor cada um dos muitos parâmetros que constituem um sistema moral.

Se Hauser estiver correto, "toda criança recém-nascida pode construir um número grande, mas finito de sistemas morais. Quando uma criança constrói um sistema moral particular, é porque a cultura local dispôs os parâmetros em um sistema particular" (2006: p. 298). Hauser vê numerosos exemplos de universais interculturais ajustados por normas culturais distintas.

Considere o ato de matar. De acordo com Hauser, uma criança já é equipada com um princípio que proíbe o ato de ferir outros. Uma criança não precisa aprender que ferir os outros é proibido. O que uma criança deve aprender são as exceções, se houverem. Há muitas exceções à proibição geral? Ou apenas algumas?

Em alguns ambientes, matar outras pessoas é considerado como quase universalmente proibido. Com exceção da autodefesa ou talvez da pena capital, o ato de matar outros é apresentado à criança como *nunca permitido*. Nesse ambiente, o interruptor seria disposto como SEMPRE PROIBIDO. Em outros ambientes, o estatuto moral do ato de matar é muito mais complicado. Ele parece ser uma função de vários subparâmetros. A pessoa a ser morta é um membro da minha tribo? A pessoa é uma mulher? Essa pessoa ofendeu a honra da minha família? Essa pessoa me humilhou? Em ambientes como esse, o interruptor fica muito mais para baixo, em ÀS VEZES PROIBIDO. Mas parte da afirmação do nativista é que o painel de controle impõe limitações aos juízos possíveis – por exemplo, não há nenhuma disposição para NUNCA PROIBIDO. Entre as milhares de culturas humanas estudadas até hoje, nenhuma exibe uma indiferença acerca do ato de ferir ou matar outros. A variação que vemos parece ser limitada de maneiras previsíveis. De modo análogo, há muitas disposições no "painel de controle" da linguagem que nós não observaremos, uma vez que não são permitidas pelas regras da Gramática Universal.[6] De acordo com

---

[6] Por exemplo, enquanto quase todas as linguagens humanas são do tipo sujeito-verbo-objeto (como em inglês: *He opened the box* – "Ele abriu a caixa") ou do tipo sujeito-objeto-verbo (como em japonês), virtualmente nenhuma é do tipo objeto-sujeito-verbo. Isso de fato deve ser surpreendente se, como sustentam os não nativistas, a linguagem humana não for inatamente delimitada.

Hauser, "nossa biologia impõe limitações sobre o padrão da violência, admitindo algumas opções, mas não outras" (2006: p. 132).

Hauser acredita que explicações semelhantes podem ser apresentadas a respeito da justiça, da imparcialidade, do incesto e do infanticídio. Em todos esses casos, parece que os seres humanos em todos os lugares (desde uma idade bastante precoce) possuem um senso inato sobre o que é exigido e o que é proibido. A variação que observamos é explicada pela variação paramétrica ajustada por culturas distintas.

Mas a visão de princípios e parâmetros de Hauser acerca do desenvolvimento moral é um pouco rica demais para alguns gostos. O filósofo Chandra Sripada está preparado para oferecer um *tipo* de narrativa nativista, mas bem menos imponente do que aquela sugerida por Hauser. A disputa de Sripada com Hauser diz respeito àquilo que os dados nos forçam a aceitar. Os nativistas *linguísticos* acreditam que somos forçados a aceitar a visão de que a linguagem é inata pela reflexão sobre o quanto a tarefa de aprender uma linguagem é difícil para as crianças (lembre-se de nossa discussão na seção anterior).

Sripada está disposto a aceitar essa visão da linguagem. Mas, diferentemente de Hauser, Sripada não acha que os dados nos forçam a aceitar o modelo de princípios e parâmetros para o desenvolvimento moral. Por quê? Porque a tarefa de aprendizagem *moral* não chega a ser tão difícil. Sripada nota que as normas morais não são "distantes da experiência da mesma maneira que as estruturas de árvores hierárquicas e as regras recursivas das gramáticas humanas" (Sripada, 2008: p. 328).

Afinal, os cuidadores dizem com muita frequência às crianças o que elas podem e não podem fazer. Então, embora possa haver algumas distinções que exijam explicação (por exemplo, a distinção entre regra moral e regra convencional), a tarefa de aprendizagem moral enfrentada pelas crianças não é nem de perto tão desanimadora quando a tarefa de aprendizagem linguística. Além disso, no primeiro caso, as crianças também têm a vantagem de terem uma linguagem com a qual os cuidadores possam *instruí-las* sobre o que é certo e errado. Isso não ocorre no caso da linguagem. Finalmente, Sripada preocupa-se com o fato de a variação intercultural das normas morais ser simplesmente grande demais para ser explicada pela narrativa de Hauser. Deve ocorrer então que as crianças venham ao mundo com mais flexibilidade do que Hauser supõe.

Em vez do modelo de princípios e parâmetros, Sripada propõe o que ele chama de *Modelo do Viés Inato* para o desenvolvimento moral. Esse modelo admite mais flexibilidade no desenvolvimento moral, porque atribui menos à mente moral. O que as crianças possuem de modo inato, de acordo com Sripada, são certos *viéses* ou *disposições para favorecer* algumas normas em detrimento de outras. Em outras palavras, as mentes humanas são construídas para achar algumas normas sociais mais atraentes do que outras. Isso explica facilmente as semelhanças morais que observamos entre diferentes culturas. Sripada cita o incesto como um exemplo.

Há boas evidências de que os seres humanos possuam uma aversão inata a fazer sexo com qualquer pessoa com quem tenham passado períodos prolongados de sua infância. Nos referimos a isso como a *aversão de Westmarck*, em alusão ao sociólogo finlandês Edward Westmarck, que propôs o mecanismo pela primeira vez. Mas note que uma aversão inata ao incesto não é a mesma coisa que uma *proibição inata* ao incesto (Hauser está preparado para argumentar que as crianças possuem uma proibição moral inata ao incesto).

De acordo com Sripada, a aversão inata conduzirá a uma espécie de repugnância grupal como reação a um ato de incesto. E essa repugnância grupal conduzirá, ao longo do tempo, "à emergência de novas normas morais que proíbem a ação ofensiva" (2008: p. 336). A aversão de Westmarck é apenas um exemplo de uma aversão inata em relação a uma prática que "aumentaria a 'atração' de uma norma moral" que proibisse aquela prática. Se essa narrativa estiver correta, as proibições morais sobre os atos de matar, roubar, mentir, e assim por diante, derivaram de aversões inatas compartilhadas por todos os membros do grupo.

O filósofo Shaun Nichols argumentou em favor de algo bastante semelhante:

> *As afirmações normativas (algumas das quais serão afirmações morais) que são "apoiadas por afetos", que proíbem uma ação que seja emocionalmente perturbadora, serão melhor lembradas do que as afirmações normativas não apoiadas por afetos.* (2004: p. 128)

A memória desempenha um papel especial aqui para Nichols. Pois as normas que são lembradas desfrutam da sobrevivência cultural, e isso explica a quase universalidade do pensamento moral. De acordo com Nichols, o que vemos no domínio moral não é tanto o trabalho da evolução biológica quanto o da evolução cultural. A evolução cultural envolve a seleção de ideias – não de genes (Richard Dawkins deu a essas unidades de seleção o nome de memes). Quais ideias são selecionadas? Quaisquer ideias que vêm a sobreviver e se espalham para as mentes de outros.[7]

Suponha que uma ideia seja apoiada por uma forte emoção. Considere nossa resposta à carne podre. *Repugnante!* Alguém lança a ideia de que a carne podre contém espíritos invisíveis que buscam invadir nossos corpos. Em certos ambientes, essa ideia faria algum tipo de sentido. Faria, por assim dizer, um poderoso sentido *emocional*. De qualquer modo, a norma "não coma carne podre" desfruta de um forte apoio emocional. Assim, não é difícil imaginar que, como um bom *jingle*, uma vez que você a ouve, não pode deixar de lembrá-la. Você tem maior tendência a contar aos outros, e eles, assim como você, imediatamente ressoam com a ideia. E assim por diante, até que a ideia se torne firmemente embutida em nossa cultura.

Assim, não é nenhuma surpresa que alguém (como Mikhail ou Hauser) possa *pensar* que a moralidade seja inata: afinal, ela *parece* surgir em todas as culturas. Mas isso é uma interpretação errônea da evidência, de acordo com Nichols e Sripada. A moralidade não é inata. Os viéses específicos ou (como Nichols os descreve) as "ressonâncias afetivas" são inatas. As conexões entre viéses e moralidade são forjadas pelo ambiente da pessoa – em particular, pela transmissão de ideias emocionalmente poderosas.

Uma vantagem dessa visão é que os viéses inatos não excluem estritamente a aceitação de regras bastante exóticas. Ser averso a uma dada regra (por exemplo, "matar humanos inocentes") não significa que você não possa aceitá-las. Isso pode exigir apenas uma maior

---

[7] Os publicitários estão sempre formulando *slogans* que têm justamente aquela coisa certa para se espalhar pela população de consumidores. Pois (conforme o raciocínio) quanto mais as pessoas se lembrarem de seu *slogan*, mais elas se lembrarão do produto, e mais probabilidade elas terão de comprar aquele produto.

pressão cultural. As pressões para se conformar ao seu ambiente, juntamente com exposições repetidas ao estímulo, podem suprimir – se não, em última instância, extinguir – qualquer aversão inata que você possua em relação a alguma prática. Assim, as visões oferecidas por Sripada e Nichols parecem ter os recursos para explicar os dados fundamentais. Elas podem explicar, primeiro, como é que as crianças rapidamente desenvolvem uma "gramática moral" apesar de não terem nenhum treinamento formal. Segundo, elas podem explicar tanto as semelhanças morais quanto as extremas diferenças morais ao redor do globo.

5.6– DÚVIDAS NÃO NATIVISTAS

Mas até mesmo essa visão conservadora da moralidade é demais para o filósofo Jesse Prinz. Prinz não está convencido de que as visões não nativistas da moralidade não possam explicar os dados que acabam de ser mencionados. Uma maneira menos negativa de colocar o mesmo ponto: Prinz pensa que os dados são perfeitamente compatíveis com uma narrativa não nativista. Comecemos com o caso dos assim chamados universais morais.

De acordo com Prinz (2008b: p. 372), o nativista moral tem de mostrar pelo menos três coisas para provar seu argumento. Primeiro, ele tem de mostrar que realmente existem regras morais semelhantes que aparecem em todas as culturas. Isso seria equivalente a mostrar que há uma Gramática Moral Universal, semelhante à Gramática Universal postulada por Chomsky. Segundo, o nativista deve mostrar que não existe nenhuma maneira *não nativista* plausível de explicar essas regras morais universais. Se uma narrativa não nativista puder explicar adequadamente os dados, então a menos que haja alguma *outra* razão pela qual devamos aceitar o nativismo, devemos aceitar a narrativa mais simples: as crianças aprendem as regras da moralidade da mesma maneira que aprendem tantos outros aspectos da vida.

Finalmente, o nativista deve mostrar que o maquinário inato responsável pela realização de juízos morais é *específico* da moralidade; isto é, ele deve mostrar que esse maquinário não é (meramente) o resultado de mecanismos cognitivos inatos para propósitos gerais.

Afinal, os não nativistas como Prinz não se opõem à ideia de que certos mecanismos de aprendizagem para propósitos gerais sejam inatos. É difícil ver as crianças aprenderem *qualquer coisa* sem alguma capacidade inata de formar teorias sobre suas experiências. Apesar dos esforços de nativistas como Hauser e Sripada, Prinz duvida de que o nativista possa mostrar *qualquer uma* dessas coisas – e muito menos *todas* elas.

No que diz respeito à existência de regras morais universais, Prinz acha que a evidência é "depressivamente fraca" (2008b: p. 373). Um pequeno passeio pelas culturas do mundo rapidamente revela que, por exemplo, a *tolerância ao ato de ferir* é "tão comum quanto sua *proibição*". Considere os ianomâmis, da região amazônica, ou os ilongots, de Luzon, ou as tribos das terras altas da Nova Guiné, ou os astecas, ou mesmo subculturas no interior das sociedades industriais de larga escala; todas revelam atitudes bastante permissivas em relação à violência. Alguns povos não apenas não são aversos ao ato de matar pessoas; eles o celebram. É claro que gostamos de pensar que quase todo mundo julga que ferir outros é errado. Mas uma avaliação honesta dos povos do mundo, diz Prinz, lança sérias dúvidas sobre a ideia de que haja uma proibição moral universal sobre ferir outros.

Pode ser respondido que todas as culturas proíbem os danos causados sem nenhuma boa razão. Mas o não nativista pode prontamente explicar essa universalidade. Qual o bem, pergunta Prinz, de ferir alguém se isso não serve a nenhum objetivo pessoal? De fato, ocorre frequentemente que ferir outros traz consigo custos sociais elevados. As crianças aprendem desde cedo que se comportar mal tem suas consequências. Portanto, explicar o (suposto) fato de que todas as culturas proíbem o ato de ferir alguém sem nenhuma boa razão não exige o postulado de um sistema moral inato. Tudo que essa explicação exige é a capacidade de aprender quais coisas produzem reações negativas nos outros, e talvez a disposição para evitar essas coisas. Mas isso é algo bem distante de uma moralidade inata. Prinz está preparado para aceitar a noção de que somos biologicamente predispostos a cuidarmos uns dos outros. Ele também está preparado para aceitar a ideia de que possam existir "limitações universais sobre as sociedades estáveis". Mas essas predisposições não exigem uma sensibilidade moral inata.

E quanto ao argumento da pobreza de estímulos? Lembre-se de que o não nativista tem de explicar como é que as crianças distinguem entre regras morais e regras convencionais sem a ajuda de um treinamento explícito. De acordo com Prinz, é bastante possível que as crianças sejam capazes de aprender a distinção sem a ajuda de um treinamento explícito. Ele cita evidências que sugerem que os cuidadores de fato *exibem* diferentes estilos de "intervenção disciplinar" dependendo do tipo de regras em questão. Quando se trata de fazer cumprir regras morais, os cuidadores usam "asserções de poder" e apelos a direitos. Quando se trata de fazer cumprir regras convencionais, os cuidadores raciocinam com as crianças e apelam para a "ordem social". Se isso estiver correto, então os dados não nos forçam a aceitar o nativismo moral, no fim das contas.

5.7– CONCLUSÃO

A ciência da virtude e do vício mal caminhou para além de sua infância. O que *sabemos* sobre o modo como os seres humanos chegam a ter das crenças e emoções que eles têm é ofuscado por aquilo que *não sabemos*. O foco sobre o desenvolvimento infantil permanece intenso. A disputa que separa o nativista moral do não nativista moral depende crucialmente de (a) o que a criança sabe em uma idade precoce e, de modo mais importante, (b) os possíveis caminhos que poderiam ter plausivelmente levado àquele conhecimento. Se uma investigação mais detalhada revela que o conhecimento moral de uma criança é bastante rudimentar – isto é, ele não é nada comparável ao conhecimento altamente sofisticado que fundamenta a linguagem humana –, então o argumento do nativista começa a parecer fraco. Mas se esse conhecimento é tão rico quanto alegam os nativistas morais, então a pressão está sobre o não nativista para mostrar como uma criança teria chegado a tal conhecimento. Isso pode exigir a observação bastante detalhada dos ambientes sociais das crianças.

Porém tais observações enfrentam grandes obstáculos. Por exemplo, seriam necessários de três a quatro anos de intensa observação, porque – lembre-se – a afirmação do nativista é que a criança não foi exposta a estímulos morais suficientes para formar o tipo de juízo que ela chega a formar. Mas a única maneira de saber isso é observar *tudo* a que uma criança foi exposta durante sua formação. Além disso, as observações científicas são frequentemente intrusivas. O que precisamos ver é o ambiente *natural*, e isso pode ser difícil. Se você sabe que os cientistas estão observando seu comportamento, isso pode alterar, talvez de modo inconsciente, o modo como você se comporta.

Retornando aos temas que nos ocuparam nas partes iniciais do capítulo, podemos pelo menos nos sentir mais confortáveis em relação ao básico. Ninguém sustenta seriamente que os seres humanos venham ao mundo absolutamente vazios – moralmente ou em outros sentidos. Até mesmo a maioria dos não nativistas aceita a ideia de que somos feitos para responder à aflição de outros. Um pouco mais controversa é a ideia de que somos feitos para desenvolver, por volta da idade de 4 anos, a habilidade de assumir a perspectiva de outros. Está claro que as crianças vêm a usar essa informação para realizar juízos morais mais sofisticados, juízos que parecem ser sensíveis às intenções do agente.

Mas a afirmação de que a moralidade (apropriadamente compreendida) é um produto da evolução depende crucialmente da questão do nativismo. Será que há evidências suficientes para mostrar que o pensamento moral é inato? Para mostrar isso, os pesquisadores devem continuar a estudar *o que* as crianças sabem e *como* elas vêm a saber isso. Essa linha de pesquisa se baseia na razoável assunção de que se as crianças possuem um corpo de conhecimento que não proveio de seu ambiente, então ele deve ser inato. Outra abordagem à questão do nativismo é intercultural: será que há uma Gramática Moral Universal que perpasse toda a família humana? Essa linha de pesquisa se baseia na assunção (talvez mais incerta) de que as características que aparecem em todas as culturas, apesar das diferenças locais, emergem de um programa comum de desenvolvimento humano. É claro, mesmo que ambas as linhas de pesquisa produzissem poderosas evidências em defesa do nativismo, o argumento a favor da evolução da moralidade permaneceria incompleto. Será que há evidências suficientes para mostrar que a moralidade foi *selecionada*?

Afinal, os umbigos não foram selecionados, mas toda pessoa em qualquer cultura tem um, independentemente de sua formação. Talvez a moralidade seja um subproduto de, digamos, cérebros maiores. Talvez a moralidade tenha sido instilada em nós por algum poder sobrenatural. O resultado de tudo isso é que não estamos nem um pouco mais perto de uma visão definitiva sobre o assunto. A ciência da virtude e do vício ainda tem de emitir seu veredito final.

Chegamos ao final da parte I. Nossa jornada nos levou de Darwin e dos genes egoístas a comunidades humanas antigas, e a meninos e meninas em suas primeiras lutas com a moralidade. Guiando-nos ao longo do caminho esteve a ideia de que a moralidade se encontra em nossos genes, que as mesmas forças que moldaram a estrutura do coração humano moldaram a estrutura da mente moral. Na parte II, nosso interesse volta-se do modo como pensamos sobre o certo e o errado para a natureza do certo e do errado em si mesmos. Será que as forças da seleção darwinista não apenas explicam por que podemos julgar que, digamos, o assassinato premeditado é errado, mas também *justificar* nosso juízo de que ele é errado? Será que a biologia pode nos dizer o que é bom, e o que é mau? Será que deveríamos guiar nossas vidas de acordo com princípios evolutivos? Essas são algumas das questões que abordaremos na próxima parte.

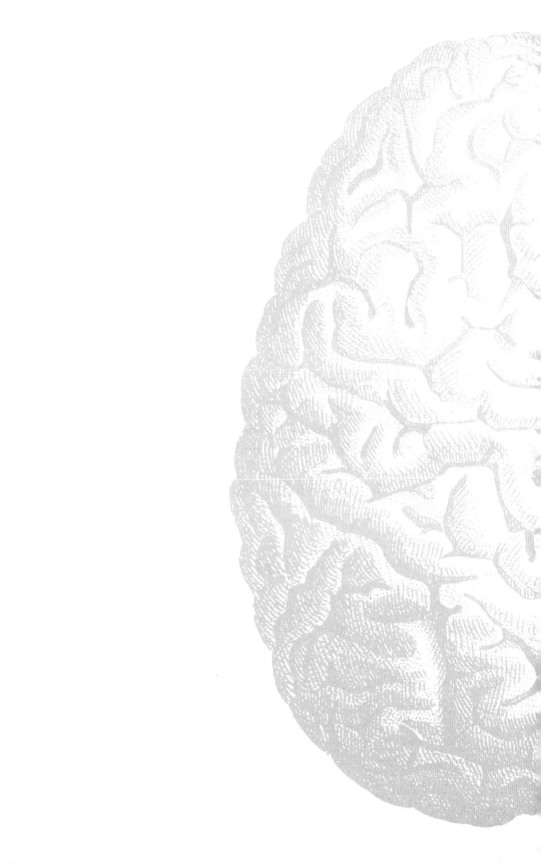

PARTE II

DE "O QUE É" PARA "O QUE DEVE SER": A FILOSOFIA MORAL DEPOIS DE DARWIN

> *O aspecto verdadeiramente perigoso da ideia de Darwin é sua capacidade de sedução.*
>
> Daniel Dennet. *Darwin's Dangerous Idea*

O movimento é feito sem esforço. Nós o realizamos uma dúzia de vezes por dia. E ele é quase sempre inconsciente. Ouvimos "totalmente natural", "da própria natureza", "cultivado naturalmente", e pensamos *bom*. Por quê? Dizer que é porque suspeitamos do *artificial* apenas reacende a questão: Por que consideramos aquilo que é natural como melhor para nós do que o que é artificial ou não natural? Talvez assumamos que nossos corpos (e nossas mentes?) evoluíram sob, por assim dizer, "condições totalmente naturais". Portanto, se somos um produto da natureza, apenas faz sentido que usemos produtos "naturais", não? Assumimos que deve existir um tipo de harmonia entre as condições que levaram a sermos do jeito que somos e os tipos de coisas que podem apoiar o ato de sermos do jeito que queremos ser.

A inovação sem dúvida é excitante. Mas inovação demais, rapidamente nos enerva. Considere algumas respostas aos alimentos geneticamente modificados. Ou a cirurgia cosmética. Violações da natureza! Quando a fertilização *in vitro* se tornou uma opção reprodutiva viável nos anos 1970, houve um recuo crítico. Parte da crítica era ponderada: Será que sabemos quais são os riscos a longo prazo? Será que o público discriminará os "bebês de proveta"? Mas parte da crítica ia muito mais fundo: Será que sabemos como isso afeta nossa própria humanidade? Sem dúvida, a questão que inflama a resposta mais apaixonada desse tipo é a clonagem humana.

O bioeticista Leon Kass não perde tempo nas bordas, e vai direto ao coração da questão:

> *Nos repugnamos com a perspectiva da clonagem humana [...] porque intuímos e sentimos, imediatamente e sem argumentação, a violação de coisas que legitimamente consideramos preciosas. Sentimos que a clonagem representa uma profunda corrupção de nossa natureza dada.* (1997: p. 21)

O filósofo político Michael Sandel invoca um tipo de argumento semelhante em sua causa contra o melhoramento genético. De acordo com Sandel, o "perigo" do melhoramento genético se encontra, em última instância, nas atitudes humanas que o incitam: "elas representam uma espécie de *hiperagência* – uma aspiração prometeica a refazer a natureza, incluindo a natureza humana, para servir a nossos propósitos e satisfazer nossos desejos". (2004: p. 893) Assim como aqueles que traçam uma conexão entre o "completamente natural" e o bom, Sandel e Kass assumem que aquilo que é natural e aquilo que é bom são intimamente alinhados.

Isso estabelece o palco para a segunda fase de nossa investigação: Qual a relação entre os valores e a natureza? Entre aquilo que é bom e o que é mau, por um lado, e o que é natural, por outro lado? E é um passo curto daqui para a seguinte questão: qual a relação entre as forças naturais que levaram à existência de nossa espécie e a moralidade? Será possível que alguns dos produtos da evolução humana – não apenas coisas como a competição, mas também a cooperação e o amor – também determinem o que é moralmente correto? Essa questão é independente daquela que nos ocupou nos capítulos anteriores. Pois mesmo que o pensamento moral *não* tenha sido produto da seleção natural, ainda poderíamos insistir que *os imperativos biológicos determinam os imperativos morais*.

Nos próximos vários capítulos exploraremos a conturbada história dessa ideia. O objetivo dessa exploração é principalmente pedagógico: as lições que aprendemos com as falhas iniciais da ética evolutiva influenciam diretamente seu estado atual. Qualquer pessoa, que tenha mesmo que seja uma familiaridade superficial com a ética evolutiva, sabe sobre sua má reputação. Alguns, por exemplo, reconhecerão sua associação com certos movimentos sociais mais abomináveis da memória recente: por exemplo, o nazismo. A medida em que a teoria evolutiva influenciou as políticas sociais dos regimes totalitários do início do século XX continua a ser uma questão ardentemente debatida entre historiadores. Mas nossa tarefa não é tanto histórica, e sim filosófica. Nossa tarefa é obter uma visão clara de por que quase todos os esforços para utilizar a evolução como um guia sobre como devemos nos comportar são falhos. O movimento do "completamente natural" para o "completamente bom" é perigosamente confuso.

A descoberta de Darwin foi, antes de mais nada, uma descoberta *biológica*. E é assim que a maioria das pessoas a considera hoje. Ela é uma ideia que circula entre biólogos e entre cientistas sociais mais ousados. O próprio Darwin não fez nenhum esforço sério para ver sua ideia como qualquer coisa além de uma descoberta biológica, uma descrição de como as espécies evoluem. Ele até mesmo zombou da ideia de que sua descoberta representasse uma *prescrição*, isto é, uma orientação sobre como devemos viver nossas vidas. Herbert Spencer não teve tais reservas. Ele foi o primeiro (e sem dúvida o mais entusiástico) filósofo a considerar a descoberta de Darwin como uma descoberta *moral*. O termo "darwinismo social" veio a ser associado à visão de que a evolução por seleção natural fornece uma orientação moral ou prática sobre como devemos viver nossas vidas.

Contemporâneo de Darwin, Spencer era otimista sobre o progresso natural da raça humana. Como veremos no capítulo 7, a publicação da obra *Origem das espécies* de Darwin confirmou aquilo de que Spencer havia suspeitado: que a harmonia social é nosso estado natural, aonde a evolução conduz naturalmente. E uma vez que esse é nosso estado natural, ele é moralmente desejável. A ideia de que nosso estado natural constitui o que é correto tem ressonâncias ainda hoje, quer estejamos falando sobre clonagem ou sobre pintura de cabelo. Afinal, dizer que algo *vai contra a natureza* equivale a uma crítica. Na época da escrita de Spencer, a descoberta de Darwin representava a primeira descoberta *científica* de por que ir contra a natureza era errado. E quem quer discutir com a ciência?

É claro que Spencer teria tido mais sucesso se tivesse entendido a ciência corretamente. Mas, como veremos, ele não o fez. A evolução por seleção natural não funciona do modo como Spencer assumiu, então não é de surpreender que Spencer tenha se extraviado. No capítulo 7, examinaremos o primeiro de dois ataques separados, mas relacionados contra a suposta conexão entre "corretude" e natureza. De acordo com a primeira crítica (às vezes mencionada como *Lei de Hume*, em alusão ao filósofo escocês David Hume), nenhuma afirmação moral deriva logicamente de afirmações puramente não morais. Na medida em que Spencer acreditava que a evolução *por si mesma* justificava a condução de nossas vidas dessa ou daquela maneira, seu pensamento era falacioso. No capítulo 8, consideraremos uma crítica relacionada (a assim chamada *Falácia Naturalista*) introduzida pelo filósofo G.E. Moore: qualquer tentativa de identificar a bondade com alguma outra propriedade (como a harmonia social) está destinada a falhar.

De acordo com Moore, a bondade não pode ser reduzida a nada mais básico, uma vez que ela *é* básica. Para a maioria dos filósofos, a Lei de Hume e a Falácia Naturalista fecharam decididamente as portas para o darwinismo social. Não havia mais nada a dizer. Se isso era o que Wilson entendia por "biologizar a ética", então não havia nenhuma boa razão para tirar a ética "das mãos dos filósofos", uma vez que a biologia simplesmente não está no negócio de fornecimento de regras morais.

O pensamento filosófico mais recente talvez tenha tido a mente um pouco mais aberta. No capítulo 9, revisitaremos Moore e Hume. Colocaremos suas críticas sob o microscópio para ver se de fato elas são tão fatais quanto acreditam alguns. Como veremos, alguns filósofos duvidam de que Hume e Moore tenham mostrado aquilo que eles alegaram mostrar. Alguns oferecem maneiras de transpor a assim chamada *lacuna entre é e deve*. A Lei de Hume, argumenta-se, *pode* ser quebrada. Outros suspeitam que a Falácia Naturalista de Moore é ela mesma uma falácia, apontando para casos em que seu argumento fornece a resposta incorreta. Se esses filósofos estiverem certos, então o darwinismo social pode, no fim, viver para lutar por mais um dia. É claro, remover duas objeções a uma visão não torna por si mesma aquela visão correta. Mesmo na ausência de críticas explícitas, os defensores do darwinismo social ainda nos devem um argumento sobre por que deveríamos pensar que a visão é plausível, se não correta. Sem dúvida, esse argumento ainda tem de se materializar.

Mais recentemente, a ética evolutiva assumiu um semblante diferente. Como veremos nos capítulos 10 e 11, os filósofos contemporâneos derivaram uma lição diferente de Darwin: "Biologizar a ética" significa reduzir a ética a uma ilusão. A ética (assim como a beleza) está apenas nos olhos do observador, de acordo com esses filósofos. Nós *acreditamos* que o certo e o errado são objetivos – ou reais. Mas devemos agradecer à evolução por isso, não à (assim chamada) ordem moral objetiva. Segundo essa abordagem, não acreditamos que o certo e o errado sejam objetivos por apreendermos a ordem moral *real*. Acreditamos nisso apenas porque a evolução nos logrou a acreditar nisso. No capítulo 12, sugerirei algumas maneiras possíveis de resistir a essa linha de ataque. Essa é uma tarefa importante, pois para considerar a evolução seriamente, enquanto ao mesmo tempo se sustenta que alguns atos são objetivamente imorais, é necessário responder a esse argumento antirrealista. Alguns filósofos não acreditam que você possa ter as duas coisas. Apresentarei algumas opções para aqueles que acreditam que você pode.

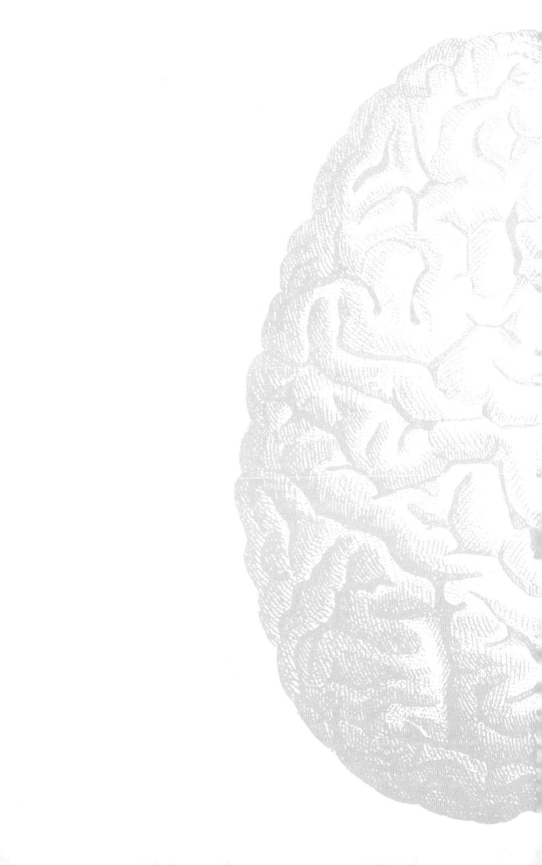

HARMONIA SOCIAL: O BOM, O MAL E O BIOLOGICAMENTE FEIO

> *A pobreza dos incapazes, as aflições que acometem os imprudentes, a fome dos ociosos, e aqueles empurrões dos fortes que colocam de lado os fracos, que deixam tantos "em águas rasas e misérias" são os decretos de uma grande e previdente benevolência.*
>
> Herbert Spencer. *The Principles of Ethics*

> *É chauvinismo tratar os humanos como se eles fossem o ponto final da evolução. Eles são apenas um entre milhões de produtos finais – um pequeno rebento.*
>
> Richard Dawkins. *Entrevista ao New Statesman*

Neste capítulo, revisaremos as tentações e erros dos primórdios da ética evolutiva. O objetivo será tirar do caminho alguns erros comuns de percepção sobre o que os filósofos contemporâneos estão fazendo quando afirmam estar fazendo ética evolutiva.

6.1– DA GRANDE CADEIA DO SER À ÁRVORE DA VIDA, À MORALIDADE

Na versão de desenho animado da evolução humana, os organismos unicelulares evoluíram para organismos pluricelulares. Os organismos pluricelulares evoluíram para peixes, que eventualmente se arrastaram até uma praia em algum lugar. Os peixes andantes se tornaram répteis, que se tornaram pequenos mamíferos. Os pequenos mamíferos se tornaram grandes mamíferos. Os grandes mamíferos se mudaram para as árvores. Depois saíram das árvores. Eles se ergueram em duas pernas, perderam seus pelos, e finalmente, com sua postura se endireitando, caminharam grandiosamente para fora das florestas e para as grandes avenidas de Londres, distintos, refinados, e nunca desprovidos de assuntos para conversas.

É claro que boa parte disso é enganador (por exemplo, não são os indivíduos que evoluem, mas sim as populações). Mas o básico está correto. Não apenas alguns de nossos ancestrais se penduraram em árvores, mas alguns nadaram nos oceanos. De fato, há uma cadeia genética ininterrupta que percorre todo o caminho até o mais simples plâncton e além.

O ponto com o qual quero começar aqui é que essa versão de desenho animado da evolução por seleção natural encoraja uma imagem distorcida do processo evolutivo. Isto é, quando assumimos a "visão ampla" das coisas, é difícil resistir à imagem de uma *progressão* constante do menos complexo para o mais complexo. De micro-organismos como os protistas até as esponjas, das esponjas até as bolachas-do--mar, das bolachas-do-mar até as lampreias, das lampreias aos atuns, dos atuns às tartarugas, das tartarugas às doninhas, das doninhas às zebras, das zebras aos macacos, dos macacos aos seres humanos, a progressão parece inconfundível. E não é meramente uma progressão de tamanho. As doninhas são uma milha mais espertas do que as sequoias vermelhas. As hierarquias sociais que governam as interações entre os macacos são mais sofisticadas do que as hierarquias que governam as interações entre as zebras.

Você provavelmente já viu a representação medieval do lugar da humanidade no universo: a Grande Cadeia do Ser (figura 6.1). Na base estão os minerais e as plantas – não muito divertidos de se ter por perto. Mas conforme você sobe pelo caminho, os organismos assumem uma sofisticação cada vez maior. É claro, na hierarquia tradicional, Deus está sentado no topo, como um anjo empoleirado sobre uma árvore de natal. Nós não somos anjos, mas não estamos muito para trás. As ideias de Darwin sem dúvida perturbam essa imagem de algumas maneiras. Mas de outras formas elas pareceram ser uma *confirmação* científica dessa ordem: os seres humanos permanecem *acima* do resto do mundo natural.

Considere como a Grande Cadeia do Ser se tornou a Árvore da Vida (Figura 6.2). Enquanto a Árvore da Vida representava as interconexões (ou, como diriam os biólogos, as relações *filogenéticas*) entre organismos de uma maneira que a Grande Cadeia do Ser não fazia, ela preservava a hierarquia *vertical* da vida. De fato, a humanidade substitui Deus inteiramente na representação de 1879 produzida pelo grande naturalista alemão Ernest Haeckel. Não nos afastamos da ideia, tão grandiosamente expressa no primeiro livro do Antigo Testamento, de que os seres humanos ainda têm o "domínio sobre os peixes do mar, sobre as aves do ar e sobre toda criatura que rasteja sobre a terra".

Figura 6.1 A Grande Cadeia do Ser, conforme proposta por Aristóteles. em *Rhetorica Christiana*, de Didacus Valades, 1579.

E, francamente, essa intuição é sedutora. Lembre-se da primeira vez que você viajou de avião. Olhando a paisagem, o que você viu? Qual espécie deixou sua marca? Os cervos não se reúnem para construir estradas; não foram os pica-paus que construíram aquelas subdivisões. Aqueles não são babuínos naquelas instalações de pesquisa médica, ou naquelas usinas de processamento, ou naquelas universidades. Pense sobre isso.

Quantos cães você conhece que podem mandar um ser humano (Ok, um cão) para a lua? Já viu um gato compor uma sonata? Uma toupeira compor um soneto? Os elefantes são, sem dúvida, forças a serem reconhecidas, mas cite uma ponte, um túnel, um estádio – diabos, um *telhado de meia-água* – que eles tenham projetado e construído sozinhos. É verdade que não podemos voar como os pássaros. Mas quem precisa voar como um pássaro quando podemos voar como VIPs – muito mais rápido e com nozes de cortesia? Somos péssimos nadadores quando colocados ao lado de uma cavalinha, mas nunca encontrei uma cavalinha que tivesse tido a ideia de pegar 160.000 toneladas brutas de material e construir um transatlântico que pudesse transportar 5.000 amigos.

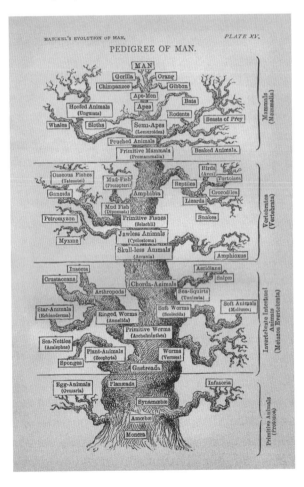

Figura 6.2 A Árvore da Vida, de Haeckel, em *The Evolution of Man* (*A evolução do homem*).

A força dessa ideia – a ideia de que os seres humanos são evolutivamente especiais – recebe um impulso adicional ao considerar-se não apenas o que fazemos, mas o que *não* fazemos. O infanticídio não é uma parte rotineira de nossa estrutura familiar, como é para incontáveis outras espécies, incluindo porcos e ratos, leões e macacos. É claro que os seres humanos cometem infanticídio, mas consideramos as raras instâncias como abominações. E quanto a matar e *comer* nossa prole? Até mesmo nossos mais injuriosos sociopatas não chegam *tão* longe. Mas o infanticídio canibalista é bastante comum entre chimpanzés, gatos, elefantes, cães, babuínos, ursos e leões. Os seres humanos também são, geralmente falando, monogâmicos: Nós nos mantemos unidos a nossos parceiros "na alegria e na tristeza, na riqueza e na pobreza, na saúde e na doença". No restante do mundo animal, com algumas poucas exceções, o amor se refere basicamente àquele com quem você está.

Se não tivéssemos uma opinião melhor, não hesitaríamos em tirar a conclusão de que os humanos evoluíram para se tornar seres "superiores". Quem poderia negar que somos formidavelmente complexos, adaptativos e capazes de profundo autossacrifício? Somos "iluminados" – pelo menos nesse sentido: nós utilizamos o poder da razão para fazer coisas como estender nossa expectativa de vida (em uns 40 ou 50 *anos*, de acordo com algumas visões), melhorar nossa saúde, explorar os recantos distantes do planeta e além, desenvolver as artes, estabelecer leis e pactos, sistemas de troca e comércio. Somos compassivos. *Sentimos* uma profunda conexão com os outros. Queremos trabalhar juntos, mesmo à nossa maneira limitada. As estradas e hospitais, bancos e salões de representação, parlamentos e parques, todos foram tornados possíveis pela *cooperação*, pelo espírito da ação conjunta. Mas esses, notou Spencer, são os produtos do "último estágio da evolução". Os seres humanos são distintos, pois alcançaram um tipo de harmonia social que facilita a produção de grandes maravilhas.

Essas observações por si mesmas convidaram os primeiros teóricos evolutivos a pensar que a seleção natural tende para "formas superiores". Isso não equivale a dizer que não poderia haver formas mais elevadas do que os seres humanos. O futuro pode, de fato, conter uma raça mais avançada e mais evoluída de criaturas, cujos membros possuam uma parcela ainda maior de razão, compaixão e (talvez) sensibilidade artística. Mas aqui, agora, os seres humanos detêm o manto. Se (como acreditava Spencer) a evolução "favorece" características que aumentam a extensão e o conforto da vida do indivíduo, então os seres humanos são o emblema da evolução.

De acordo com Spencer, a chave para a preeminência dos seres humanos é a *conduta* – o modo como tratamos nossos próximos. O que vemos quando nos voltamos dos animais para os seres humanos é uma sensibilidade moral que estabelece uma restrição sobre a conduta egoísta. Isso, por sua vez, promove comunidades "permanentemente pacíficas". Tendo assegurado tais comunidades para nós mesmos, podemos então voltar nossa atenção para outras maneiras de aumentar a extensão e a qualidade de nossas vidas.

Foi nesse ponto que Spencer realizou o movimento decisivo. Ele raciocinou que se um tipo de conduta é crucial para a manutenção da harmonia social, por que não deveríamos identificar aquela conduta como *boa* – como *correta*? Spencer não podia ver nenhuma razão por quê:

> *A conduta à qual aplicamos o nome de boa é a conduta relativamente mais evoluída; e má é o nome que aplicamos à conduta que é relativamente menos evoluída [...]. Além disso, assim como vimos que a evolução se torna a maior possível quando a conduta simultaneamente alcança a maior totalidade da vida no indivíduo, na prole e nos outros homens; também aqui vemos que a conduta chamada boa se eleva à conduta concebida como a melhor, quando satisfaz todas as três classes ao mesmo tempo.* (1879/2004: p. 25)

Então aí está. Da Grande Cadeia do Ser, passando pela Árvore da Vida, até chegar à própria moralidade. As ideias de Darwin, argumentou Spencer, revelaram não apenas como viemos a ser as criaturas que somos, mas como *devemos ser*. A moralidade corre em paralelo com a Árvore da Vida. Assim como os organismos se dirigem sempre para cima em termos de complexidade, sofisticação e compaixão, os seres humanos (tendo alcançado o nível mais alto de evolução) *devem* se dirigir sempre para cima, no qual a vida é mais longa e mais agradável. Se a evolução naturalmente dirige os organismos a estender e melhorar suas vidas, certamente faz sentido chamar a conduta, que faz exatamente isso, de *boa* ou *correta*. E certamente faz sentido chamar a conduta, que faz o inverso, de *má* ou *errada*.

6.2– DESENRAIZANDO A ÁRVORE DA VIDA

Onde essa linha de raciocínio se tornou errônea? Isso pode ser mais difícil de dizer do que você pensa. Afinal, muitos pensadores foram (e alguns ainda são) seduzidos por essas ideias.

A propósito, essa linha de raciocínio comete dois erros fundamentais. O primeiro consiste em uma falha básica de compreensão do próprio processo evolutivo. Qualquer biólogo praticante deveria reconhecê-la. O segundo erro é um erro distintamente filosófico. Com isso quero dizer que nossos *conceitos* são confusos. Uma inspeção mais detalhada da estrutura de nossos conceitos revela que não podemos passar de um conjunto de ideias para o outro da maneira como Spencer pensava. Na parte restante deste capítulo, abordarei o erro biológico. No capítulo 7 nos voltaremos para o erro filosófico.

No capítulo 1, descrevi a contribuição de Darwin para a biologia – a evolução por seleção natural – como uma "ideia muito simples e muito elegante". Talvez eu tenha exagerado. Elegante ela é, com certeza. Mas dada a tendência de interpretar erroneamente tanto a ideia quanto suas implicações, talvez eu queira retirar a parte "simples". Os obstáculos aqui são os termos *adaptar, selecionar, função, propósito*. Eles implicam uma agência; eles implicam uma espécie de força condutora, como se a natureza estivesse sendo moldada de acordo com algum plano cósmico. Até mesmo os esforços de Dawkins (1986) para esclarecer o assunto – ele sugeriu um "relojoeiro cego" – enganam.

O próprio Darwin tinha consciência de como era fácil que suas ideias fossem mal aplicadas. Após a publicação da *Origem* ele se lamentou a seu amigo Charles Lyell: "Devo ser um explicador muito ruim [...]. Suponho que 'seleção natural' tenha sido um mau termo" (Desmond e Moore, 1991: p. 492). Para ajudar a preparar o caminho para suas ideias revolucionárias, Darwin iniciou a *Origem* discutindo como os seres humanos domesticaram e selecionaram variedades de plantas e animais para seus próprios fins, uma escolha que agora parece ter apenas aumentado a incompreensão.

Para compreender inteiramente as implicações da ideia de Darwin, tem-se que abraçar uma espécie de *ausência de mente*. Isso não é algum tipo de imperativo budista. É o que torna a ideia de Darwin realmente de tirar o fôlego. Pois, de acordo com a teoria da seleção natural darwinista, os organismos que povoam o planeta hoje (deixando de lado os domesticados) estão aqui como resultado de um processo desprovido de mentalidade, um processo que não requer absolutamente nenhuma previdência.

Um dos primeiros críticos de Darwin acertou em cheio: "A Ignorância Absoluta é o Artífice" (É claro que esse crítico anônimo falhou em compreender a teoria, e assim tomou esse fato como uma evidência de que Darwin estava enganado – se não completamente louco). A seleção natural não é uma seleção, de modo algum, na medida em que isso implica um selecionador. A seleção natural é melhor pensada como um processo de *separação*. Mas é claro que sem um *separador*.

Se quiser, pense no ambiente como uma grande peneira, através da qual só passam aqueles indivíduos que porventura tenham características úteis. Essas características vieram a ser pensadas como adaptações. Mas, de início, quais características se tornarão adaptações em última instância é algo bastante imprevisível – por pelo menos duas razões. Primeiro, as variações de forma que podem fazer diferença para um organismo são resultado de *mutações genéticas aleatórias*, em combinação com influências ambientais.[1] Segundo, as variações que melhoram a adequação de um organismo em um ambiente podem ser desastrosas em outro (por exemplo, o pelo mais grosso de um indivíduo, que poderia ser útil em climas mais frios, poderia ser prejudicial em climas mais quentes).

O resultado é que a ausência de mentalidade elimina qualquer esperança de antecipar como o curso da evolução pode se desenvolver. Mais especificamente, a evolução de criaturas que se pareçam conosco – e ainda mais que pensem, sintam e desejem como nós – não poderia ter sido prevista. Os seres humanos não são nem um pouco

---

[1] É claro que há algumas limitações. As variações das formas orgânicas derivam de formas existentes, então embora uma prole possa, através de alguma mutação, desenvolver uma plumagem mais espessa, aquela prole não desenvolverá uma plumagem completa onde antes não existia nenhuma.

mais invevitáveis biologicamente do que os bichos-preguiça de três dedos, ou os cactos. "Somos gloriosos acidentes de um processo imprevisível sem nenhum impulso rumo à complexidade", escreveu o falecido paleontólogo Stephen Jay Gould (1996: p. 216).

Gould, famosamente, nos convidou a imaginar "voltar a fita da vida" para uns 530 milhões de anos atrás, bem antes de a maioria dos organismos familiares terem evoluído. Se deixássemos a fita rodar de novo, quais as chances, perguntou Gould, de o *Homo sapiens* aparecer novamente em cena? Extremamente pequenas. O elenco de personagens que povoam o mundo, de acordo com Gould, teria sido incrivelmente diferente. E nós não seríamos vistos em lugar nenhum. Pense nas coisas da seguinte maneira. Se você entrasse em seu carro na cidade de Nova Iorque e dirigisse por um mês, virando aleatoriamente à esquerda e à direita, pegando entradas e saídas aleatórias, quais as chances de você acabar chegando a, digamos, Dallas, Texas? Provavelmente tantas quanto as de chegar a *absolutamente qualquer cidade*. É claro, em nosso caso, nós de fato chegamos a Dallas (por assim dizer). Mas comece tudo de novo, e onde você chegaria? Ninguém sabe. Esse é o argumento de Gould.

Mas o que esse argumento tem a ver com Spencer? Bem, parece que Spencer pensava que os seres humanos fossem de fato o ponto final necessário da seleção natural darwinista. Segundo a compreensão de Spencer sobre a evolução, voltar a fita da vida e deixá-la rodar de novo eventualmente nos traria de volta à raça humana, em toda sua glória distinta. Afinal, para Spencer, a evolução *progride* – de formas mais simples para formas mais complexas. E nós somos a forma mais complexa. A verdade, é claro, é que a evolução não progride. Diz Gould:

> *O fato da mudança evolutiva ao longo do tempo não representa um progresso como o conhecemos. O progresso não é inevitável. Boa parte da evolução é descendente em termos de complexidade morfológica, em vez de ascendente. Não estamos marchando rumo a algo maior. A história real da vida é terrivelmente peculiar à luz de nossa expectativa usual de que há algum impulso previsível rumo a uma complexidade geralmente crescente no tempo. Se é assim, a vida certamente não teve pressa em relação a isso: cinco quintos da história da vida são uma narrativa de criaturas unicelulares apenas.* (1996: p. 52)

Isso é tudo, no que diz respeito ao impulso inevitável rumo à complexidade. Não podemos olhar para a evolução como um processo cujo próprio objetivo é o desenvolvimento de organismos complexos como nós. Descrever uma característica como "mais evoluída", como faz Spencer, não implica *quase nada* acerca de sua estrutura, sua complexidade, ou o que quer quer seja. De um ponto de vista biológico, nem mesmo é claro o que essa expressão significa. Será que as bactérias são mais evoluídas do que os seres humanos? Afinal, algumas bactérias estiveram evoluindo por 4 *bilhões* de anos – 10.000 vezes mais do que o período da evolução humana moderna! Será que é a *taxa* de evolução que torna uma criatura "mais evoluída"? Se é assim, então os vírus estão milhas à nossa frente. As proteínas do vírus da influenza, por exemplo, evoluíram aproximadamente um *milhão* de vezes mais rápido do que as proteínas humanas. Parafraseando a observação de Richard Dawkins que forma a epígrafe deste capítulo, os seres humanos (para tomarmos nosso exemplo favorito) não são o *objetivo* da evolução; são meramente seu produto. Não há nenhum objetivo para a evolução.

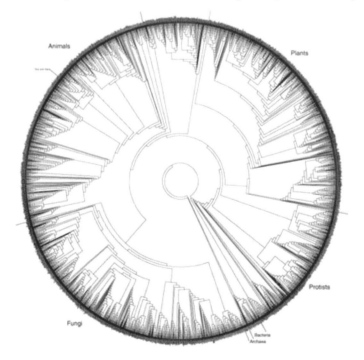

Figura 6.3 Árvore da Vida simplificada, de D. Sadava; H.C. Heller; G.H. Orians; W.K. Purves; D.M. Hillis. *Life: The Science of Biology*, 8ª ed. Sinauer Associates e W.H. Freeman, 2008.

Se tivéssemos de ligar uma metáfora especial ao processo de evolução, ela não deveria ser "para cima". Ela provavelmente deveria ser "para fora" – da maneira como cresce um arbusto. Ou, melhor ainda, como uma roda. Os biólogos David M. Hillis, Derrick Zwickl e Robin Guttel, da Universidade do Texas, desenvolveram uma Árvore da Vida baseada em uma pequena subunidade de uma sequência de rRNA tirada de aproximadamente 3.000 espécies ao longo da Árvore da Vida (o que, no fim das contas, equivale a apenas por volta de 0,18% de todas as espécies conhecidas). A figura 6.3 é uma versão simplificada da ilustração de Hillis *et al*.

De acordo com essa representação da vida, os mamíferos, nossa classe biológica de organismos favorita, aparecem como apenas outra classe na roda – nem um pouco "superior" ou "inferior" às samambaias ou às planárias. Nós simplesmente ocupamos um raio diferente (ou um ramo diferente do arbusto evolutivo). Não temos nenhuma razão *biológica* para considerar nossa espécie como qualquer coisa particularmente especial. Somos bons em algumas coisas, com certeza. Mas também somos terríveis em outras coisas. E é claro que não há nenhuma garantia de que nossa presença bastante pretensiosa no planeta irá durar. Nós chegamos tarde à festa (bilhões de anos após ela ter começado) e é muito provável que iremos sair cedo (bagunce demais o termostato global em uma direção, e nós já éramos).

De qualquer modo, tudo isso é um problema para Spencer. Na medida em que o argumento de Spencer depende da assunção de que a espécie humana representa um pináculo de projeto evolutivo, ele falha. Nós simplesmente não podemos afirmar que os seres humanos ocupam um lugar mais alto na escala evolutiva, pela simples razão de que não existe tal escala. Na esfera biológica, não é possível nenhuma ordenação de valores desse tipo. Em nosso pequeno nicho, nós nos saímos muito bem. Mas seria preciso uma biblioteca inteira para listar todos os organismos que se saíram tão bem quanto nós ou melhor do que nós em seus pequenos nichos. O que isso significa, portanto, é que embora o tipo de conduta que melhorou ou estendeu nossas vidas (gentileza, caridade, tolerância, equanimidade) pode ter funcionado para *nós*, *nesse* nicho, isso é apenas um acidente histórico. Em outros nichos, tal conduta poderia não ter melhorado e estendido nossas vidas. E em muitos outros mundos possíveis, nós nem mesmo existimos – e em muitos desses mundos, tampouco tal conduta existe.

Mas isso é apenas o início dos problemas para Spencer e para o que veio a ser chamado de darwinismo social. Pois *mesmo que* acontecesse (milagrosamente) de os biólogos estarem errados sobre a estrutura da evolução darwinista, *mesmo que* a evolução tendesse a progredir em complexidade e projeto, Spencer não estaria em uma situação melhor. Como veremos no próximo capítulo, a passagem da biologia para os valores é cheia de obstáculos. Mais especificamente, qualquer tentativa de justificar como as coisas *devem ser* com base no modo como as coisas *são* está, de acordo com os filósofos, condenada.

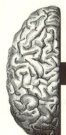

7
A LEI DE HUME

> *Recebi uma sátira muito boa em um jornal de Manchester, mostrando que provei que "o forte é correto".*
> Charles Darwin. *Life and Letters*

> *Mas como os Autores não fazem uso comumente dessa precaução, devo tomar a liberdade de recomendá-la aos Leitores; e estou persuadido de que essa pequena atenção subverteria todos os sistemas vulgares de moralidade.*
> David Hume. *A Treatise on Human Nature*

E se Spencer estivesse correto acerca da evolução darwinista? E se os seres humanos realmente representassem o pináculo da evolução por seleção natural? E se a evolução fosse realmente dotada de uma "benevolência previdente", e de fato excluísse da população aqueles que falhassem em incorporar a diligência, a prudência, a temperança, a gentileza, a generosidade, e todo o restante? Nesse mundo imaginário, será que poderíamos então dizer com confiança que a moralidade havia encontrado seu fundamento natural? Que *deveríamos* nos esforçar para incorporar essas características? Ou que nossa obrigação moral fundamental é promover a harmonia social, uma vez que essa é a direção naturalmente seguida pela evolução? Será que poderíamos pelo menos dizer que deveríamos, geralmente falando, seguir a orientação da natureza?

A resposta, em suma, é *Não*. O argumento de Spencer não é melhorado ao ignorar-se o fato de que a evolução não tende rumo a seres moralmente "superiores". Aqueles que querem usar a evolução (ou, por falar nisso, qualquer processo "natural") com o propósito de mostrar que, por exemplo, "o forte é correto" enfrentam uma íngreme escalada filosófica. Pois, para colocá-lo de modo críptico, você não pode passar do *é* da biologia para o *deve* da moralidade. Há duas razões (relacionadas) para isso. Ambas têm a ver com nossos conceitos.

Uma razão se remete ao filósofo escocês David Hume. De acordo com Hume, nenhuma afirmação sobre o modo como as coisas *são* acarreta logicamente algo sobre como as coisas *devem* ser. Um abismo conceitual separa essas duas esferas. Nosso objetivo neste capítulo é esclarecer o que Hume quis dizer. A outra razão deriva do trabalho de G.E. Moore. De acordo com Moore, o discurso sobre o que é bom (ou certo, ou errado etc.) não pode ser reduzido ao discurso sobre o mundo natural. Por razões um pouco diferentes, Moore também pensava que um abismo conceitual separa as duas esferas.

Juntos, Hume e Moore são o Godzilla para o King Kong de Spencer (ou, talvez, o Alien para o Predador de Spencer). Para muitos filósofos contemporâneos, a ética evolutiva representa justamente essa batalha entre darwinistas sociais como Spencer e críticos como Moore. A história desse debate sugere que, quando os filósofos deram uma boa olhada nas hipóteses dos darwinistas sociais, assume-se que eles puseram essas hipóteses de lado de uma vez por todas. Moore e Hume esmagaram os darwinistas sociais. A verdade, é claro, é mais complicada do que isso, como sempre. Mas não pode haver dúvida de que a marcha rumo a uma "ética biológica" encontra grandes obstáculos em Hume e Moore. Neste capítulo, começaremos com Hume e com aquilo que chamamos – de maneira bastante grandiosa – de Lei de Hume. No próximo capítulo voltaremos nossa atenção para Moore.

7.1– ARGUMENTOS DEDUTIVAMENTE VÁLIDOS

Comecemos com uma pequena lição de revisão de lógica. Suponha que seja verdade (como penso que é) que todos os seres humanos são mortais. Suponha que também seja verdade que Beatrice é humana. Com base nessas duas verdades, será que podemos inferir algo sobre Beatrice? É claro. Beatrice é *mortal*. Se todos os humanos são mortais e Beatrice é humana, *então deve ocorrer* que Beatrice é mortal. Como não poderia ser assim? Desafio você a imaginar um mundo no qual todos os humanos são mortais, Beatrice é humana, *mas* Beatrice não é mortal. Você não pode fazê-lo – pelo menos não sem causar danos a si mesmo. Equanto você não esteja alterando o sentido das palavras, a mortalidade de Beatrice é garantida. Ela é logicamente necessária.

Podemos representar o argumento que acabo de oferecer da seguinte maneira:

1) Todos os humanos são mortais;
2) Beatrice é humana;
3) Portanto, Beatrice é mortal.

Isso é o que os lógicos chamam de um *argumento dedutivamente válido*, significando que se as premissas (1 e 2) são verdadeiras, então a conclusão (3) *tem de ser* verdadeira. Afirmar as premissas, mas negar a conclusão é uma contradição. De modo geral, os filósofos analíticos visam construir argumentos válidos. A razão é óbvia: se os filósofos puderem convencer seus leitores de que as premissas são verdadeiras, então a conclusão é garantida. Ela vem de graça. Argumentos inválidos deixam os filósofos em uma posição vulnerável, pois um crítico pode legitimamente dizer: posso aceitar todas as suas premissas, mas não preciso aceitar sua conclusão. Até onde qualquer um sabe, sua conclusão é falsa, *mesmo embora* todas as suas premissas sejam verdadeiras. Se seu objetivo é construir sistemas incontestáveis de filosofia, os argumentos válidos são o padrão de ouro. Qualquer coisa menos do que isso deixa a porta aberta para o ceticismo.

Então apliquemos essa lição à moralidade. Suponha que eu lhe dê o seguinte argumento:

1) Jones mata Beatrice;
2) Jones quis matar Beatrice;
3) Beatrice não queria morrer;
4) A morte de Beatrice é prejudicial para Beatrice;
5) A morte de Beatrice é prejudicial para todos os que se preocupam com Beatrice;
6) Portanto, Jones *não deveria* ter matado Beatrice.

Esse argumento parece bastante convincente. Temos alguém que deseja matar outro ser humano e faz isso. Certamente Jones não deveria ter feito o que fez. Mas será que o argumento é válido? Isto é, será que podemos aceitar todas as premissas, mas *negar* a conclusão?

Pare um minuto, acenda sua imaginação, e imagine um mundo no qual é *verdadeiro* que Jones, que deseja matar Beatrice, mata Beatrice, mas é *falso* que Jones não deveria ter feito o que fez. Você consegue pensar em um caso assim?

Caso sua imaginação seja lenta para se acender, aqui estão três casos que mostram que esse argumento é inválido: a) Jones está tentando impedir Beatrice de matá-lo; b) Beatrice é um soldado inimigo em um campo de batalha, e ela está ameaçando o pelotão de Jones; c) Jones, como um membro de uma equipe de execução do Estado, está executando Beatrice por estuprar e assassinar cinco crianças. Em todos esses casos, assume-se que as premissas sejam verdadeiras, mas é pelo menos argumentável que a conclusão seja falsa. No mínimo, podemos ver que a conclusão não é *necessária*. Isto é, não há nenhuma contradição em aceitar as premissas, mas negar a conclusão.

Suponha, contudo, que acrescentemos às premissas de 1 a 6 acima as seguintes:

a) 5 Beatrice é inocente de qualquer crime;
b) 5 Beatrice não é um soldado inimigo;
c) 5 Beatrice não está tentando matar Jones.

Será que seríamos logicamente obrigados a afirmar, então, que Jones *não deveria* ter matado Beatrice? Bem, e se, por alguma coincidência cósmica, os freios do carro de Jones falham quando Jones está se aproximando de um cruzamento movimentado, um cruzamento que Beatrice, a pé, calha de estar atravessando? Apesar de sua tentativa de se desviar, Jones, não obstante, mata Beatrice. Seria altamente duvidoso dizer que a ação de Jones foi errônea. E uma vez que os eventos conspiraram contra Jones, seria irrelevante dizer que Jones não deveria ter feito o que fez.

Ora, diz você. *Não sejamos bonzinhos*. Considere esse caso: Jones quer matar Beatrice, então ele pega uma arma e atira nela à queima-roupa na cabeça. Fim da história. Certamente não diríamos, sob *estas* circunstâncias, que Jones deveria ter feito isso, que sua ação não foi imoral. Certamente esse é um argumento válido, se alguma vez houve algum.

Temos de ser cuidadosos aqui. Uma coisa é perguntar se a ação de Jones é ou não errônea. Muito claramente ela é. Mas outra coisa totalmente diferente é perguntar se o argumento que leva a essa conclusão é dedutivamente válido. Dizer que ele é seria dizer que afirmar as premissas, mas negar a conclusão equivale a uma *contradição*. Não é suficiente produzir premissas que tornem a conclusão altamente provável. Isso não é um argumento válido. Considere esse argumento como exemplo:

1) As chances de que esse bilhete de loteria ganhará o sorteio de amanhã são 1 em 43.887.609.870;
2) Esse é um bilhete não fraudulento;
3) Portanto, esse bilhete *não vencerá* o sorteio de amanhã.

Seria uma contradição aceitar as premissas, mas negar a conclusão? De modo algum. Como detentor desse bilhete, você poderia ser acusado de ser um otimista inveterado se você duvidasse da conclusão, mas você não está se *contradizendo*. É claro que é muito, muito, *muito* improvável que seu bilhete vença, mas não é garantido que ele perca. Afinal, se seu bilhete vencer, o que diremos? Que o universo subitamente se contradisse? A lição aqui é que, ao determinar se um argumento é válido, deve ocorrer que as premissas tornem a conclusão *necessária*, que não haja absolutamente nenhuma possibilidade de que as premissas sejam verdadeiras, mas a conclusão seja falsa.

Voltando a nosso exemplo revisado envolvendo Jones, podemos ver que aceitar as premissas, mas negar a conclusão não é uma contradição, mesmo embora possa parecer altamente improvável que a ação de Jones *não* seja errônea. Isso não é como afirmar que todos os humanos são mortais e que Beatrice é humana, mas *negar* que Beatrice seja mortal. Isso não é meramente improvável, isso é impossível! No caso de Jones, não podemos ter certeza de que alguma possibilidade altamente remota possa minar a conclusão. Mas mesmo deixando de lado os casos exóticos, não devemos confundir: afirmar uma contradição e duvidar do que parece ser moralmente óbvio. Poderíamos acusar alguém que duvida da erroneidade da ação de Jones de ser moralmente obtuso ou excessivamente cauteloso. Mas isso não é o mesmo que acusar essa pessoa de cometer um erro lógico: alguém que negasse a mortalidade de Beatrice (apesar de aceitar os fatos de que os humanos são mortais e que Beatrice é humana) estaria cometendo um erro lógico.

Para termos tanta tração quanto possível acerca dessa questão, dê um passo atrás e pense sobre o que você está dizendo quando diz: "Jones deve A" (substitua o A com uma atividade de sua escolha: *comer bolo de chocolate, jogar* badminton, *cumprir sua promessa*). Ao dizer que Jones deve A você reconhece, pelo menos implicitamente, que isso é inteiramente compatível com Jones *não* fazer A – seja no passado ou agora. De fato, dizer que Jones deve A é compatível com Jones nunca fazer A – enquanto Jones viver. Mas você ainda poderia se manter firme em seu julgamento. Você ainda poderia insistir que Jones deve A. A razão é que pronunciamentos como "Jones deve A" expressam um tipo muito particular de relação entre, nesse caso, Jones e a realização de A: eles são uma *recomendação* ou um *comando*. Já é aceito que essa não é a maneira como as coisas são agora (afinal, se Jones cumprisse suas promessas, não haveria necessidade de insistir em que Jones cumprisse suas promessas, certo?).

Mas o que isso significa? Significa que dizer como as coisas *são*, como uma questão de fato, é fundamentalmente diferente de dizer como as coisas *deveriam* ser. Mas se isso é verdade, então será que é alguma surpresa dizer que apenas como as coisas são não acarreta logicamente como as coisas deveriam ser? Estendendo ainda mais essa ideia, parece que poderíamos saber tudo sobre como o mundo é, mas ainda não saber como o mundo deveria ser. Saber como as coisas deveriam ser exige mais do que apenas uma apreensão de descrições (verdadeiras); isso exige uma apreensão de *prescrições*.[1]

---

1 Essa é realmente apenas a ponta de um vasto *iceberg* filosófico. Correndo o risco de nos conduzir inteiramente para fora dos trilhos, deixarei essa discussão onde está, esperando que meu leitor tenha alguma noção da distinção. Para mais a

7.2– VOCÊ NÃO PODE TIRAR O QUE VOCÊ NÃO COLOCOU

Então será que tudo isso significa que não podem existir argumentos morais dedutivamente válidos? Pode parecer que essa é a conclusão a ser tirada de tudo isso, mas não é. Como mostrarei agora, construir argumentos dedutivamente válidos é de fato bastante simples. Em certo sentido, a solução estava lá desde o início. Considere:

1) Ninguém jamais *deveria* matar deliberadamente outro ser humano inocente;
2) Beatrice é um ser humano inocente;
3) Portanto, ninguém *deveria* matar deliberadamente Beatrice.

Pare um minuto para considerar as premissas. Admitidamente, a premissa (1) é um instrumento bastante cego. Ela não discrimina, por exemplo, entre soldados e civis. Mas, tendo em vista o argumento, imagine que ela seja verdadeira. E imagine que Beatrice de fato seja inocente. Você pode imaginar um caso em que (1) e (2) sejam verdadeiras, mas a conclusão seja *falsa*? Após um momento de reflexão, você deve ver que isso é impossível. Contanto que você aceite as premissas (e não altere o significado das palavras), deve ser claro que as premissas tornam a conclusão *necessária*.

Como fizemos isso? O que estava faltando em nossos argumentos morais anteriores que nos impedia de derivar uma conclusão logicamente necessária? A resposta é clara: em nossas tentativas anteriores, nenhuma das premissas afirmava o que *deveria* ser o caso; elas meramente afirmavam o que *é* o caso. E esse é o problema. Os argumentos que tentam inferir um "deveria" de premissas puramente de tipo "é" são invariavelmente inválidos. Um argumento que tenta derivar uma conclusão de tipo "deveria" deve conter pelo menos uma premissa de tipo "deveria". Se você não coloca uma, você não pode tirar uma. Como vimos acima, parece haver um abismo fundamental separando a afirmação daquilo que *é* o caso e a afirmação daquilo que *deveria ser* o caso. E esse

---

respeito disso, ver as "Leituras adicionais" no fim do livro.

abismo implica que não podemos derivar afirmações sobre o que deveria ser o caso (por exemplo, Jones *não deveria* matar Beatrice) de afirmações *apenas* sobre o que *é* o caso (por exemplo, a morte de Beatrice seria prejudicial para Beatrice). Para realizar tais derivações, precisamos acrescentar pelo menos uma afirmação sobre o que deveria ser o caso (ninguém jamais deveria matar seres humanos).

Os filósofos vieram a descrever isso como a distinção entre fato e valor. O mundo aparentemente contém fatos e valores – e um não é redutível ao outro. Uma maneira de expressar um valor é uma prescrição, um enunciado sobre o que deveria ou deve ser o caso. Isso, de acordo com a distinção entre fato e valor, é diferente de expressar um fato, um enunciado sobre como são as coisas, como uma questão de fato.

7.3– "DA ÚLTIMA CONSEQUÊNCIA"

O que isso tem a ver com o filósofo David Hume? (E o que isso tem a ver com a evolução? Chegaremos à evolução na próxima seção). Bem, temos de agradecer a Hume por notar pela primeira vez essa distinção entre fato e valor. Em um dos grandes tratados filosóficos da filosofia ocidental, *Um Tratado sobre a Natureza Humana*, Hume observa:

> *Em todo sistema de moralidade que encontrei até agora, sempre observei que o autor procede por algum tempo com os modos de raciocínio ordinários e estabelece a existência de um Deus, ou faz observações sobre os assuntos humanos; quando subitamente me surpreendo por descobrir que, em vez das cópulas usuais de proposições, é e não é, não encontro nenhuma proposição que seja conectada a um deve ou não deve. Essa mudança é imperceptível; mas é, contudo, da última consequência. Pois conforme esse deve ou não deve, expressa alguma nova relação ou afirmação, é necessário que ela seja observada e explicada; e ao mesmo tempo uma razão deveria ser dada para aquilo que parece totalmente inconcebível, como essa nova relação pode ser uma dedução a partir de outras.* (Hume, 1882/ 2009: parte 1, §1)

Em nossos termos, Hume reconheceu que os enunciados de fato "são inteiramente diferentes" dos enunciados de valor. E ele foi o primeiro a notar o movimento ilícito que vai dos enunciados de tipo é (ou "cópulas de proposições, é e não é") para os enunciados de tipo deve. Apesar de imperceptível, o movimento é "da última consequência", o que quer dizer: *Muito importante*.

Se verdadeira, a "Lei de Hume" imporia uma limitação crucial a qualquer teorização moral futura: para estabelecer uma afirmação sobre o que você deve moralmente fazer, você tem de pressupor pelo menos uma *outra* afirmação sobre o que deve moralmente ser feito. E para defender *aquela* afirmação, você tem de pressupor *outra* afirmação sobre o que deve moralmente ser feito. E assim por diante. Uma implicação disso parece ser que a teorização moral (na medida em que a teorização é possível) será sempre autônoma, quer dizer, um campo de estudo cujas leis e conexões devem, no fim, permanecer dentro da esfera dos valores. Isso deveria imediatamente sugerir consequências para o darwinismo social.

7.4– IMPEDINDO O MOVIMENTO DA FORÇA PARA O DIREITO

Darwin expressou seu divertimento diante da ideia de que sua teoria acarretava que "o forte é correto". Não é claro se Darwin tinha Hume em mente aqui, mas Darwin havia certamente lido Hume e foi influenciado pelos escritos de Hume.[2] De qualquer modo, Darwin estava ecoando em seu divertimento a observação que Hume havia feito um século antes: descrever como as coisas são não é o mesmo que dizer como as coisas *devem ser*. Mas não pode haver dúvida de que outros não notaram a distinção. Considere uma das críticas mais pontiagudas de Spencer sobre o modo como o Estado intervém em benefício dos menos afortunados. E note sua assunção sobre a direção da "ordem natural das coisas":

> *Cegos para o fato de que, sob a ordem natural das coisas, a sociedade está constantemente excretando seus membros*

---

2   Hume morreu oitenta e três anos *antes* da publicação da *Origem*, então não podemos dizer, por razões óbvias, que Hume foi um crítico do darwinismo social. Provavelmente poderíamos nos safar ao dizermos que Hume *teria sido* um crítico do darwinismo social.

> *doentios, imbecis, lentos, vacilantes e desprovidos de fé, esses homens irrefletidos, embora bem-intencionados, advogam uma interferência que não apenas interrompe o processo purificador, mas até mesmo aumenta o vício – encoraja absolutamente a multiplicação dos imprudentes e incompetentes oferecendo-lhes uma provisão infalível, e desencoraja a multiplicação dos competentes e prudentes aumentando a dificuldade esperada de sustentar uma família.*
> (Spencer, 1851: p. 151)

De acordo com Spencer, aqueles que advogariam a intervenção para auxiliar os "incompetentes" estão rompendo o "processo purificador" que é a seleção natural. Para alcançar seu estado mais elevado, sua forma mais evoluída, a raça humana deve deixar a seleção natural seguir seu curso, tão impiedoso quanto este possa parecer. A natureza sabe mais. Esse é o cerne do darwinismo social. Segundo essa visão, é assim que a natureza funciona – e isso é uma coisa boa. Vimos no capítulo anterior que a natureza não funciona dessa maneira. Em muitos "mundos possíveis próximos", a seleção natural não purifica (no sentido assumido por Spencer); ela contamina. Ela produz criaturas que são infalivelmente cruéis, infiéis e preguiçosas. Os cavalheiros ingleses não são de modo algum o produto inevitável das forças evolutivas.

Mas mesmo que deixemos isso de lado, mesmo que Spencer tenha acertado nessa parte, ele se envolveu em dificuldades com a Lei de Hume quando tentou inferir, a partir dessas premissas apenas, que é assim que as coisas devem ser. Suponha que seja verdade que a seleção natural tenda, como uma questão de fato, a produzir seres humanos que sejam justos e diligentes. Suponha também que a seleção natural, deixada por sua própria conta, tenda a eliminar aqueles que não mostrem generosidade ou gentileza. Suponha ainda que a seleção natural trabalhe para produzir uma espécie que realize, tanto quanto possível, a harmonia social. Então suponha que tudo isso seja verdade. Isto é, que é assim que as coisas são e sempre foram. Todos os nossos esforços neste capítulo foram voltados para impedir o movimento que vai dessas premissas (sozinhas) para: nós *devemos* ser justos e honestos, generosos e gentis; nós *devemos* promover a harmonia social.

Enquanto o darwinista social não incluir entre as premissas uma afirmação de tipo "deve" (ou afirmação normativa), nenhuma dessas afirmações de tipo "deve" se segue. De acordo com Hume, "uma razão deveria ser dada [...] para que essa nova relação possa ser uma dedução a partir das outras". Sem oferecer nenhuma razão desse tipo, o darwinista social não traspõe o abismo.

É claro que, se o darwinista social incluir uma premissa sobre como devemos promover aquelas qualidades que conduzem à harmonia social, então a dedução pode funcionar. Mas nesse caso, não é claro qual o papel que as ideias de Darwin desempenham no argumento do darwinista social. Afinal, a conclusão se seguiria mesmo que abandonássemos toda a ideia de a seleção natural projetar as criaturas para serem generosas e coisas assim.

Para ser claro, isso é tão verdadeiro para as características que valorizamos (como a justiça e a honestidade) quanto para as características que não valorizamos (como a indiferença ao sofrimento). Os críticos do darwinismo social frequentemente apontam para as características moralmente repugnantes que ele endossou. As observações de Spencer acima promovem uma atitude bastante indiferente para com os menos afortunados. Isso é um amor duro – só que sem amor. É sacrificar os desprovidos pela perfeição da raça humana. Mas após estudar a crítica de Hume, podemos ver que o problema com o darwinismo social é mais profundo do que isso. Não é que o darwinismo social endosse características das quais não gostamos; é *como* o darwinismo social *chega* a elas. O caminho é corrompido. Mas se o caminho é corrompido para características das quais não gostamos, o mesmo será verdadeiro para características das quais gostamos. Então mesmo que pudéssemos mostrar que a natureza de fato tende para virtudes como a justiça e a empatia, não poderíamos usar esse fato sozinho para mostrar que essas são virtudes que devemos adotar.

7.5 – DARWINISMO E PRESERVAÇÃO DA ESPÉCIE HUMANA

Herbert Spencer foi talvez o primeiro darwinista culpado de violar a Lei de Hume (ou de cair na *Guilhotina* de Hume, para tomarmos emprestada a famosa frase de Max Black). Mas Spencer dificilmente foi o último. Na Introdução deste livro, comecei nossa discussão citando a sugestão de E.O. Wilson de que a ética seja "biologizada". Parte do que Wilson tinha em mente era o projeto que delineamos na parte I: explicar como a seleção natural deu origem ao senso moral humano. Mas Wilson não se contentou em deixar as coisas assim. Esse projeto deveria, de acordo com Wilson, mostrar o caminho para uma "biologia da ética, que tornará possível a seleção de um código de valores morais mais profundamente compreendido e duradouro" (1978: p. 196).

E quais os tipos de valores que deveriam aparecer nesse código mais duradouro? Wilson oferece o seguinte: "No início, os novos eticistas desejarão pensar sobre o valor cardeal da sobrevivência dos genes humanos na forma de um fundo comum ao longo das gerações". O filósofo Philip Kitcher interpreta esse como o princípio ético fundamental: "Os seres humanos deveriam fazer tudo que fosse necessário para assegurar a sobrevivência de um fundo comum de genes para o *Homo sapiens*" (1985: p. 445).

Se esse é o princípio que Wilson pretende defender, a próxima questão óbvia é: o que justifica esse princípio? Isto é, quais são as premissas que supostamente levam a esse princípio? É bastante claro, a partir de um exame da discussão de Wilson, que as premissas são puramente biológicas, puramente descritivas. Por exemplo, Wilson nota com alarme que poucas "pessoas percebem as verdadeiras consequências da ação dissolutiva da reprodução sexual e da correspondente falta de importância das 'linhagens' de descendência". Mas em nenhum lugar entre as premissas que Wilson utiliza para justificar seu princípio ético fundamental há um enunciado de valor – nada sobre o que *devemos* fazer. Se essa de fato é a estrutura do argumento de Wilson, então ela não é melhor do que a de Spencer, mesmo embora ele vise uma conclusão diferente (e talvez laudatória). A lição é a mesma: não podemos derivar uma afirmação sobre o que devemos fazer, moralmente falando, simplesmente de afirmações que descrevem fatos sobre o processo evolutivo.

7.6– CONCLUSÃO

Sou frequentemente surpreendido por muitos estudantes que acreditam que temos uma obrigação moral de agir de maneira que preservem a espécie humana. E esse não é o "especismo" simplório que alguém poderia esperar. Ele leva em conta nossa dependência em relação ao ambiente e encoraja a preservação de espécies ameaçadas. Quando pergunto a esses estudantes por que eles acreditam que temos tal dever moral, eles dizem algo sobre essa ser a maneira como a evolução funciona. É assim que a natureza quer as coisas. E deveríamos respeitar isso. Nossa discussão deveria tornar claro por que essa linha de pensamento é errônea.

Pode ser que *tenhamos* uma obrigação moral de preservar a espécie humana (a qual custo, quem sabe?), mas tal obrigação não pode ser derivada de premissas puramente biológicas. Pode ser que devamos preservar a espécie humana porque, ao fazê-lo, promovemos a felicidade humana e, moralmente falando, em última instância é a felicidade humana que devemos promover. Ou talvez os seres humanos sejam melhor equipados para reduzir o sofrimento (de quem quer que o experiencie) e, moralmente falando, em última instância é o sofrimento que deve ser reduzido. De qualquer maneira, para alcançar a conclusão desejada sobre preservar a espécie humana, a Lei de Hume exige a adição de um enunciado de valor. Mover-se do que é o caso, para o que deve ser o caso, é simplesmente um erro conceitual. É o equivalente filosófico de tirar um coelho da cartola vazia. Ou acreditamos em mágica, ou rejeitamos o movimento como uma ilusão engenhosa.

Hume reconheceu a ilusão, mesmo que os darwinistas da época posterior tenham falhado em reconhecê-la. No próximo capítulo, consideraremos um ponto intimamente relacionado: qualquer tentativa de reduzir as afirmações morais a afirmações naturalistas comete o que veio a ser chamado de Falácia Naturalista. Embora essa falácia seja motivada por considerações um pouco diferentes, sua implicação para o darwinismo social é a mesma: nenhuma afirmação sobre o que devemos fazer, moralmente falando, pode alguma vez ser derivada apenas da biologia. Diferentemente da Lei de Hume, contudo, a Falácia Naturalista tem sucesso em demolir quaisquer esperanças de ligar a ética à biologia. Alguns filósofos pensam que embora o projeto mais inflexível do darwinismo social não sobreviva aos ataques de Hume e Moore, um projeto mais maleável e modesto poderia. Examinaremos o que isso pode significar no capítulo 9.

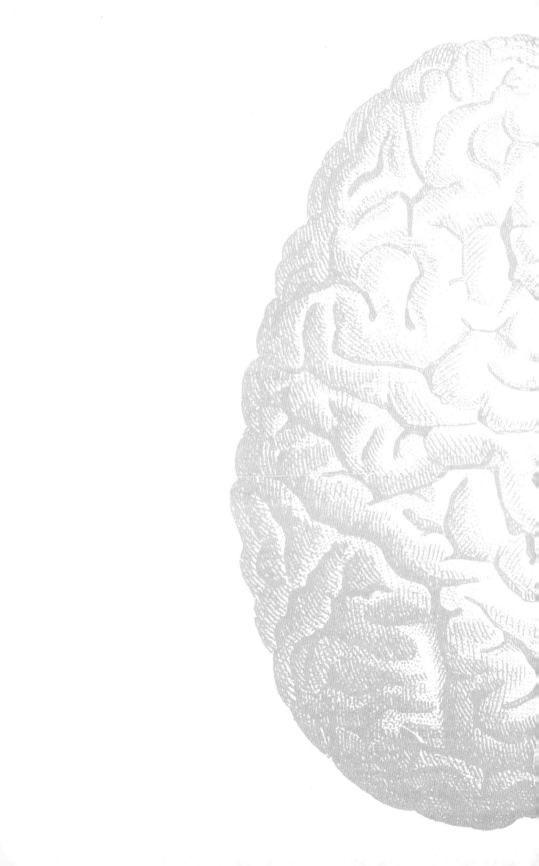

8
A FALÁCIA NATURALISTA DE MOORE

> *Se me perguntarem: "O que é bom?", Minha resposta é que o bom é bom, e esse é o fim do assunto.*
>
> G.E. Moore. *Principia Ethica*

Notei, no capítulo 7, que uma das implicações da Lei de Hume era a *autonomia* da teoria moral. Se nenhuma conclusão moral (isto é, uma afirmação sobre o que *deve* ser o caso) segue dedutivamente de afirmações puramente descritivas (isto é, afirmações sobre o que *é* o caso), então toda afirmação moral tem de se basear em alguma outra afirmação moral – assumindo que ela não se sustente por si mesma. Isso parece implicar que a teoria moral sempre precisa olhar "para dentro de si mesma" para obter justificação. Hume tinha suas próprias maneiras de expressar isso (e não eram boas notícias para aqueles que esperavam fundamentar uma "ciência da moral").

No século XX, G.E. Moore desenvolveu um conjunto diferente de argumentos planejados para revelar explicitamente por que a moralidade era autônoma. E à vista de Moore estava Herbert Spencer. Moore deixou poucas dúvidas sobre qual era sua opinião sobre o projeto do darwinismo social. Ele aceitava as ideias de Darwin na medida em que elas se aplicavam a campos que estavam *fora* da teoria moral, mas rejeitava fortemente qualquer esforço de usar as ideias de Darwin para justificar um sistema de moralidade. De fato, o argumento de Moore ia além disso. Se fosse bem-sucedido, o argumento prometia mostrar que nenhuma tentativa de identificar propriedades morais com propriedades naturalistas *poderia ter possibilidade* de sucesso. O abismo entre fatos (naturais) e valores não é meramente difícil de transpor; ele é intransponível.

É claro que um argumento que se propõe a estabelecer uma afirmação como essa desperta imediatamente as suspeitas dos filósofos, e no próximo capítulo consideraremos a possibilidade de que talvez

Moore tenha mordido mais do que era capaz de mastigar. Nesse meio-tempo, desmontaremos o argumento de Moore para ver como ele funciona. Para começar, repetirei a estratégia que empreguei no capítulo anterior. Começarei com uma analogia.

8.1– O TESTE DA QUESTÃO ABERTA

Tomemos uma velha anedota filosófica: o conceito de *solteiro*. Por definição, os solteiros são homens não casados, casáveis. Uma vez que você apreenda o conceito de solteiro, você sabe que, se Smith é solteiro, então Smith não é, entre outras coisas, casado. Isso é parte do que significa ser um solteiro. Assim, para alguém que realmente compreenda o que significa ser solteiro, seria um contrassenso perguntar: mesmo embora Smith seja solteiro, será que ele não é casado?[3] *Ahn?* Estabelecer que Smith é solteiro é *fechar* qualquer questão sobre o estado civil de Smith. Afinal, dado que o conceito de *solteiro* contém em parte o conceito de *não casado*, a questão equivale a pouco mais do que isso: mesmo embora Smith não seja casado, será que ele não é casado? Alguém que faça essa pergunta está experienciando o equivalente cortical de uma quebra de disco-rígido (ou está tentando expor um argumento filosófico).

Essa pequena incursão pela solteirice deveria revelar então a seguinte lição (começarei com um tipo de definição formal): Se A é verdadeiramente definido em termos de A possuir alguma propriedade P, então não podemos inteligivelmente perguntar sobre algum X: "X é A, mas será que ele tem P?". Em outras palavras, se A simplesmente *significa* (em parte) ter P, então *não* deveria ser uma questão aberta se algo que é A tem P. Uma vez que o solteiro é definido em termos de homem não casado (casável), assumindo que apreendemos o conceito de solteiro, não podemos inteligivelmente perguntar: "Será que algum solteiro não é casado?". Essa não é uma questão aberta.

Então o Teste da Questão Aberta, como podemos chamá-lo, é uma maneira de determinar se um conceito é ou não definido em termos mais

---

[3] Estou assumindo que a pergunta não está sendo feita de modo jocoso ou irônico – ou de algum outro modo incomum evidenciado pelo contexto. Essa é uma pergunta feita de modo sincero.

básicos. Isto é, se você quer saber se A é ou não apenas outra maneira de dizer "ter a propriedade P", então faça o Teste da Questão Aberta. Assim, por exemplo, X é um triângulo, mas será que ele tem três lados? Uma vez que essa não é uma questão aberta, podemos nos sentir confiantes de que o triângulo é verdadeiramente definido (em parte) por ter três lados. A propriedade de ter três lados é, por assim dizer, uma propriedade *necessária* dos triângulos: você não pode ser um triângulo e *não* ter três lados. Y é um cavalo, mas será que Y é um mamífero?

Novamente, essa não é uma questão aberta. Assim, podemos dizer que ser um cavalo é verdadeiramente algo definido (em parte) em termos de ser um mamífero. Ser um mamífero é uma propriedade necessária de ser um cavalo.

E quanto a esta? Z é uma fruta, mas será que Z é doce? Diferentemente dos exemplos anteriores, essa questão é aberta. Ela é uma questão perfeitamente inteligível. Podemos perfeitamente bem imaginar morder um pedaço de fruta, mas ela não ser doce (imagine morder um tomate verde). Assim, podemos concluir que a doçura não é uma propriedade ncessária de ser uma fruta. O Teste da Questão Aberta, portanto, aparentemente nos permite compreender como nossos conceitos se encaixam, como alguns são embutidos em outros. Além disso, ele parece nos dar uma compreensão sobre a *própria natureza* de um dado conceito. Você quer saber o que é a justiça? Ou a mente? Ou a causalidade? Proponha uma propriedade e pergunte se algo que tem aquela propriedade realmente merece ser chamado de justo. Ou de mente, ou de qualquer coisa.

Se isso faz sentido para você, então você percorreu 90% do caminho para compreender o ataque de Moore às concepções naturalistas de ética – que incluiriam, de modo mais proeminente, o darwinismo social. Pois no coração do ataque de Moore está o Teste da Questão Aberta.

8.2– FALHANDO NO TESTE DA QUESTÃO ABERTA: DESEJANDO DESEJAR

A posição oficial de Moore, notada acima, é que "o bom é bom, e esse é o fim do assunto". Se você não soubesse que Moore foi um filósofo (de muito boa reputação), você poderia pensar que essas foram as palavras de um pai impaciente repreendendo um filho. Mas Moore acreditava que tinha merecido o direito de dizer isso. Moore acreditava que o *bom* (como na bondade) fosse uma "noção simples", significando que ele não pode ser reduzido ou dividido em componentes mais simples. E ele acreditava nisso porque, com relação à bondade, nenhuma propriedade poderia passar no Teste da Questão Aberta. Se nenhuma propriedade pode passar no Teste da Questão Aberta, de modo que não podemos dividir a bondade em partes mais simples, bom, então parece que "o bom é bom". E é isso.

Aqui está Moore: "Qualquer definição que possa ser oferecida, sempre pode ser perguntado, de modo significativo, sobre o complexo assim definido, se ele próprio é bom" (1903: p. 15). Moore começa com uma concepção de bom popular na época: Aquilo que desejamos desejar. Segundo essa concepção, a bondade é um tipo de propriedade de *segunda ordem*. Nós desejamos todo tipo de coisas, mas isso não é suficiente para merecer o rótulo de "bom". Ser bom não é idêntico a ser meramente desejável. A razão é que algumas das coisas que desejamos, não desejamos desejar.

Considere a cocaína, ou dormir o dia todo, ou uma sexta rosquinha. Podemos ter fortes desejos por tais coisas. Mas provavelmente também desejamos que não tivéssemos tais desejos. Isto é, não desejamos desejar uma sexta rosquinha. Desejamos que tal desejo nos deixasse em paz. Por outro lado, aquelas coisas que, após alguma reflexão, nós *desejaríamos* desejar parecem dignas de serem chamadas de boas. Pelo menos essa era a visão de alguns filósofos por volta da virada do século passado. O conceito de bom não era nada mais do que o conceito daquilo que desejamos desejar.

Então será que essa concepção de bom passa no Teste da Questão Aberta? Moore acha que a resposta é óbvia:

> *Se levarmos a investigação mais adiante, e nos perguntarmos "Será que é bom desejar o desejo A?", será aparente, após uma pequena reflexão, que essa questão é ela própria tão inteligível quanto a questão original "Será que A é bom?" – que estamos, de fato, pedindo agora exatamente a mesma informação sobre o desejo de desejar A que pedimos anteriormente em relação ao próprio A.* (1903: p. 16)

Em outras palavras, é uma questão aberta se é bom que eu deseje desejar A. Podemos inteligivelmente perguntar se tal desejo é bom. De fato, podemos imaginar um caso que confirme nossas dúvidas. Talvez por força de alguma desinformação gritante, Debra acredite que fumar na verdade *melhora* sua saúde. Então ela não apenas deseja esse cigarro, mas ela *deseja desejar* esse cigarro, uma vez que ela acredita que ele melhorará sua saúde. Mas aqui temos um caso em que ter a propriedade de desejar A não é bom. De acordo com Moore, o fato de que podemos separar essas duas noções mostra "que temos duas noções diferentes diante de nossa mente". Assim, a bondade *não* é aquilo que desejamos desejar.

8.3– FALHANDO NO TESTE DA QUESTÃO ABERTA: SPENCER

Será que a proposta do darwinismo social se sai melhor? Voltemos a examinar uma das sugestões de Spencer: "A conduta à qual aplicamos o nome de boa é a conduta relativamente *mais evoluída*; e má é o nome que aplicamos à conduta que é relativamente *menos evoluída*" (1879/2004: p. 25, ênfase do original). O Teste da Questão Aberta, portanto, nos faria perguntar: A é mais evoluída que B, mas será que A é *boa*? Como vimos no capítulo 7, não é totalmente óbvio o que "A é mais evoluído que B" supostamente significa. Mas Spencer tem algo particular em mente:

> *Assim como vimos que a evolução se torna a maior possível quando a conduta simultaneamente alcança* a maior totalidade da vida em si mesma, nos descendentes e nos companheiros; *então aqui vemos que a conduta chamada boa se eleva à conduta concebida como melhor quando satisfaz todas as três classes ao mesmo tempo.* (1879/2004: pp. 25-26).

Uma maneira de parafrasear isso poderia ser: O bom é aquilo que aumenta a quantidade e qualidade geral da espécie humana.

Então agora perguntamos: Uma ação X aumenta a quantidade e qualidade geral da espécie humana, mas será que X é *boa*? Será que podemos fazer inteligivelmente essa pergunta? Ela é uma questão aberta?

Ou, será que essa questão é como perguntar: Adam é solteiro, mas será que ele não é casado? Parece bastante claro que ela *é* uma questão aberta. Isso não parece confuso. De fato, assim como fizemos acima, podemos até mesmo imaginar um caso que parece confirmar nossas dúvidas. Suponha que não haja nenhuma outra maneira de testar uma vacina contra a Aids a não ser expondo seres humanos à síndrome letal. Mas suponha que ninguém consinta em ser exposto à síndrome. Imagine então que o governo secretamente prenda indivíduos sem-teto em grandes cidades e realize com sucesso os experimentos necessários com essas pessoas. Uma vacina efetiva contra a Aids é então produzida. Por certo, aqueles poucos indivíduos que sobrevivem aos experimentos são exterminados para impedir uma reação pública.

Então pergunto a você, será que a decisão de usar pessoas sem-teto dessa maneira foi *boa* (antes de responder, coloque-se no lugar daqueles indivíduos sem-teto por apenas um minuto)? Se você for como eu, a resposta parece simplesmente *Não*. Mas mesmo que você esteja lutando com uma resposta, isso meramente confirma o argumento de Moore: ela é uma questão *aberta*! Isso é tudo de que Moore necessita para minar a proposta de Spencer.

8.4– FALHANDO NO TESTE DA QUESTÃO ABERTA: WILSON

As coisas não parecem melhores para a proposta de E.O. Wilson, aquela que consideramos no capítulo anterior: "Os seres humanos deveriam fazer tudo que fosse necessário para assegurar a sobrevivência de um fundo comum de genes para o *Homo sapiens*". Uma ação Y assegura a sobrevivência de um fundo comum de genes para o *Homo sapiens*, mas será que ela é boa? Novamente, essa questão parece perfeitamente inteligível. Parece razoável para nós querermos ouvir alguns casos a fim de determinar se essa definição se sustenta ou não, mas isso é simplesmente admitir que a bondade de tais casos hipotéticos é uma questão aberta.

O filósofo Philip Kitcher (1985) nos faz imaginar um caso em que, de acordo com evidências científicas impecáveis, nossa espécie se tornará extinta dentro de vinte gerações se não reduzirmos a população do mundo em 90%. Uma vez que quase ninguém se voluntaria para terminar com sua vida a fim de preservar a espécie humana, será que seria bom matar 90% da população contra sua vontade? Correndo o risco de uma simplificação grosseira, deixe-me simplesmente dizer: A bondade dessa proposta *não é óbvia*. Ela é (como você concordará) uma questão muito aberta.

8.5– CONCLUSÃO

Para ser claro, não estamos negando que agir de maneiras que apoiem a espécie humana seja usualmente bom. Tampouco estamos negando que agir de maneiras que aumentem tanto a quantidade quanto a qualidade da vida humana seja usualmente bom. Podemos aplicar o conceito de bom a muitas atividades diferentes. Essas são boas. O argumento de Moore é mais sutil. De acordo com Moore, sempre que a expressão "é bom" aparece em uma sentença, ela está sendo usada para *descrever* algo como tendo uma certa propriedade, nunca para *identificar* a bondade como algo mais básico. Como dirão os filósofos, o "é" é o "é" da *predicação*, não da identidade, no qual os predicados (é verde, é fedorento, é mais alto do que cinco pés) se ligam aos sujeitos. Esse ponto não é tão complicado quanto parece.

Quando digo que bolo de cenoura é bom, estou dizendo que o bolo tem uma certa propriedade – nesse caso, a bondade. O que *não* estou fazendo (e o que ninguém suspeitaria que eu estivesse fazendo) é *identificar* a bondade com o bolo de cenoura – isto é, afirmar que ser bom é simplesmente ser bolo de cenoura (esse seria o "é" da identidade, como em: O Homem-Aranha é Peter Parker. Eles são o mesmo cara). Isso teria o resultado absurdo de que o sexo tem a propriedade de ser bolo de cenoura e ler um livro estimulante tem a propriedade de ser bolo de cenoura, e assim por diante. A divergência é a diferença entre "O Homem-Aranha é Peter Parker" (*identidade*) e "O Homem-Aranha é ágil" (*predicado*). Segundo a imagem de Moore, "é bom" está sempre sendo usado dessa última maneira.

Com base no Teste da Questão Aberta, Moore conclui que qualquer proposição que afirme que tal ou tal coisa é boa deve ser entendida como atribuindo a tal ou tal coisa a propriedade de ser boa – não como identificando a bondade com alguma coisa mais básica. Pensar de outro modo é cometer a Falácia Naturalista. Diz Moore:

> *Muitos filósofos pensaram que quando nomearam essas outras propriedades eles estavam na verdade definindo o bom; que essas propriedades, de fato, não fossem simplesmente "outras", mas absolutamente e inteiramente idênticas à bondade.* (1903: p. 62)

Eles estão errados. O darwinismo social, com todas as suas aspirações revolucionárias, cai na mesma armadilha que qualquer visão moral que propõe reduzir a bondade ou a corretude a algo mais simples. Não vai acontecer, diz Moore. O bom é bom, e "esse é o fim do assunto".

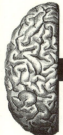

REPENSANDO MOORE E HUME

Os fãs de filmes de horror criaram a expectativa de que os sinais da queda de um vilão sejam quase sempre prematuros. É sempre um mau sinal quando o herói larga sua arma depois da batalha e cai no chão exausto, com as costas viradas para o vilão imóvel. Nós sabemos que não acabou. Enquanto há alguma chance (por menor que seja) de que o vilão não esteja morto, não saímos de nossas poltronas. E a próxima cena é invariavelmente uma mão se contraindo ou um olho se abrindo. Aqui vamos nós outra vez...

Bem, você adivinhou: ainda resta vida no darwinismo social. A razão não é que a visão tenha sofrido uma reformulação, mas que os ataques contra ela foram questionados. Na ausência de contra-argumentos fatais, temos de reconhecer que há alguma chance (por menor que seja) de que a visão não esteja morta. Então, sim, você está preso à sua poltrona por pelo menos um pouco mais de tempo. Neste capítulo, levantaremos questões sobre o Teste da Questão Aberta de Moore e reconsideraremos a Lei de Hume. Será que esses ataques aos ataques colocam o darwinismo social de volta em uma base firme? Provavelmente não. Mas a honestidade intelectual exige que sejamos claros sobre as limitações das objeções ao darwinismo social. Deixe-me começar com Moore.

9.1– ALGUMAS DÚVIDAS PRELIMINARES SOBRE O TESTE DA QUESTÃO ABERTA

Quão bom é o Teste da Questão Aberta? Por um lado, ele pareceu produzir o veredito correto no que dizia respeito aos solteiros, aos triângulos e às frutas. "Um objeto é um triângulo, mas será que ele tem três lados?", não é uma questão aberta. Supostamente, portanto, devemos concluir que os triângulos são idênticos a objetos de três lados. *Verificado.* "Um objeto é um pedaço de fruta, mas será que ele é doce?", *é* uma questão aberta. Supostamente, portanto, devemos concluir que os pedaços de fruta não são idênticos a coisas doces. Novamente, *verificado.* Até aqui tudo bem. Mas vamos sair um pouco de nossa zona de conforto.

Imagine como um membro de uma tribo primitiva na África poderia conduzir o Teste da Questão Aberta. Circularam rumores no interior da tribo de que a água é, na verdade, esse grupo mais básico de substâncias chamado H_2O. Nunca tendo visto esse grupo mais básico de substâncias, esse membro da tribo fica em dúvida, mas está disposto a investigar o assunto pelo bem da verdade. Ele está familiarizado com o Teste da Questão Aberta de Moore (não pergunte como) e sabe que esse teste pode revelar identidades importantes na natureza. Então ele coleta um copo d'água e faz a si mesmo essa pergunta: "Isso é água, mas será que é H_2O?". Até onde ele sabe, a água pode ser H_2O, mas sua tarefa é mais simples do que isso. Tudo que ele tem a fazer é determinar se essa questão é ou não *aberta*. Isto é, será que poderia haver qualquer dúvida sobre os constituintes dessa substância?

Em outras palavras, será que a questão sobre a água é como essa: "Grace é minha irmã, mas será que ela é mulher?". Ou será que ela é como essa: "Isso é uma fruta, mas será que ela é doce?". Bem, isso é fácil. A questão dele sobre a água parece semelhante à segunda. Ela é definitivamente uma questão aberta. Esse é um problema sério para o Teste da Questão Aberta. Eis por quê.

Se Moore estiver correto, então esse membro da tribo determinou que a água não é de fato H_2O. E ele está justificado em acreditar que essas duas substâncias não são idênticas. Mas espere, elas *são* idênticas! O membro da tribo está simplesmente enganado. O Teste da Questão Aberta deu a resposta *errada*. Exemplos menos exóticos funcionam tão bem quanto esse. Tente este.

Suponha que eu lhe diga que Jay-Z é na verdade Sean Carter. Para determinar se estou falando a verdade ou não, você realiza o Teste da Questão Aberta. Você pega uma imagem de Jay-Z (apenas para ter certeza) e pergunta: "Este é Jay-Z, mas será que ele é Sean Carter?".

Bem, essa pode muito bem parecer uma questão aberta para você. Você poderia facilmente imaginar que aquela pessoa (Jay-Z) *não* é Sean Carter. Então, com base no Teste da Questão Aberta, você tem a possibilidade de concluir que Jay-Z não é exatamente a mesma pessoa que Sean Carter. Mas estou aqui para lhe dizer: Jay-Z é Sean Carter. Esses são dois nomes para o mesmo cara. O ponto, contudo, é que o Teste da Questão Aberta nos conduz na direção errada, nos permitindo concluir que os dois não são idênticos. Tudo isso levanta a questão: se o Teste da Questão Aberta não verifica identidades, então o que ele verifica? Afinal, parece haver pelo menos alguns casos em que ele *acerta*.

9.2– O QUE AS COISAS SIGNIFICAM X O QUE AS COISAS SÃO

Os filósofos diagnosticaram a situação acima de várias maneiras, mas no centro da questão parece estar uma falha em distinguir entre a relação que existe entre palavras e a relação que existe entre – bem, coisas. Tome quaisquer dois termos (ou palavras), A e B. Uma coisa que podemos fazer é perguntar sobre sua relação *semântica*, isto é, a relação entre o que A significa e o que B significa. Tome "solteiro" e "não casado". Como todos nós sabemos, parte do que significa ser solteiro é não ser casado. Sua compreensão da solteirice é construída a partir de componentes conceituais mais simples. Então aqui poderíamos dizer (isto é, se quiséssemos impressionar nossos amigos em uma festa) que o conceito de solteiro é *semanticamente redutível* a homem não casado (casável). Ser solteiro *não é nada mais que* ser um homem não casado (casável). Eles são idênticos. Exemplos como esse são tentadores. Eles nos tentam a crer que A não pode ser idêntico a B a menos que haja uma relação de *significado* apropriada que conecte os dois. Mas esse não é o único tipo de relação que existe entre os termos A e B.

Podemos também perguntar sobre sua relação *ontológica*. Isto é, podemos perguntar se A é o mesmo que B como uma questão de *existência que não depende da mente*. Essa última noção é apenas uma maneira de os filósofos identificarem as coisas como elas são, independentemente da maneira como pensamos sobre elas. Por exemplo, a existência deste livro não depende de você pensar que ele existe ou desejar que ele exista ou ainda se importar com a existência dele. Mesmo que toda vida senciente terminasse subitamente nesse momento, este livro não desapareceria subitamente. Por quê? Porque sua existência é parte daquilo que chamamos de uma existência que não depende da mente (o Papai Noel, por exemplo, *não* é parte dessa existência que não depende da mente. Se todo mundo parasse de pensar nele, o Papai Noel deixaria de existir).

Como um exemplo de relações ontológicas, tome "água" e "H_2O". A primeira é ontologicamente redutível à segunda. Graças ao trabalho dos químicos do século XIX, sabemos que a água não é outra coisa senão H_2O. Elas são idênticas.

Mas aqui está o ponto realmente importante. Só porque uma relação ontológica (como a identidade) vale para dois termos (como água e H_2O), isso não acarreta que uma relação semântica seja válida entre esses dois termos. Pode-se argumentar que foi isso que Moore falhou em notar. Só porque a água *é* (como uma questão de fato) H_2O, isso não acarreta que a água *signifique* H_2O. Claramente ela não significa. Se significasse, então teríamos de dizer que as crianças pequenas e as tribos primitivas (sem mencionar *todo mundo* antes da descoberta dos constituintes atômicos da água) não sabem o que "água" significa. Mas isso é absurdo. Certamente eles apreendem o conceito (úmida, clara, potável, líquida etc.). O que eles falham em compreender é o que a água *realmente é*. Mas falhar em compreender isso não os desqualifica para compreender a palavra. Deixe-me enunciar o argumento geral tão claramente quanto puder: A pode ser idêntico a B, mesmo embora A não *signifique* em parte B – isto é, A não é semanticamente redutível a B.[1]

9.3– IMPLICAÇÕES PARA O DARWINISMO SOCIAL

As implicações para o darwinismo social deveriam ser bastante óbvias. Na medida em que o darwinismo social tenta estabelecer uma relação *semântica* entre, digamos, a conduta que promove a harmonia

---
[1] O filósofo James Rachels (1990: pp. 70-71) traça a distinção da seguinte maneira. Uma coisa é oferecer uma *definição* de um termo (como "solteiro" ou "água"); outra coisa é oferecer um *critério* para um termo.

social e a conduta que é moralmente boa, a tentativa falha. É possível argumentar pelo menos que a segunda não *significa* a primeira. Ao afirmar que "a conduta à qual aplicamos o *nome* de boa" (ênfase acrescentada) é "a conduta relativamente *mais evoluída*" (1879/2004: p. 25), Spencer parece abrir-se para essa interpretação. Ele parece estar afirmando um tipo de relação semântica entre as duas.

Mas se o darwinismo social está sendo proposto como uma afirmação sobre a relação *ontológica* entre a conduta moralmente boa e a evolução, então a visão escapa da crítica de Moore. Isto é, se está sendo afirmado que a "conduta moralmente boa" *é*, como uma questão de existência que não depende da mente, a "conduta mais evoluída", então não é óbvio que a visão esteja errada. Pois nesse caso, ela é uma afirmação sobre o que é a conduta moralmente boa, não uma afirmação sobre o que o conceito de "conduta moralmente boa" *significa*.

Agora, como um darwinista social faria para estabelecer essa afirmação? Excelente pergunta. Nesse ponto, não temos nenhuma razão para acreditar que o darwinista social pode ter sucesso aqui. Na medida em que nossos compromissos morais profundamente sustentados fornecem dados que uma teoria moral deve explicar, o darwinismo social tem diante de si uma escalada a realizar. Pois como vimos no capítulo anterior, algumas "condutas mais evoluídas" ou condutas que são boas para a espécie em geral, não são compatíveis com nossos compromissos morais profundamente sustentados (por exemplo, matar 90% da população sem consentimento dessas pessoas). Até que o darwinismo social possa nos convencer a desistir desses compromissos, a visão fica bloqueada. Mas se nossa crítica do Teste da Questão Aberta estiver no caminho correto, então essa visão também não é fatalmente defeituosa.

9.4– INCURSÕES SOBRE A LACUNA É/DEVE: SEARLE

O filósofo John Searle acredita (contrariamente a Hume) que *podemos* transpor a lacuna entre É e Deve. Ele acredita que podemos construir um argumento dedutivamente válido cujas premissas descrevam apenas como as coisas *são*, mas cuja conclusão dite como as coisas *devem ser*. Aqui está seu argumento (1964):

1) Jones pronunciou as palavras: "Prometo, por meio desta, pagar a você, Smith, cinco dólares";

2) Jones prometeu pagar cinco dólares a Smith;

3) Jones colocou-se sob (assumiu) uma obrigação de pagar cinco dólares a Smith;

4) Jones está sob uma obrigação de pagar cinco dólares a Smith;

5) Portanto, Jones deve pagar cinco dólares a Smith.

De acordo com Searle, as premissas são puramente factuais. A conclusão, contudo, é moral. Aparentemente, o modo como as coisas são nesse caso acarreta dedutivamente um modo como as coisas deveriam ser. Como Searle produz essa (aparente) dedução? Ele se apoia na instituição da realização de promessas. Para criaturas como nós, pronunciar as palavras "eu prometo" é suficiente para colocar alguém sob um certo tipo de obrigação, a obrigação de fazer o que se promete. Mas estar sob uma obrigação de fazer o que se promete acarreta que a pessoa *deve* fazer o que promete. Uma vez que Hume ignorou a existência de "instituições normativas" (isto é, instituições que têm regras embutidas nelas de algum modo), ele imaginou uma lacuna intransponível entre fato e valor. Se Searle estiver correto, Hume sofreu de uma falha de imaginação.

Mas será que Searle está correto? Será que realmente deduzimos uma conclusão moral de premissas puramente descritivas? As coisas são de fato mais complicadas do que parecem. O filósofo J.L. Mackie (1977) argumenta que a introdução de instituições como a realização de promessas estabelece um dilema para Searle. Por um lado, podemos avaliar a instituição da realização de promessas a partir de *fora* da instituição, como um alienígena poderia fazer. A partir de uma tal perspectiva, seria preciso contar ao alienígena a seguinte regra:

1) Se alguém pronuncia as palavras: "Eu prometo que irei fazer *x*", a partir de *dentro* da instituição, esse alguém prometeu *dentro* da instituição fazer *x*.

O que o alienígena aprende assim é que essa regra vale dentro da instituição. Isso é como se lhe dissessem que quando você está jogando xadrez, um peão pode ser promovido a rainha quando alcança o lado oposto do tabuleiro. Regras semelhantes precisarão ser explicadas ao alienígena a fim de que ele deduza (4) a partir de (2) – e (5) a partir de (4). De acordo com Mackie, portanto, quando o alienígena conclui que Jones deve pagar cinco dólares a Smith, ele *não* deduziu de fato uma afirmação moral a partir de afirmações puramente factuais. Em vez disso, o que ele deduziu é ainda outra afirmação factual.

Ela é uma *descrição* do que Jones deve fazer *dentro daquela instituição*, de acordo com as regras que lhe foram explicadas. O que não se segue é a afirmação de que Jones deve pagar a Smith *e ponto final*. Quando digo que meu peão deve ser promovido a rainha porque alcançou o lado oposto do tabuleiro, o que eu disse é, de fato, uma abreviação para falar que meu peão deve ser promovido de acordo com as regras que são parte da instituição do xadrez.

Por outro lado, se fôssemos avaliar o argumento a partir de *dentro* da instituição, então chegar à conclusão exigirá a aceitação (como premissas) de certos enunciados de tipo "deve". Por exemplo: "Alguém deve concluir, com base no pronunciamento das palavras 'Eu prometo *x*', que alguém prometeu *x*". Com efeito, alguém está contrabandeando uma regra de inferência. E as regras, por sua natureza, nos dizem o que *devemos* fazer. Se isso estiver correto, então o argumento de fato produz uma conclusão de tipo "deve", mas ao preço de se apoiar em premissas de tipo "deve".

Como você pode imaginar, essa resposta a Searle deu origem a contrarrespostas ulteriores, que por sua vez deram origem a "contracontrarrespostas", até o fio da disputa ser desenrolado e embaraçado. Para nossos propósitos, é suficiente dizer que a Lei de Hume pode não ter fechado as portas à passagem dos fatos para os valores. De fato, uma indústria artesanal abrangendo várias subdisciplinas da filosofia apossou-se da suposta distinção entre fato e valor. Alguns argumentaram que a ciência – um campo que supostamente trabalha apenas com fatos – secretamente trabalha com valores. Outros argumentam que os valores se provarão ilusórios em última instância, de modo que nenhuma afirmação moral (verdadeira) segue-se de *qualquer* conjunto de premissas.

9.5– INCURSÕES SOBRE A LACUNA É/DEVE: RACHELS

O filósofo James Rachels (1990) adota uma abordagem mais modesta para a Lei de Hume. Em vez de tentar transpor a lacuna *dedutivamente*, Rachels se pergunta por que não podemos nos contentar com algo um pouco menos conclusivo. Lembre-se que a Lei de Hume é voltada para argumentos que se propõem a ser dedutivos, isto é, argumentos cujas conclusões *têm que* ser verdadeiras se as premissas forem verdadeiras. Mas os argumentos dedutivos não são o único jogo na cidade. E ainda bem, pois se tentássemos nos restringir ao raciocínio dedutivo, a vida rapidamente chegaria a uma paralisação completa. Considere esse argumento:

1) A maioria dos carros para em sinais vermelhos;
2) Atravessar essa rua em segurança exige que os carros parem no sinal vermelho;
3) Portanto, posso atravessar essa rua em segurança.

Então, posso atravessar a rua? Bem, se estivermos nos restringindo ao raciocínio dedutivo, então *Não*. A verdade das premissas não garante a verdade da conclusão (os carros às vezes ignoram os sinais vermelhos). Se nenhuma afirmação fosse justificada se não seguisse dedutivamente de um conjunto de premissas, então nenhum júri jamais deveria emitir um veredito de culpado, nenhuma teoria científica jamais deveria ser aceita, nenhuma rua jamais deveria ser atravessada, e assim por diante. De fato, sem contar algumas poucas afirmações monótonas sobre solteiros e triângulos, e sem contar algumas proposições matemáticas, deveríamos ser céticos sobre quase toda afirmação que nos viesse à mente.

Mas isso é ridículo. Certamente somos justificados em acreditar em afirmações que são baseadas em raciocínios não dedutivos (mesmo que reste algum mistério teórico sobre *como* a justificação é conferida nesses casos).[2] A justificação nesses outros tipos de casos

---
2 Uma das tarefas centrais da epistemologia normativa é examinar a natureza da justificação conforme ela figura em afirmações de conhecimento. É suficiente dizer que restam muitos desacordos.

não é o acarretamento lógico. Em vez disso, a justificação corresponde à evidência ou apoio. A evidência pode não ser incontestável (como a que se obtém com a dedução lógica), mas é uma evidência da mesma forma. Pede-se aos júris que considerem se há qualquer *dúvida razoável* de que o acusado tenha cometido o crime.

Suponha que você soubesse que as impressões digitais de Smith foram encontradas na cena do crime, que Smith tinha o motivo relevante, que ele confessou o crime, que sete testemunhas independentes todas afirmaram ter visto Smith cometer o crime. Você teria evidências decisivas de que Smith cometeu o crime. Será que a culpa de Smith é *logicamente acarretada* por esses fatos? Não. É logicamente possível que Smith não tenha cometido o crime (pense: conspiração elaborada). Mas seria altamente *irracional* acreditar que Smith não cometeu o crime, dado o que você sabe. Os filósofos se referem a esse tipo de argumento como *abdutivo*, ou, de modo mais simples, inferência da melhor explicação.

Os argumentos *indutivos* movem-se de premissas sobre casos observados (por exemplo, todos os cisnes observados são brancos) para uma conclusão sobre casos não observados (*todos* os cisnes são brancos). Considere nosso exemplo anterior: você está justificado em acreditar que o próximo carro que se aproximar do sinal vermelho irá parar, (em grande medida) com base no fato de que os carros pararam em sinais vermelhos no passado. Você teria assim boas razões para acreditar que pode atravessar a estrada. Ainda assim, os argumentos indutivos, como os argumentos abdutivos, não garantem a verdade de sua conclusão. Mas isso não necessariamente faz com que a crença na conclusão seja irracional. Nesse caso, *não* acreditar na conclusão seria irracional. Então o que vemos aqui é que o raciocínio dedutivo não é a única forma de raciocínio que podemos usar para formar nossas crenças.

Qual a relação de tudo isso com a Lei de Hume? Bem, a Lei de Hume (como é tradicionalmente compreendida) se aplica apenas a argumentos dedutivos. Então conceda-lhe esse ponto. Mas, como coloca Rachels, Hume:

> Estava certamente errado em pensar que esse ponto "subverte todos os sistemas vulgares de moralidade" [...]. A moralidade tradicional não é subvertida, porque de fato

> *ela nunca dependeu de tomar a ideia moral correspondente como uma dedução lógica estrita.* (1990: p. 97)

As afirmações não morais (ou factuais) "fornecem boas razões para aceitar" certas afirmações morais.

No caso de Rachels, ocorre de a afirmação moral se encontrar no outro extremo do espectro de Spencer: *Não* se deveria atribuir uma posição moral especial aos seres humanos. Em outras palavras, eles não merecem um tratamento moral especial simplesmente por serem membros da espécie. O argumento que apoia essa afirmação, diz Rachels, consiste em afirmações inteiramente factuais. Em particular, ele consiste em duas afirmações *negativas*: Primeiro, *não* é o caso que somos feitos à imagem de Deus; e segundo, *não* somos "animais unicamente racionais".

A razão pela qual Rachels se considera um eticista evolutivo é que ele acredita que o apoio para *essas* afirmações provém da teoria evolutiva. Rachels virou Spencer de cabeça para baixo. Ambos afirmam seguir a evolução aonde quer que ela vá. Mas ao passo que Spencer via a evolução levando à preeminência da humanidade, Rachels vê a evolução minando a preeminência da humanidade. Para Rachels, isso significa que a "moralidade tradicional" tem de ser abandonada: Os seres humanos não devem ser tratados como tendo mais importância do que outros animais.

Embora sua postura moral tenha sido invertida (e embora Spencer esteja sem dúvida revirando-se no túmulo), esse é um tipo de darwinismo social. Chame-o de "darwinismo social 2.0". Ele merece ser chamado de darwinismo social porque Rachels acredita que o que devemos fazer é apoiado exclusivamente pelo que somos – isto é, pelo modo como a evolução nos moldou. Sua extensa discussão de Hume deixa claro que ele pretende fazer exatamente o que Hume diz que você não pode fazer.

Temo que as coisas sejam mais complicadas do que Rachels parece pensar. Pelo menos essa é minha impressão. Eu gostaria de argumentar que, para chegar às afirmações morais, o argumento se apoia em premissas que Rachels aceita, mas resiste a enunciar abertamente. Considere como Rachels caracteriza sua própria estratégia argumentativa geral:

> *A doutrina da dignidade humana diz que os humanos merecem um nível de preocupação moral inteiramente diferente daquele concedido aos meros animais;* para que isso seja verdade, seria preciso haver alguma grande e moralmente significativa diferença entre eles. *Portanto, qualquer defesa adequada da dignidade humana exigiria alguma concepção dos seres humanos como radicalmente diferentes dos outros meros animais. Mas isso é precisamente o que a teoria evolutiva põe em questão.* (1990: pp. 171-172, ênfase acrescentada)

Por que coloquei em destaque uma parte da passagem? Será que Rachels está errado quanto à necessidade de "alguma grande e moralmente significativa diferença?". Não. De fato, a maioria de nós diria que ele está *exatamente certo*. Não devemos tratar os indivíduos de modo diferente a menos que haja alguma diferença moralmente significativa entre eles. Por exemplo, seria errado salvar o pequeno Jack do afogamento, *mas depois se recusar* a salvar a pequena Jill só porque a pequena Jill é do sexo feminino. O gênero não é uma diferença moralmente significativa entre Jack e Jill – pelo menos nesse caso.

Então por que chamei atenção para o uso de Rachels dessa afirmação moral geral? Porque ele parece pensar que precisa dela a fim de chegar à sua conclusão desejada, a saber, que não se deve conceder aos humanos uma posição moral especial. Em outras palavras, Rachels parece estar usando essa afirmação como uma das premissas de seu argumento. A fim de justificar a afirmação de que não se deve conceder uma posição moral especial aos seres humanos, ele está assumindo não apenas que eles não são feitos à imagem de Deus e que eles não são unicamente racionais, mas que não devemos tratar os indivíduos de modo diferente a menos que haja alguma diferença moralmente significativa entre eles. E uma vez que muitas pessoas duvidam dessa afirmação sobre a dignidade humana, ele está correto em pensar que precisa dessa assunção.

Se essa análise estiver no caminho certo, então Rachels não fez o que ele pensa que fez. Ele não derivou uma afirmação moral a partir de premissas puramente não morais. Ele derivou uma afirmação moral a partir de algumas afirmações factuais e de pelo menos uma afirmação moral, a saber, uma afirmação sobre o que justifica o tratamento moral diferenciado. Apesar de resistir explicitamente à necessidade de um argumento dedutivo, Rachels não pode evitar cair novamente em um argumento dedutivo. Mas será que você pode culpá-lo? Ele quer convencê-lo de sua conclusão, e qual a melhor e mais convincente maneira de fazer isso do que com um argumento dedutivo? Tais argumentos não deixam espaço para a dúvida.

9.6– CONCLUSÃO

Passar de como as coisas são para como as coisas devem ser permanece um negócio complicado – quer estejamos falando sobre a evolução ou sobre alguma outra explicação empírica da humanidade. Um código moral baseado unicamente na biologia, apesar do que dizem os críticos de Moore e Hume, é algo que ainda está muito longe de se concretizar. Por um lado, podemos admitir que Moore ignorou uma distinção importante, uma que separa (grosseiramente falando) o modo como os termos se relacionam com outros termos e o modo como os termos se relacionam com o mundo. Mas isso apenas deixa o darwinista social com a tarefa de descobrir como mostrar que nossos conceitos morais realmente derivam da teoria evolutiva.

Mesmo sem insistir em uma relação semântica, podemos ver que essa tarefa não será facilmente cumprida. Podemos admitir que possam existir argumentos não dedutivos, consistindo unicamente de afirmações factuais, que levem a afirmações morais, mas argumentos como o de Rachels são convincentes apenas porque são argumentos dedutivos disfarçados. Nós os achamos convincentes (se acharmos) somente porque eles preenchem a lacuna entre o que é e o que deveria ser.

No próximo capítulo, nossa discussão se volta para esforços mais contemporâneos com o intuito de conectar a evolução e a ética. Diferentemente do trabalho dos darwinistas sociais tradicionais, os eticistas evolutivos contemporâneos estão usando a narrativa evolutiva, não para sustentar um sistema moral, mas para destruí-lo. Os eticistas evolutivos da "nova onda" viraram o darwinismo social de cabeça para baixo, pois afirmam que a narrativa da evolução humana mostra que não há, em última instância, quaisquer deveres morais objetivos. O argumento a favor dessa afirmação, juntamente com várias respostas, nos ocupará nos capítulos restantes.

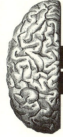

ANTIRREALISMO EVOLUTIVO:
ESFORÇOS INICIAIS

> *Uma importante atração de minha posição, aos meus olhos, é que simplesmente não se pode ser culpado de cometer a Falácia Naturalista ou de violar a barreira é/deve, porque simplesmente não se está no negócio da justificação de modo algum.*
>
> Michael Ruse. *Evolution and Ethic*

Stephen Morgan e Johanna Justin-Jinich se encontraram em um curso de verão na Universidade de Nova Iorque em 2007. Não é claro como tudo começou, mas Stephen começou a enviar *e-mails* incômodos a Johanna. Ela, por sua vez, reclamou às autoridades. Mas Stephen desapareceu, aparentemente voltando para sua residência no Colorado, e o assunto pareceu se resolver por si mesmo. Então, em 6 de maio de 2009, Stephen retornou a Connecticut, onde Johanna era estudante. Os eventos se desenrolaram dessa maneira:

> *O Sr. Morgan entrou em uma livraria do* campus *por volta das 13 horas, na quarta-feira, depois seguiu em direção ao Red and Black Cafe, onde a senhorita Justin-Jinich trabalhava. Ele era uma figura barbada e ameaçadora na câmera de vigilância do teto, com uma arma escura em sua mão direita balançando ao seu lado, e mais alguma coisa escondida atrás de si em sua mão esquerda. Era uma longa peruca trançada e ele a vestiu; o homem de cabelos ralos passou por uma bizarra transformação conforme a confrontava, erguia a arma e abria fogo, uma execução de sete tiros à queima-roupa, disseram os policiais. A senhorita Justin-Jinich caiu, mortalmente ferida. (New York Times, A1, 8 de maio de 2009)*

Há várias perguntas que poderíamos fazer sobre essa série de eventos. Por exemplo, poderíamos buscar responder questões *psicológicas*, sobre a saúde mental de Stephen e os fatores causais que levaram às suas ações. Também sobre questões *legais*, sobre a legalidade de suas ações anteriores ao tiroteio. Poderíamos querer saber se sua saúde mental poderia figurar em sua defesa legal (será que ele era criminalmente insano no momento do assassinato?). Poderíamos ainda buscar responder questões *sociológicas*, sobre o ambiente social que contribuiu para o confesso antissemitismo de Stephen (Johanna era judia). Todas essas questões seriam dignas de atenção. E temos alguma ideia sobre como tentar respondê-las.

Considere, por exemplo, as questões sobre a saúde mental de Stephen. Poderíamos procurar por psicólogos que tenham desenvolvido medições clínicas para a psicopatia, nos permitindo assim dizer (com maior ou menor precisão) que Stephen *era* um psicopata, com base, por exemplo, em suas respostas a uma bateria de testes de personalidade. Talvez as imagens de seu cérebro pudessem revelar a assinatura neurofisiológica da psicopatia.

De qualquer modo, temos alguma ideia (talvez errônea) sobre o que *tornaria verdadeiro* que Stephen era um psicopata. Ou temos alguma ideia (talvez errônea) sobre o que *tornaria verdadeiro* que Stephen violou a Seção 1109b do código criminal federal dos Estados Unidos. Em todos esses casos, podemos oferecer em termos mais ou menos básicos as *condições de verdade* para juízos sobre seu estado mental ou sobre a ilegalidade de suas ações, ou o que quer que seja.

Mas essas não são questões pelas quais estamos interessados. Suponha que eu diga (e não acho que estou me metendo em apuros com essa) que o que Stephen fez foi errado. Suas ações foram seriamente *imorais*. Poder-se-ia então perguntar: O que torna verdadeiro que as ações de Stephen foram imorais? Agora essa questão não é colocada como uma questão cética, como se talvez não tivéssemos certeza de que atirar em alguém sete vezes, à queima-roupa, seja errado. A questão é colocada, em vez disso, como uma questão teórica, uma pergunta que poderíamos fazer com esperança de aprender sobre a natureza da própria moralidade. O que há no mundo que torna *verdadeiro* o juízo de que as ações dele foram erradas? Para o que estamos apontando no mundo (ou fora dele)? Quais são os termos básicos que constituem as *condições de verdade* para esse juízo moral?

Com relação aos juízos sobre a saúde mental de Stephen, isso pelo menos é bastante claro. Poderíamos apontar para comportamentos passados ou para os resultados de um teste de personalidade de Stephen. Talvez apontemos para exames de RMf do cérebro de Stephen. Com relação aos juízos sobre a ilegalidade das ações de Stephen, poderíamos apontar para códigos criminais publicamente acessíveis e para evidências de como ele se comportou. Mas com relação aos juízos sobre a *moralidade* do comportamento de Stephen, para o que apontamos? O que – se é que há algo – justifica a afirmação de que o que Stephen fez foi seriamente imoral? E como essa justificativa se adequa a todas as outras coisas que sabemos sobre o mundo? Em particular, sobre o mundo *natural*? O que a erroneidade tem a ver com, digamos, os neurônios, ou a gravidade, ou os elétrons, se é que tem algo a ver? Será que há padrões objetivos aos quais podemos apelar ao tentarmos determinar quais juízos morais (se é que algum) são corretos? Se Stephen afirmasse que suas ações *não* foram errôneas, será que poderíamos mostrar que ele está cometendo um erro *factual*, um erro não diferente da afirmação de que a Terra é plana ou de que 23 + 6 = 30?

Esses tipos de questões estão no cerne do campo conhecido como *metaética*. A metaética, entendida de modo amplo, é o estudo dos conceitos morais, do que esses conceitos significam, e de como eles se relacionam com outros conceitos (tais como os elétrons); além disso, os metaeticistas investigam a justificação última ou o fundamento (se houver) dos juízos morais. Esse não é o estudo do que você deve fazer (por exemplo, "você não deve matar outras pessoas"). Esse é o estudo do que *justifica* as afirmações sobre o que você deve fazer, se houver tal coisa. Essa é uma disciplina metafísica, pois busca revelar a realidade ou natureza última de propriedades morais como a erroneidade, a corretude e a bondade. Agora, como esse estudo faz contato com a evolução?

Voltemos ao início. Lembre-se de que o tiro de advertência foi a afirmação de Wilson de que a ética deveria ser "temporariamente removida das mãos dos filósofos e 'biologizada' ". Esse desafio, contudo, admitia várias interpretações diferentes. Na parte I deste livro, exploramos a possibilidade de que seleção a darwinista desempenhe um papel central na explicação de por que ocorre de termos essa tendência a realizar juízos morais. "Biologizar" a ética era uma tarefa para os psicólogos morais. Naquela parte do livro, evitamos intencionalmente emitir um julgamento sobre se esses juízos morais são *justificados*.

Nos capítulos recentes, examinamos esforços para justificar algumas afirmações morais mediante um apelo à seleção darwinista. O darwinismo social, pelo menos nas mãos de Spencer, foi uma tentativa de "biologizar" a ética mostrando que a harmonia social é boa porque é para onde tende a seleção natural. Mas, como vimos, essas tentativas enfrentam sérios obstáculos.

De fato, dada a aparente qualidade decisiva das objeções de Hume e Moore: "A ética evolutiva tradicional chegou a uma paralisação completa", como descreve o filósofo Michael Ruse. Se aceitarmos as objeções de Hume e Moore, então a conclusão óbvia a ser tirada é que a *moralidade é realmente autônoma*. Isto é, as disciplinas do lado de fora da filosofia moral não podem oferecer nenhuma compreensão sobre a natureza da moralidade. A teoria moral deve resolver seus problemas (se puder) apenas em seus próprios termos.

Então podemos razoavelmente nos perguntar por que estamos mergulhando novamente na questão da justificação da moralidade no contexto da evolução. Não mostramos que isso é uma perda de tempo? Mesmo que a teoria especulativa esboçada na parte I deste livro seja correta, a questão de como devemos viver nossas vidas, moralmente falando, permanece amplamente aberta. Nada foi estabelecido sobre a justificação da moralidade. O filósofo James Rachels amplifica esse ponto com uma analogia:

> *Imagine que alguém propusesse eliminar o estudo da matemática, e substituí-lo pelo estudo sistemático da base biológica do pensamento matemático. Eles poderiam argumentar que, afinal, todas as nossas crenças matemáticas são produtos de nossos cérebros funcionando de certas maneiras, e uma explicação evolutiva poderia explicar por que desenvolvemos as capacidades matemáticas que temos. Assim, a "matobiologia" poderia substituir a matemática.* (1990: p. 78)

Mas isso soa estranho. É verdade, parece plausível que nossa habilidade de realizar cálculos matemáticos tenha certas vantagens biológicas (Por exemplo, Ogg observa três tigres-dentes-de-sabre entrando em uma caverna; ele então observa dois saindo. Quando Ogg pensa que é seguro entrar na caverna, faz um favor à espécie humana: ele se remove do estoque de genes. Um ponto no placar para o pensamento matemático). Mas aceitar esse relato como plausível não parece nos impelir à conclusão de que matemática é dispensável. Isso parece estranho. Por quê? "A proposta é estranha" – diz Rachels – "porque a matemática é uma disciplina autônoma com seus próprios padrões internos de prova e descoberta." Imagine um matemático tentando resolver o Teorema de Fermat estudando a atividade do hipotálamo. Ele não vai chegar muito longe.

Resultados semelhantes supostamente se seguem a partir da moralidade. Se queremos saber se o aborto é errado, ou se a tortura é alguma vez moralmente justificada, ou se queremos saber o que é que tornou o ato de matar de Stephen Morgan seriamente imoral, seria um contrassenso especular sobre a evolução humana, ou observar como a amídala e os lobos occipitais se comunicam. Essa linha de objeção parece impecável. De fato, como nota Ruse: "Foi assim que as coisas permaneceram por três quartos de século".

Mas as coisas estão se agitando novamente. A partir dos anos 1970, os filósofos e biólogos vislumbraram uma nova maneira de compreender a relação entre evolução e moralidade. Essa nova maneira não exige lidar com Moore ou Hume diretamente. No que diz respeito a esses filósofos, Hume e Moore estavam certos. Qualquer tentativa de defender afirmações morais com base na evolução está fadada ao fracasso. Mas por que, perguntam esses filósofos, precisamos buscar *defender* afirmações morais?

De acordo com essa nova abordagem, a evolução de fato *produz* conclusões morais importantes, mas não os tipos de conclusões que teriam confortado Spencer ou Rachels. Em vez de buscar *defender* ou *justificar* certos princípios morais (por exemplo, que a harmonia social deve ser promovida, ou que os animais não humanos merecem o mesmo tratamento moral que os humanos), essa nova abordagem à ética evolutiva busca *minar* a moralidade. O que a evolução mostra *não* é que essa ou aquela maneira de agir é moralmente preferida. Em vez disso, a evolução (em combinação com certos princípios filosóficos) mostra que *não há absolutamente nenhuma maneira preferível de agir*. Segundo essa versão da ética evolutiva, a evolução darwinista não apoia; ela destrói.

Para ser claro, as conclusões que ela busca estabelecer são *metaéticas*. Isso significa que estamos tirando conclusões sobre os próprios *conceitos* morais e sobre aquilo a que eles se referem (ou, nesse caso, *não se referem*). Se esse tipo de visão recente – o que eu chamarei de *antirrealismo evolutivo* – estiver correta, então o que quer que digamos sobre as ações de Stephen Morgan em 6 de maio de 2009, não podemos dizer que foram *objetivamente* errôneas. A razão é: *Nada* é objetivamente errôneo. E a razão por que nada é objetivamente errôneo se segue de um argumento que apela especificamente para nosso passado evolutivo. Certas premissas desse argumento apareceram antes na história da filosofia moral. Mas outras não estiveram disponíveis até mais recentemente, quando a imagem da evolução humana começou a entrar em foco.

Neste capítulo, começaremos a examinar os esforços iniciais para minar a moralidade, um esforço reforçado por E.O. Wilson e Michael Ruse. No capítulo 11 veremos como esse esforço inicial foi estendido, examinando argumentos recentes oferecidos pelos filósofos Richard Joyce e Sharon Street. No capítulo 12 consideraremos como o cético poderia responder a esses argumentos. Pelo menos três tipos diferentes de propostas foram apresentados recentemente.

10.1– ESSE É SEU CÉREBRO ACERCA DE DEUS

Em meados dos anos 1990, Michael Persinger, um neuropsicólogo canadense, descobriu Deus – só que não onde a maioria das pessoas esperava (Hitt, 1999). Michael Persinger aplicou pulsos eletromagnéticos leves (chamados Pulsos de Thomas) ao lobo temporal direito dos cérebros de pacientes. Os pacientes relataram ter poderosas "experiências religiosas", envolvendo com grande frequência uma "presença sentida". Para alguns, a presença sentida era Deus, para outros Maomé. Agnósticos convictos suspeitavam de OVNIs. Várias teorias emergiram quanto ao porquê de o cérebro interpretar esses pulsos eletromagnéticos do modo como ele os interpreta. Mas qualquer que seja a aparência da teoria final, parece que Michael Persinger encontrou Deus *no cérebro*.

Agora, alguns se maravilharam com esse pequeno salpico neuropsicológico, mas, não obstante, ignoraram as ondulações. Outros, contudo, sentiram uma lição filosófica aqui (e essa é a lição que nos interessará nos próximos capítulos, então seja complacente comigo). Por que essa descoberta neurofisiológica – se, de fato, ela se sustenta – poderia perturbar os crentes? Por que algum neuropsicólogo cutucando lobos temporais no Canadá deveria ameaçar minha crença (digamos) em Deus? A seguinte é uma maneira de expressar a ameaça.

Suponha que *em última instância* o argumento em favor da existência de Deus se reduza às experiências religiosas de indivíduos crentes. Isto é, suponha que a evidência para a existência de Deus não se baseie – em última instância – em nada além dessas experiências "transcendentais" (Não posso imaginar que essa assunção não será questionada).

Por ora, no entanto, estamos apenas tentando expressar uma ameaça). Suponhamos também que cada uma dessas experiências seja meramente um resultado da atividade aumentada dos lobos temporais do sujeito. Essa atividade pode ser artificialmente (como fez Persinger) ou naturalmente induzida por campos eletromagnéticos em variação no ambiente. Em qualquer caso – e esse é o ponto – podemos explicar inteiramente essas experiências religiosas *sem* ter de apelar para um ente sobrenatural (independente da mente). Não precisamos da existência de Deus para explicar coisa alguma que necessite de explicação. Portanto, *se* a evidência para a existência de Deus se reduzir em última instância a essas experiências, e *se* essas experiências puderem ser explicadas sem resíduos como meros "efeitos colaterais" de atividades corriqueiras do cérebro, então que razão você tem para acreditar na existência de Deus? Que justificativa você tem para tal crença? Se essa ameaça for real, a resposta é: *Nenhuma*.

Dois pontos de esclarecimento: Primeiro, você pode continuar a acreditar na existência de Deus, mas essa crença terá sido mostrada como sendo irracional. Pense nisso como uma ressaca epistêmica. O ponto da ameaça não é mostrar que nós não acreditamos ou que não continuaremos a acreditar em Deus, assim como o ponto de uma ilusão de ótica não é mostrar que seu olho não será enganado novamente. O ponto é mostrar que tal crença é injustificada, levando em conta os dados neurocientíficos; segundo, mesmo que a ameaça seja real, Deus pode ainda assim existir. Novamente, a ameaça diz respeito ao conhecimento – em que você deve acreditar dada a evidência – não sobre a natureza do mundo em si. Você não tem nenhuma razão para acreditar que há uma xícara de chá orbitando Plutão, mas (até onde qualquer um sabe) pode ser o caso que uma xícara de chá esteja orbitando Plutão. Chame isso de coincidência cósmica.

Se você for capaz de obter alguma tração para esse exemplo, você será preparado para o que está por vir. No caso da ética evolutiva, a descoberta de Darwin desempenha o papel do "efeito Persinger". Mas comecemos com algumas preliminares.

10.2– PRELIMINARES

A evolução enganou você. Se aqueles (que estou chamando de antirrealistas evolutivos) precisassem de um adesivo de parachoque, esse seria ele. De acordo com o antirrealismo evolutivo, não existem padrões morais objetivos, mas sua crença de que eles existem é um truque da evolução. Se o antirrealismo evolutivo estiver correto, então embora continuemos, como toda probabilidade, a julgar que certas ações são imorais, nossos juízos serão *falsos*, estritamente falando. Por certo, chamar uma ação de imoral pode ter um propósito. Podemos querer envergonhar alguém ou puni-lo, e ao fazê-lo podemos apelar para o (suposto) fato de que ela se comportou imoralmente. Mas na medida em que estamos interessados na verdade, nossos juízos não correspondem ao modo como o mundo realmente é. A moralidade, segundo essa visão, é uma ficção conveniente.

A situação não é diferente da que pode ocorrer em relação aos apelos a Deus. Podemos apelar para Deus – sua misericórdia, sua ira, sua sabedoria – ao tentar moldar o comportamento dos outros. Acreditar que Deus recompensará ou punirá você na pós-vida muito provavelmente terá um tremendo impacto sobre o modo como você se comporta (pergunte à maioria das crianças de 6 anos). Mas se não existe nenhum Deus, então é claro que qualquer juízo sobre como você deve se comportar que dependa de Deus, por exemplo: "Você não deveria roubar, porque Deus proíbe isso", é falso. Pode haver uma razão para não roubar, mas ela não pode ser porque Deus o proíbe. Talvez o risco de ser pego não valha o pequeno ganho. Talvez você se sinta mal consigo mesmo.

As coisas funcionam da mesma maneira para os antirrealistas evolutivos. Se a visão deles for vindicada em última instância, então o juízo de que "você não deveria roubar porque é errado" é, estritamente falando, falso. A propriedade que supostamente justifica o imperativo de não roubar (isto é, a erroneidade) está ausente do mundo – da mesma maneira como Deus está ausente do mundo em nosso exemplo anterior.

O antirrealismo evolutivo é uma espécie de *antirrealismo moral*, e o antirrealismo moral não é novo. Os filósofos estiveram flertando com essa visão por milhares de anos. O que é novo é a afirmação de que a evolução por seleção natural *explica* por que nossa crença em uma moralidade objetiva não é justificada. Essa foi uma (suposta) compreensão que não foi possível antes da descoberta de Darwin. Ao longo destes três capítulos, examinaremos como essa afirmação, *er*, evoluiu. Mais especificamente, examinaremos como as *defesas* dessa visão evoluíram.

Não acredito que esteja exagerando quando digo que entre os filósofos contemporâneos interessados pela interseção entre a evolução e a moralidade, o antirrealismo evolutivo se tornou – pelo menos em forma impressa – uma visão popular. Não há, de modo algum, uma unanimidade. Ainda assim, o número de filósofos que defendem essa visão parece superar confortavelmente o número daqueles que a criticam. Isso é bastante surpreendente, porque os esforços iniciais para defender essa visão foram, para colocar as coisas de modo caridoso, cambaleantes. Parte do problema estava em manter o antirrealismo evolutivo separado de visões intimamente relacionadas. Nesta próxima seção, examinaremos as tentativas de E.O. Wilson de articular algo que se aproxima do antirrealismo evolutivo. As coisas foram bastante esclarecidas pelo filósofo Michael Ruse, como veremos no §10.4.

10.3 – WILSON

E.O. Wilson apareceu em diversos lugares em nossa discussão. Temo que nem sempre tenhamos tratado suas contribuições com gentileza. Notei a intervalos regulares os erros cometidos por Wilson. Mas apontar as falhas dos pioneiros é uma tarefa fácil; temos o luxo da percepção tardia. Para sermos justos, Wilson merece mais: Nenhum pensador contemporâneo fez mais do que Wilson para relacionar a teoria evolutiva aos assuntos humanos. Ele é, afinal, o pai da sociobiologia, a precursora da psicologia evolutiva (ver §1.4). Em seu livro de 1975, *Sociobiology: The New Synthesis* (*Sociobiologia: a nova síntese*), Wilson estabeleceu um programa de estudo que revolucionou nossa compreensão dos seres humanos: Não são meramente nossos corpos que carregam a marca da seleção natural, mas também nossas mentes.

É claro, as sementes dessa ideia não se originaram com Wilson. Como vimos, Darwin pôs em movimento ideias que levavam naturalmente aos assuntos humanos. Sem dúvida uma parte da oposição inicial a Darwin veio do reconhecimento de que se Darwin estivesse correto, teríamos de admitir que os seres humanos – tanto no corpo quanto na mente – teriam eventualmente de sucumbir a uma explicação evolutiva. Essa foi uma ideia radical de se expressar, e Darwin esforçou-se para *não* expressá-la.

Thomas Huxley, o defensor mais sonoro de Darwin enquanto vivo, *negou* explicitamente a ideia. Embora admitisse que "Nenhuma linha absoluta de demarcação" existe entre "O mundo animal" e nós mesmos, Huxley deixou poucas dúvidas sobre qual era sua posição acerca dos seres humanos: "Ninguém está mais fortemente convencido do que eu da vastidão do abismo entre o homem civilizado e os brutos; ou está mais certo de que, seja *proveniente* deles ou não, ele seguramente não é *um* deles" (1863: p. 234). Então, o que nos torna tão especiais? Você adivinhou: "A consciência do bem e do mal". Embora alguns dos descendentes intelectuais de Darwin possam ter duvidado da afirmação de Huxley, ninguém expressou abertamente essas dúvidas, até 1975.

Em 1975, E.O. Wilson ousadamente deu o passo que a maioria vinha antecipando. No início de *Sociobiology*, Wilson fez a seguinte afirmação:

> *O biólogo, que está preocupado com questões de fisiologia e história evolutiva, percebe que o autoconhecimento é limitado e moldado pelos centros de controle emocional no hipotálamo e no sistema límbico do cérebro. Esses centros inundam nossa consciência com todas as emoções – ódio,*

> amor, culpa, medo e outras – que são consultadas pelos filósofos éticos que desejam intuir os padrões de bem e mal. O que, somos então compelidos a perguntar, fez o hipotálamo e o sistema límbico? Eles evoluíram por seleção natural. Esse simples enunciado biológico deve ser investigado para explicar a ética e os filósofos éticos [...] em todas as profundidades. (1975: p. 3)

Não importando do que você queira chamar Wilson, você não pode chamá-lo de tímido. Ele está em busca de peixes grandes, peixes que pareceriam pertencer às redes de outras pessoas. De acordo com Wilson, uma vez que compreendamos a seleção natural de certos sistemas do cérebro, *compreenderemos toda a moralidade* (e, como um bônus adicional, os filósofos morais).

Agora, como estive me esforçando para assinalar, afirmações como essa são perigosamente vagas. Você deveria estar se perguntando agora: *Que parte da moralidade* seremos capazes de explicar? Como evoluímos para pensar moralmente? Como devemos agir? Alguma outra coisa? Nessas partes finais de *Sociobiology*, Wilson move-se displicentemente entre esses diferentes sentidos. Ele especula sobre como os seres humanos vieram a ter emoções morais (aquilo sobre o qual especulamos na parte I). E também sobre como a evolução poderia apontar para "um código mais profundamente compreendido e duradouro de valores morais" (o que discutimos nos capítulos anteriores). Então, sem muito aviso, obtemos isso: "Também deveria ser claro que nenhum conjunto único de padrões morais pode ser aplicado a todas as populações humanas, e muito menos a todas as classes de sexo e idade no interior de cada população" (1975: p. 288).

É difícil enxergar isso como outra coisa senão uma rejeição de um código moral universal. Não há nenhum padrão objetivo para o que devemos fazer moralmente. Na melhor das hipóteses, temos o relativismo moral.

Com o tempo, Wilson afiou sua crítica. Ele uniu forças com o biólogo Charles Lumsden e juntos reclamaram que "os filósofos e teólogos ainda não nos mostraram como as verdades éticas finais serão reconhecidas como coisas separadas do desenvolvimento idiossincrático da mente humana" (Lumsden e Wilson, 1983: pp. 182-183).

Parafraseando: *Toda a ética está na sua cabeça*. É claro, se toda ela está na sua cabeça, então ela não está no mundo. E se ela não está no mundo, então não há nada "lá fora" para apreendermos – não há nada contra o qual possamos medir nossos juízos morais. Se eu disser que sua ação não foi ética, o que eu disse não é mais correto do que se você disser que sua ação foi ética. A razão é que as ações não são, na realidade, éticas ou não éticas. A ética, assim como o Papai Noel, é uma ficção de nossa imaginação.

Embora a afirmação de Wilson fosse bastante clara, o mesmo não podia ser dito do *argumento por trás* da afirmação. Wilson mostrava grande entusiasmo acerca da ideia de que a seleção natural desempenhou um papel decisivo em moldar nossas mentes morais. Embora não tão desenvolvida quanto a narrativa que recontamos no §3.2 (Wilson não tinha o benefício de boa parte dos trabalhos recentes em psicologia do desenvolvimento e neurociência), a ideia partilhava os mesmos componentes básicos. Mas por que essa ideia deveria minar a objetividade moral? Isto é, por que essa narrativa de desenvolvimento sobre nossas mentes deveria nos levar a pensar que a corretude e a erroneidade são meras ficções da mente? Supostamente, há passos que conduzem de uma ideia à seguinte, mas Wilson falha em exprimi-los – pelo menos de uma maneira que nos ajude a avaliar a verdade do antirrealismo evolutivo.

10.4 – O ARGUMENTO DA IDIOSSINCRASIA

Não muito tempo depois do aparecimento de *Sociobiology*, Wilson se aliou ao filósofo Michael Ruse. A imagem que eles apresentaram foi a das "mãos dos filósofos descendo [...] para agarrar as mãos dos biólogos subindo" (Ruse e Wilson, 1986/1994: p. 430). O que a aliança deles significou foi um tratamento mais cuidadoso da questão da objetividade ética. E sua conclusão foi bastante direta: com base na "interpretação científica do comportamento moral [...] não podem existir quaisquer premissas éticas exteriores". Considero isso como sendo uma forma daquilo que tenho chamado de antirrealismo evolutivo.

O primeiro argumento que Ruse e Wilson introduzem eu chamarei de *Argumento da Idiossincrasia*. Ele funciona assim: O valor que atribuímos a coisas como a justiça, a equidade, a compaixão e a tolerância – para não mencionar o senso de *obrigação* que parece ser a marca registrada da esfera ética – emerge de processos cognitivos que foram eles próprios "produtos *idiossincráticos* da história genética de (nossa) espécie, e como tais foram moldados pelos regimes particulares da seleção natural" (1986/1994: p. 431).

Em outras palavras: "As premissas éticas são produtos peculiares da história genética". A palavra-chave aqui é *idiossincrático*, que meu dicionário define como uma "característica ou qualidade individualizante". O que Ruse e Wilson estão dizendo é que os pensamentos e sentimentos constitutivos de nosso senso moral vieram a favorecer (de uma maneira ou de outra) a sobrevivência dos primeiros hominídeos que enfrentaram problemas idiossincráticos (isso não está longe da tese explorada na Parte I).

É aqui que as coisas ficam interessantes. Se esses processos cognitivos fossem o resultado de produtos idiossincráticos de nossa história genética, então poderíamos ter tido processos cognitivos *diferentes*, se nossa história genética tivesse sido diferente (e lembre-se do capítulo 6 que nossa história genética poderia ter sido substancialmente diferente do que foi). Mas se poderíamos ter tido processos cognitivos diferentes, então poderíamos ter tido crenças éticas diferentes.

Ruse e Wilson nos convidam a imaginar uma "espécie alienígena inteligente" cujo caminho de evolução levou seus membros a valorizar "o canibalismo, o incesto, o amor pela escuridão e pela decadência, o parricídio e a ingestão mútua de fezes". Os membros dessa espécie sentem apaixonadamente que essas práticas são "naturais e corretas" – de fato, tão apaixonadamente quanto sentimos que a justiça e a compaixão são "naturais e corretas". Obviamente, seus "valores morais" não podem ser traduzidos para os nossos e vice-versa. A partir disso, Ruse e Wilson concluem que "não existem quaisquer princípios morais abstratos fora da natureza particular de espécies individuais" (1986/1994: p. 431).

Simplesmente acontece que matar pessoas por diversão é errado para criaturas como nós, mas o estatuto dessa afirmação é como o estatuto da afirmação de que o sono é uma parte importante de nossa saúde mental. Não precisava ser dessa maneira, e de fato as características de nossa espécie poderiam mudar para tornar falsa a afirmação. Voltemo-nos agora para o segundo argumento de Ruse e Wilson: o *Argumento da Redundância*.

10.5– O ARGUMENTO DA REDUNDÂNCIA

Deixe-me abordar esse argumento por meio de um rápido desvio pela *epistemologia* (isto é, o estudo filosófico do conhecimento). Você acredita que neste exato minuto você está lendo um livro. De fato, você poderia insistir em algo mais forte: Você *sabe* que você está lendo um livro neste exato minuto. Se lhe fosse pedido para justificar sua crença, você poderia citar suas experiências perceptuais – qual a *sensação* do livro em suas mãos, qual a *aparência* dele sob diferentes iluminações, e talvez até mesmo qual o *cheiro* e o *gosto* dele. Todas essas experiências perceptuais são melhor explicadas pelo fato de que há um livro independente da mente, que você está lendo neste exato minuto. Ele está realmente ali (ou aqui) e você o está detectando.

Além disso, seu comportamento é ligado de uma maneira importante ao seguinte *contrafatual* (isto é, como as coisas *poderiam ter sido*): se você não estivesse lendo este livro neste exato minuto, você não teria acreditado que está. Se você não estivesse lendo este livro neste exato minuto, você não estaria tendo as experiências perceptuais citadas acima. Se você tentasse exprimir isso, você poderia dizer que se encontra em um tipo particular de relação causal com o livro, tal que o livro *faz com que* você sinta e veja aquilo que você sente e vê. E se você não se encontrasse nessa relação causal com o livro, você não estaria tendo essas experiências.

O ponto é: se *fosse* o caso que você acreditasse estar lendo um livro neste exato momento *quer você estivesse ou não de fato lendo um livro* neste exato momento, então isso eliminaria sua justificativa para acreditar que o livro realmente existe. Por quê? Bem, sua crença não é mais uma evidência de que você está lendo um livro neste exato minuto. Sua crença foi desconectada da (suposta) existência do livro.

Misturando minhas metáforas, eu ofereceria a seguinte: Imagine que há um curto-circuito no painel de instrumentação do seu carro, que faz com que uma luz de "alerta do motor" se ligue e desligue arbitrariamente. Imagine também que a luz não esteja conectada de maneira nenhuma ao próprio motor. Então, da próxima vez que a luz se ligar, não há nenhuma razão para acreditar que há *realmente* um problema no motor – mesmo embora isso seja o que normalmente pensamos. Acreditar nisso é (como poderíamos dizer) redundante.

Já sabemos tudo que precisa ser sabido sobre por que a luz está se ligando. A luz se liga quer haja ou não um problema no motor. É claro, *poderia* haver um problema no motor, mas isso seria uma completa coincidência. E no que diz respeito à crença, precisaríamos de outras evidências que não a própria luz de alerta do motor. Algo semelhante ocorre no caso do livro: se você acreditasse que está lendo um livro neste exato minuto quer você estivesse ou não, então – na ausência de evidências de uma fonte outra que não a própria crença – não há nenhuma justificativa para acreditar que há realmente um livro na sua frente.

Esse é o ponto do Argumento da Redundância de Ruse e Wilson:

> *A explicação evolutiva torna a moralidade objetiva redundante, pois mesmo que não existissem premissas éticas exteriores, nós continuaríamos pensando sobre o certo e o errado como pensamos.* (1986/1994: p. 431)

Assim como a luz de alerta do painel, nosso senso moral se "liga" não porque estamos registrando alguma esfera moral independente. Ele se "liga" porque foi instalado por um processo que recompensou a sobrevivência e a reprodução – nada mais. Em outras palavras, o ponto não é detectar uma esfera de fatos morais separada. O ponto é o *sucesso reprodutivo*. Na linguagem de Ruse e Wilson, viríamos a crer que alguns atos são imorais *quer esses atos fossem ou não* imorais, dados os fatos da evolução darwinista. Isso nos move na direção de um tema que subjaz à maioria dos argumentos a favor do antirrealismo evolutivo: explicar as *causas* por trás de nossa tendência a realizar juízos morais elimina qualquer *razão* para acreditar em uma moralidade objetiva. Gastemos algum tempo com essa ideia.

10.6 – CAUSAÇÃO, JUSTIFICAÇÃO E... UM CADÁVER APODRECENDO

Suponha que a longa narrativa que relatamos na parte I esteja correta. Isto é, suponha que a razão pela qual tendemos a julgar que alguns atos são errados é inteiramente explicada pelo impacto dessa tendência sobre a adequação individual: Aqueles que pensam e se comportam moralmente, falando de modo geral, fazem mais bebês (do que aqueles que não realizam tais juízos). Se isso estiver correto, então nossas crenças morais não são resultado de uma resposta a uma esfera moral separada. Em vez disso, nossas crenças morais são resultado de um processo causal absolutamente desconectado de qualquer esfera moral. E o que isso implica? Bem, uma vez que temos uma narrativa causal que não necessita da existência da moralidade, então que razão temos para buscar uma *justificação* para nossos juízos morais? Aparentemente nenhuma.

Nesse caso, uma vez que sabemos o que causou nossos juízos morais, não há nenhuma necessidade de investigar se esses juízos são *verdadeiros*. Fazer isso é confundir causação e justificação. Com a ajuda da (mais uma) analogia, acho que podemos ser claros sobre essa diferença entre o que chamarei de *Projeto Explicativo* e *Projeto Justificativo*. Como enfatiza Ruse, oferecer uma explicação de nosso senso moral (o Projeto Explicativo) torna a justificação dos princípios morais (o Projeto Justificativo) algo "inadequado" ou desnecessário.

Imagine se deparar com um cadáver apodrecendo em um beco da cidade "Oh, *nojento*! Repugnante!". Sua resposta seria imediata e involuntária. E eu apostaria que os indivíduos em toda cultura do planeta teriam exatamente a mesma resposta a um cadáver em decomposição. Eu até apostaria que as crianças pequenas reagiriam de modo semelhante. Agora, o que melhor explica essa uniformidade de respostas? Como uma questão de psicologia humana, por que os seres humanos são tão propensos a esses "juízos de repugnância" em resposta a cadáveres em decomposição? Se a questão é proposta no nível da espécie, a resposta não é tão difícil de encontrar. Um Projeto Explicativo que se referisse a nossos "juízos de repugnância" deveria ser fácil de completar.

Agora sabemos bastante sobre os parasitas e bactérias associados aos cadáveres em decomposição, de modo que a proximidade física em relação a eles pode ser um sério risco de saúde. E o mesmo ocorria há milhares de anos. Esse então teria sido um problema adaptativo enfrentado por nossos ancestrais distantes: como evitar cadáveres em decomposição. Aquele primeiro ancestral (que muito provavelmente precedeu os hominídeos) que era inatamente equipado com a tendência a considerar os cadáveres como "nojentos" superou em termos de reprodução seus vizinhos que não possuíam aquela tendência. Equipar os primeiros humanos com uma tendência a considerar algumas coisas como nojentas teria sido algo barato e altamente efetivo.

Para completar esse Projeto Explicativo, seria preciso exprimir como nossos "juízos de repugnância" são particularmente sintonizados com certas indicações perceptivas, mas não há nada terrivelmente misterioso sobre como isso poderia ocorrer. Não precisaríamos saber nada sobre a repugnância *em si mesma*, pela simples razão de que a "repugnância" em si não é o problema. Poderíamos dizer que ela é uma ficção útil. O problema é explicar o processo causal que desencadeia esses juízos. Tudo que precisamos fazer é designar uma equipe de psicólogos cognitivos para a tarefa de explicar as causas por trás de nossos juízos.

Mas agora pense o seguinte. Imagine que você não está sozinho quando se depara com aquele cadáver apodrecendo. Uma amiga vê (e cheira) o que você vê. Mas, de modo bastante notável, sua amiga *não* responde como você. Ela olha curiosamente para o cadáver enquanto você se retrai com repugnância. Perplexo, você pergunta à sua amiga: "Você não acha que isso é nojento?". Ela responde, simplesmente: "Não". Você diz: "Não, é sério, isso é *nojento*!". "Não, é interessante", ela responde. Sua amiga parece ser sincera. Mas claramente ela cometeu um erro, você pensa. E assim você lhe mostra (caso ela não tenha percebido) a carne em putrefação, o odor rançoso, o trabalho cego e ativo dos vermes. "Sim, eu vejo tudo isso, mas não acho nojento", ela diz. Você está pasmo. Ela está claramente enganada, você pensa. Ela cometeu um *erro*. Há algo acerca da cena que ela falhou em apreender, a saber, que aquele cadáver é nojento. O cadáver tem a propriedade de *ser nojento*, e sua amiga – apesar de perceber as *outras* propriedades do cadáver: seu odor, sua aparência – falhou em perceber *aquela* propriedade.

Então você tenta *justificar* seu juízo, mostrar por que seu juízo de que o cadáver é de fato nojento é *verdadeiro* enquanto o juízo dela (de que ele não é nojento) é falso. Você aceita a explicação evolutiva de por que as pessoas tendem a fazer os juízos que fazem em resposta a cadáveres em decomposição, mas você acha que há uma explicação adicional, uma explicação sobre o que *justifica* os juízos de que algo é nojento. Essa explicação pode ajudar a decidir quem está correto e quem está incorreto em seus "juízos de repugnância". Aqui podemos empregar uma equipe de "repugnólogos" (do – onde mais? – Departamento de Repugnologia) para determinar se a repugnância está ou não objetivamente presente no cadáver. Esse seria o Projeto Justificativo.

É claro que tudo isso é bobo. O Projeto Justificativo, nesse caso, é equivocado. O que torna o projeto equivocado é que, conforme a reflexão, os "juízos de repugnância" não são o tipo de coisas que precisam de justificação. Além disso, não pensamos neles como o tipo de coisa que podem realmente ser verdadeiras ou falsas. Eles são realmente apenas uma questão de gosto – ou eu deveria dizer *des*gosto? Eles não são como julgar que a Torre Eiffel tem 180 metros de altura, ou que as Nações Unidas são ineficazes. Nesses casos, temos alguma ideia de como o mundo teria de ser para que o juízo representasse o mundo acuradamente. Mas os "juízos de repugnância" não são assim.

Quando você julga que algum objeto é nojento, não há necessidade de gastar muito tempo investigando o objeto, como se ao examiná-lo detalhadamente (talvez sob um microscópio) detectaríamos aquela propriedade elusiva da repugnância e assim justificaríamos nosso juízo. Um uso melhor de nosso tempo seria investigar *você*. O que há em você – sua constituição genética, sua formação, e assim por diante – que *explica* por que você fez aquele juízo? Afinal, você poderia ter tido uma experiência incomum quando criança, que explica, por exemplo, por que você acha o espaguete nojento. Em relação a nosso exemplo anterior, sua amiga poderia ser uma patologista forense com um longo histórico de exame de cadáveres, e isso explicaria por que ela não acha o cadáver em decomposição nojento.

Lembre-se do resultado do Projeto Explicativo. Podemos explicar tudo que precisa ser explicado sobre nossos "juízos de repugnância" sem jamais termos de assumir que *há realmente* coisas com uma propriedade especial – a repugnância – que os seres humanos são singularmente capazes de perceber. Assim, não há nenhuma razão para sair procurando motivos pelos quais nossos "juízos de repugnância" sejam verdadeiros. Uma vez que sabemos tudo que precisamos saber sobre por que o juízo é feito, não precisamos nos incomodar em perguntar: mas será que o juízo é justificado? Será que a pessoa tinha bases suficientes para pensar que o juízo é verdadeiro?

No caso da evolução e da ética, o Projeto Explicativo torna o Projeto Justificativo inadequado. Eis como Ruse coloca o argumento: "Às vezes quando alguém forneceu uma análise causal de por que alguém acredita em algo, esse alguém mostrou que o pedido de uma justificação racional é inadequado – não existe nenhuma" (1998: p. 124). Esse é o mesmo argumento que Ruse estava defendendo dez anos antes (1986: p. 102):

> *Tudo que alguém pode oferecer é um argumento causal de por que sustentamos crenças éticas. Mas uma vez que tal argumento seja oferecido, podemos ver que isso é tudo que é necessário.*

10.7– CONCLUSÃO

Wilson e Ruse ressuscitaram a ética evolutiva, mas não da forma como Spencer (e talvez Rachels) imaginaram. A resposta crítica a Spencer dava a impressão de que a evolução não tinha nenhuma relação com questões éticas substanciais. O domínio do *aquilo que é* não pode influenciar *aquilo que deve ser*. E assim pensou-se que a ética evolutiva pereceu em uma labareda de má filosofia. Ruse brinca que tudo que alguém precisava fazer era murmurar a frase mágica "Falácia Naturalista" a fim de virar a página e passar para outro tópico.

Mas Wilson e Ruse vislumbraram uma nova relação entre a evolução e a ética. Spencer pensava que a evolução *apoiasse* a ética.

Wilson e Ruse pensam que a evolução *destrói* a ética (pelo menos no sentido de que a ética consiste em regras objetivas). A mudança de abordagem em relação à ética evolutiva é melhor refletida no seguinte:

> *O evolucionista não mais está tentando derivar a moralidade de fundamentos factuais. Sua afirmação agora é que não há fundamentos de qualquer tipo a partir dos quais se possa derivar a moralidade [...]. Uma vez que, claramente, a ética não é algo inexistente, o evolucionista localiza nossos sentimentos morais simplesmente na natureza subjetiva da psicologia humana. Nesse nível, a moralidade não tem uma posição superior (ou inferior) à do terror que sentimos diante do desconhecido – outra emoção que sem dúvida tem um bom valor biológico.* (Ruse, 1986: p. 102)

Para apoiar sua visão, Wilson e Ruse oferecem vários argumentos. De acordo com o Argumento da Idiossincrasia, nossas crenças morais são resultado de um processo idiossincrático, e se esse processo tivesse sido diferente, nossos padrões morais teriam sido diferentes. Mas uma implicação da objetividade moral é a ideia de que os padrões morais *não* se alteram. O que é errado é errado – não importa quais sejam suas crenças e sua formação. De acordo com o Argumento da Redundância, acreditar na objetividade da ética é redundante, uma vez que acreditaríamos na objetividade da ética *quer ela fosse ou não* de fato objetiva. Isso pode ser melhor compreendido distinguindo os processos *causais* que levaram às nossas crenças morais, por um lado, da (suposta) *justificação* dessas crenças, por outro.

Ruse argumenta que a compreensão dos processos causais torna desnecessária a justificação de nossas crenças morais. Não existem quaisquer propriedades morais objetivas no mundo – assim como não existem quaisquer propriedades objetivas de repugnância no mundo. Nós acreditamos e falamos como se existissem, mas isso pode ser explicado sem se referir a tais coisas. Nossa explicação precisa apenas assinalar causas biológicas e ambientais. A evolução, de fato, nos enganou.

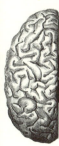

ANTIRREALISMO EVOLUTIVO CONTEMPORÂNEO

> *A disponibilidade de uma genealogia não moral parece nos deixar sem nenhuma razão para pensar que qualquer uma de nossas crenças morais seja verdadeira.*
> Richard Joyce. *The Evolution of Morality*

Em 2006, Richard Joyce publicou um livro em defesa do antirrealismo evolutivo, supostamente o mais abrangente até a época. A estrutura daquele livro era semelhante à deste livro. Ele começa defendendo a hipótese "provisória e, em certa medida, especulativa" de que a moralidade humana é inata. Essa é a hipótese que exploramos na parte I. Joyce então pergunta qual a importância filosófica dessa hipótese. Será que ela *vindica* a moralidade, como Spencer[1] supôs? Ou será que ela a *elimina*? Joyce defende a segunda hipótese. Assim como Ruse, Joyce nega que a moralidade tenha uma base objetiva. A discussão de Joyce sobre o antirrealismo evolutivo é a mais recente e a mais completa, então vale a pena gastar algum tempo recompondo seu argumento. No capítulo 12 consideraremos algumas respostas ao argumento de Joyce.

11.1– PÍLULAS DE NAPOLEÃO

Para motivar seu argumento em favor do antirrealismo evolutivo, Joyce conjura o seguinte experimento de pensamento. Imagine que exista uma pílula que, se tomada, fará você acreditar que Napoleão *perdeu* a batalha de Waterloo. E imagine que exista uma pílula que, se tomada, fará você acreditar que Napoleão *venceu* a batalha de Waterloo. Finalmente, imagine que existam antídotos correspondentes.

---

[1] E muitos outros além de Spencer. Joyce faz apontamentos contra diversas tentativas recentes de vindicar um tipo de realismo moral no contexto da evolução: Robert Richards (1986), Richmond Campbell (1996), Daniel Dennet (1995) e William Casebeer (2003).

Assim, por exemplo, se você tomasse o *antídoto* "Napoleão perdeu a batalha" (após ter tomado a pílula que provoca a crença de que Napoleão perdeu a batalha), você deixaria de acreditar que Napoleão perdeu a batalha de Waterloo. Você não acreditaria que é *falso* que Napoleão perdeu a batalha. Em vez disso, você não acreditaria nem desacreditaria que Napoleão perdeu aquela batalha. Você seria agnóstico (incidentalmente, essas pílulas deixam o restante de suas crenças intactas).

Agora imagine que você se convença de que, quando jovem, alguém *lhe* deu sorrateiramente a pílula que provoca a crença de que Napoleão perdeu a batalha de Waterloo. Digamos que você tenha evidências incontestáveis de que alguém o fez ingerir aquela pílula (suponha que seu médico de família apresente registros médicos sob ameaça de uma ação legal). É claro, você assume que "aprendeu" na escola que Napoleão supostamente perdeu aquela batalha, mas você não pode honestamente dizer como veio a ter essa crença. O que é claro agora, no entanto, é que (a) você acredita que Napoleão perdeu a batalha de Waterloo e (b) essa crença foi provocada pela ingestão da pílula relevante. Pare um segundo para deixar isso penetrar.

A questão que Joyce coloca nesse ponto é a seguinte: *Será que você deveria tomar o antídoto?* Será que você deveria tomar a pílula que extingue a crença de que Napoleão perdeu a batalha de Waterloo? Caso haja qualquer dúvida sobre seus motivos, vamos deixar claro que (assim como agora) você tem um interesse permanente em possuir crenças verdadeiras justificadas – ou, se você preferir, conhecimento. Então, será que você deveria tomar o antídoto? Joyce acha que *certamente*. No mínimo, sua crença de que Napoleão perdeu a batalha de Waterloo deveria ser "colocada na lista duvidosa". Você deveria ser agnóstico sobre os esforços de Napoleão em Waterloo. Será que você deveria acreditar que Napoleão *venceu* em Waterloo? Não. De acordo com Joyce, você deveria suspender todos os juízos a respeito de Napoleão em Waterloo. Você não é justificado em sustentar qualquer crença a respeito do *que realmente aconteceu* em Waterloo.

Por quê? Qual a lição que esse exemplo supostamente revela? Joyce pensa que a lição é a seguinte: "Em algumas ocasiões, o conhecimento sobre a origem de uma crença pode miná-la" (2006: p. 179). Como no exemplo de Joyce, se uma crença não se origina da maneira "normal", não devemos aceitá-la. O que entendemos por "normal"?

Vamos desenrolar a lição da seguinte maneira: Se a crença de que *p* (no qual *p* simplesmente representa alguma proposição como "Napoleão perdeu a batalha de Waterloo" ou "Hoje é segunda-feira", ou ainda "Dois mais dois é igual a quatro") não for causada direta ou indiretamente pelo *fato de que p*, então você não é justificado em sustentar essa crença. Essa não é a definição mais perspicaz, mas servirá por enquanto. No exemplo de Joyce, sua crença de que Napoleão perdeu em Waterloo não foi causada por uma percepção direta do evento (obviamente), mas tampouco foi causada indiretamente – por, digamos, uma cadeia de testemunho ligando você ao evento. Em vez disso, sua crença sobre Napoleão foi causada por algo *inteiramente não relacionado* ao (suposto) fato. Ela foi causada por uma pílula. Isso deveria eliminar sua confiança na verdade da crença.[2]

Aqui temos uma situação na qual o conhecimento da origem da crença a elimina. Assim, na medida em que você se importa em ter crenças verdadeiras, você deveria se importar com o fato de que sua crença sobre Napoleão foi causada por algo diferente do próprio (suposto) fato. Portanto, você deveria tomar o antídoto.

Se Joyce estiver correto sobre tudo isso, o que se segue sobre a moralidade? Bem, suponha que seja verdade que nossas crenças morais tenham sido causadas, de modo geral, pelos longos processos da seleção darwinista. Mas nós aprendemos nos capítulos de 6 a 10 que esses processos não foram guiados pelo que é moralmente melhor ou moralmente pior. Nossas explicações de por que temos as crenças morais que temos não se referem à esfera moral. Nossas explicações são puramente *descritivas*.

As explicações darwinistas não indicam como as coisas *devem* ser, nem identificam algumas formas como *boas* ou *más*. No que diz respeito às nossas mentes morais, Joyce argumenta que "a função que a seleção natural tinha em mente para o juízo moral não era (nada) remotamente semelhante à *detecção de uma característica do mundo*,

---

[2] Isso não é muito diferente do exemplo que introduzi no capítulo 10 a respeito da luz de alerta do motor em seu painel. Uma vez que o aparecimento da luz não foi causado por uma falha de funcionamento do motor (mas por algum curto-circuito arbitrário em outro lugar), você não está justificado em acreditar que há uma falha de funcionamento do motor com base na luz, apenas.

mas antes algo mais semelhante ao *encorajamento de um comportamento social bem-sucedido*" (2006: p. 131).

Contraste isso com nosso sistema visual. Nosso sistema visual foi selecionado porque seu propósito aparente (detectar visualmente objetos em nosso ambiente) era idêntico a seu propósito real (detectar visualmente objetos em nosso ambiente). Em outras palavras, não podemos explicar por que nosso sistema visual evoluiu sem mencionarmos *as coisas reais que visualizamos*. A evolução não nos enganou para acreditarmos que havia objetos reais, independentes da mente, em nosso meio. Tais objetos realmente estão em nosso meio (danem-se os céticos).

De acordo com Joyce, *não podemos* dizer a mesma coisa sobre nossas mentes morais. Nesse caso, *podemos* explicar por que nosso sistema moral de crenças evoluiu sem mencionar ações que *sejam realmente certas ou erradas*. Nesse caso, a evolução nos enganou.

Vamos juntar tudo isso. Nossas crenças morais não foram causadas pelos (supostos) fatos morais, mas por processos inteiramente não relacionados àqueles (supostos) fatos. Mas o exemplo das pílulas de Napoleão supostamente mostrou que se a crença de que *p* não é causada direta ou indiretamente pelo *fato de que p*, então você não é justificado em sustentar essa crença. Daí a conclusão do antirrealista: no que diz respeito às nossas crenças morais, não somos justificados em acreditar nelas. Deveríamos tomar o antídoto moral. Deveríamos suspender as crenças sobre quais *são realmente* nossos deveres morais. De fato, Joyce sugere que:

> Mantenhamos uma mente aberta sobre se existe alguma coisa que seja moralmente certa ou errada, (e aceitemos) a possibilidade de que descrever o mundo em termos morais esteja na mesma classe de levar os horóscopos a sério. (2006: p. 181)

Com toda probabilidade, continuaremos a *usar* a linguagem moral. Mas, assim como a linguagem sobre o Papai Noel, ela servirá para outros propósitos em vez de descrever como as coisas realmente são no mundo. Isto é, podemos falar *como se* o Papai Noel tivesse distribuído presentes na noite passada, mas dizer tais coisas não será interpretado (pelo menos por aqueles entre nós com idade suficiente para saber melhor) como uma tentativa de boa fé de explicar como os presentes realmente apareceram. Alguém poderia argumentar que dizer tais coisas é uma maneira útil de perpetuar uma tradição cultural valiosa. Segundo essa analogia, portanto, a linguagem moral poderia ser usada para todos os tipos de coisas. Mas se o antirrealismo evolutivo estiver correto, uma coisa para a qual ela *não pode* ser usada (pelo menos por aqueles que sabem melhor) é para descrever a maneira como o mundo realmente é. Em última análise, nada no mundo é objetivamente certo ou errado, ou bom ou mau. Acreditar nisso é um truque da evolução.

11.2– UM DILEMA DARWINISTA

Por volta da época em que Richard Joyce estava desenvolvendo seus argumentos a favor do antirrealismo evolutivo, Sharon Street estava desenvolvendo uma linha de argumentação que chegava, mais ou menos, à mesma conclusão. Street chamou atenção para um dilema enfrentado pelo realista moral. Um dilema, nesse contexto, significa que alguém tem duas escolhas para responder a um desafio, mas nenhuma delas parece boa. Você está danado se fizer, e danado se não fizer. O dilema, aos olhos de Street, tem a ver com a *relação* entre as forças evolutivas que desempenharam um "tremendo papel" na formação de nossas mentes morais, por um lado, e as (supostas) verdades morais independentes, por outro. O realista moral pode: ou *negar* que haja uma relação; ou *explicar* aquela relação. De acordo com Street, nenhuma das escolhas parece promissora.

Assim como Ruse e Joyce, Street passa das especulações sobre como nosso senso moral evoluiu para "o que pode ser dito filosoficamente". E o que pode ser dito filosoficamente, de acordo com Street, é o seguinte: "As teorias realistas de valores mostram-se incapazes de acomodar o fato de que forças darwinistas influenciaram profundamente o conteúdo dos valores humanos" (2006: p. 109). Sendo assim, as teorias realistas de valores deveriam ser abandonadas. Em vez delas, deveríamos adotar o *anti*rrealismo. Se o antirrealismo se mostrar verdadeiro, então não existem quaisquer fatos ou verdades morais que se sustentem independentemente de nossas atitudes. Isso significa que a moralidade está toda em nossas cabeças.

Os contornos do argumento de Street agora já deveriam parecer familiares. Ela começa com o mesmo conjunto de ideias que ensaiamos na parte I. Ela afirma que:

> *A seleção natural teve uma tremenda influência direta sobre [...] "nossas tendências avaliativas mais básicas", e essas tendências avaliativas básicas, por sua vez, tiveram uma grande influência sobre os juízos avaliativos que afirmamos.* (2006: pp. 119-120)

Os processos de evolução nos tornaram *propensos* a aceitar alguns juízos morais em detrimento de outros (pense sobre nossas preferências gustativas: nós naturalmente preferimos *brownies* a brócolis). Ecoando um ponto defendido por Wilson e Ruse, Street sustenta que se essas tendências avaliativas básicas tivessem sido diferentes, o *conteúdo* de nossos sistemas avaliativos (isto é, as coisas que de fato valorizamos) teriam sido diferentes. Street está atrelando seu cavalo à mesma carroça que Wilson, Ruse e Joyce (assim como muitos outros): A evolução moldou nossas mentes morais.

Agora, o que se supõe que o realista moral deva dizer em resposta a isso? Lembre-se que o realista moral insiste em que existem fatos ou verdades morais que vigoram *independentemente* daquilo que pensamos, sentimos ou desejamos, isto é, independentemente de nossas atitudes avaliativas. Como uma comparação, pense no formato da Terra. A esfericidade da Terra não depende de como você ou eu ou qualquer pessoa julgue o assunto. A Terra era redonda antes de acreditarmos nisso, e ainda será redonda (exceto no caso de colisões cósmicas) mesmo depois de não haver ninguém por perto para acreditar nisso. De fato, se o planeta fosse inteiramente desprovido de vida senciente, a Terra *ainda* teria sido redonda.[3]

Analogamente, para o realista moral, as verdades morais se mantêm independentemente de todas as nossas atitudes avaliativas. Por exemplo, matar outros por diversão é errado, não importando o que qualquer pessoa venha a acreditar, ou sentir, ou desejar. Isso era errado antes de acreditarmos nisso, e teria sido errado mesmo que nenhum de nós acreditasse nisso. O desafio para o realista moral, portanto, é dizer qual a relação que há entre essas verdades, por um lado, e a ideia de que a evolução moldou nossas mentes morais, por outro.

---

3 Para sermos justos, nem todos os filósofos aceitarão isso alegremente. A visão que estou propondo aqui é um realismo ingênuo, de acordo com o qual as propriedades do mundo são basicamente como nós as percebemos. Essa visão recebe um apoio unânime (?) do senso comum. Ela recebe um apoio misto por parte dos filósofos.

A primeira opção é *negar* que haja qualquer relação. O realista moral poderia sustentar que as forças evolutivas que moldaram nossas mentes morais não têm nada a ver com a existência e a estrutura dessas verdades morais independentes. Contudo, como sugere Street, isso parece implicar que essas forças evolutivas exerceram uma "influência puramente distorcedora" sobre nossos juízos avaliativos. Ela compara a situação a tentar velejar até Bermudas, mas deixar-se inteiramente à mercê do vento e das marés. O vento e as marés não se interessam aonde você quer ir, e com toda probabilidade empurrarão você na direção errada. É claro, se você chegasse às praias das Bermudas, isso seria no mínimo uma notável coincidência.

O que preocupa Street é que se você aceita a premissa de que as forças evolutivas de fato tiveram uma tremenda influência sobre nossas mentes morais, então a maioria de nossas crenças sobre o que é certo e errado, bom e mau, são "com toda probabilidade, em grande medida, equivocadas". Afinal, elas são "absolutamente saturadas e contaminadas com (uma) influência ilegítima" (2006: p. 122). Mas parece bastante implausível dizer que estamos errados em grande medida sobre as coisas que consideramos boas e más, certas e erradas. Certamente temos um domínio bastante bom sobre essas coisas. De acordo com Street, uma vez que negar qualquer relação (entre as forças evolutivas que moldaram nossas mentes morais e as verdades morais independentes) conduz a esse resultado cético, o realista moral faria melhor em abandonar a opção. O realista moral deve lidar com a outra opção. E a outra opção – como você se lembra – é tentar explicar qual é essa relação.

A maneira mais óbvia de explicar essa relação é por meio de uma *explicação de rastreamento*. Segundo essa explicação, alguns atos têm a propriedade objetiva de serem proibidos, e nós desenvolvemos por meio da evolução uma faculdade mental de "rastrear" aquela propriedade. Essa explicação é baseada no modelo de outros sistemas mentais. A razão por que temos um sistema de percepção visual, por exemplo, é que existem objetos no mundo físico que refletem a luz ambiente, e nossa faculdade perceptiva visual evoluiu para rastrear esses objetos. Fazer isso foi biologicamente benéfico.

No caso moral, a razão pela qual somos predispostos a realizar juízos morais é que tais juízos são, de modo geral, *verdadeiros*, e nossa faculdade moral evoluiu para rastrear essas verdades. Fazer isso foi biologicamente benéfico. Revisamos essas questões no capítulo 3. Ser capaz de reconhecer o que é moralmente proibido ou moralmente exigido, se todas as coisas permanecerem iguais, confere maiores vantagens reprodutivas a um indivíduo do que ser incapaz de reconhecer tais coisas. Enxergar a verdade moral, assim como enxergar a beira de um penhasco, é bom para você – e para sua prole.

Isso soa plausível, mas a plausibilidade é barata, argumenta Street. A questão é se há uma outra explicação mais persuasiva, que tenha todas as virtudes da explicação do rastreamento, mas careça de seus vícios. Em outras palavras, será que há uma explicação mais enxuta e mais cientificamente respeitável? Street acredita que há. Em competição direta com outras teorias científicas sobre nossas tendências morais, a explicação do rastreamento perde para o que ela chama de explicação do *vínculo adaptativo*. Segundo a explicação do vínculo adaptativo, nossas mentes morais evoluíram para ligar certas circunstâncias a comportamentos biologicamente benéficos – e é isso.

De acordo com Street, os juízos morais evoluíram não porque:

> *constituíam percepções de verdades avaliativas independentes, mas antes porque forjavam vínculos adaptativos entre as circunstâncias de nossos ancestrais e suas respostas a essas circunstâncias.* (2006: p. 127)

Ela compara essa tendência a um "mecanismo reflexo". O mecanismo não tem a função de detectar a erroneidade ou a corretude, a bondade ou a maldade no mundo. Em vez disso, o mecanismo meramente reforça um vínculo entre situações e respostas de um certo tipo. Um exemplo irá ajudar.

Suponha que você reconheça que Gertrudes lhe ajudou. Digamos que Gertrudes partilhou um tanto da comida dela com você. Esse reconhecimento, por sua vez, desencadeia um juízo de que você deve devolver o favor – isto é, você deve partilhar um tanto da sua comida com Gertrudes quando a oportunidade surgir. E esse juízo, por sua vez, motiva você a fazer justamente isso. Quando a oportunidade surge, você *compartilha* um tanto da sua comida com ela.

A questão crucial aqui é essa: qual a *função* do juízo de que você deve devolver o favor? Será que é, como a explicação do rastreamento sustenta, detectar aquela propriedade moral especial (a saber, o dever) que de algum modo "paira sobre" a situação? Isso parece biologicamente supérfluo – para não dizer misterioso. Não deveríamos dizer que a função do juízo de que você deve devolver o favor é simplesmente fazer você devolver o favor? Street acha que sim. Segundo a explicação do vínculo adaptativo, o objetivo é fazer você agir. Não é necessário que você detecte a (suposta) obrigação moral de devolver um favor. É necessário apenas que você *aja* de uma maneira específica.[4]

É claro que há diferenças entre mecanismos reflexos e juízos morais, como nota Street. Uma delas é que os juízos morais são apresentados a você como razões. Por exemplo, que uma ação seja errada é uma razão para não cometê-la. E temos o poder de deliberar sobre essas razões. Podemos aceitá-las ou rejeitá-las. Mas esse fato não atrapalha a explicação do vínculo adaptativo. Afinal, o *objetivo* de ter essas razões apresentadas a você é que elas fazem você responder de maneira que são biologicamente adaptativas. Somos mais sofisticados do que as dioneias, com certeza, mas somos sujeitos às mesmas forças evolutivas.

O ponto filosoficamente significativo aqui é o seguinte: a explicação do vínculo adaptativo fornece todo o poder elucidativo da explicação do rastreamento, mas com menos componentes. Melhor ainda, os componentes que a explicação do vínculo adaptativo abandona são admitidamente *peculiares*: a saber, a corretude e erroneidade objetivas. A explicação do vínculo adaptativo pode alegremente ignorar a verdade dos juízos morais. Será que mentir nessa ocasião é *realmente e verdadeiramente* imoral? Será que matar uma pessoa para salvar outras três é *realmente e verdadeiramente* permitido de um ponto de vista moral? No que diz respeito à explicação do vínculo adaptativo, questões como essa são, na melhor das hipóteses, irrelevantes.

De acordo com Street, a explicação do vínculo adaptativo pode elucidar tudo que poderíamos querer explicar sobre a presença de sistemas morais no mundo, mas "sem qualquer necessidade de postular

---

[4] O filósofo Philip Kitcher faz pressão sobre o mesmo ponto: "Não há nenhuma questão aqui de perceber verdades morais. O critério de sucesso não é a representação acurada, mas a melhoria da coesão social" (2005: p. 176).

um papel para a verdade avaliativa" (2006: p. 129). Na pior das hipóteses, tais questões são uniformemente falsas. Nada no mundo é imoral ou amoral.

O dilema darwinista que é, portanto, enfrentado pelo realista parece insuperável. Street acha que o realista moral não tem "nenhuma saída". Se o realista moral escolhe negar que existe qualquer relação entre a influência da evolução sobre nossas mentes morais e as verdades morais independentes, então ele tem de aceitar a insustentável visão de que a evolução "ou nos empurrou *para longe delas* ou nos empurrou de maneira que *não têm nenhuma relação* com essas verdades avaliativas" (2006: p. 135). Por outro lado, a única alternativa disponível é uma explicação de rastreamento de algum tipo. Mas, de acordo com Street, uma explicação de vínculo adaptativo sempre será (empírica e filosoficamente) preferível a qualquer explicação de rastreamento.

11.3– CONCLUSÃO

O filósofo Philip Kitcher provavelmente está certo quando diz que "os filósofos mais interessados pela base biológica da moralidade lutam com questões sobre a objetividade" (2005: p. 177). O que a revolução darwinista trouxe para a mesa dos filósofos morais, ao que parece agora, foi uma narrativa sobre por que temos as crenças morais que temos, e essa narrativa dispensa a moralidade *objetiva*. No capítulo 10, ofereci uma analogia baseada nas descobertas científicas de Michael Persinger: na medida em que sua justificativa para a existência de Deus se baseia unicamente em suas experiências religiosas, sua justificativa se atrapalha diante das causas neuropsicológicas de tais experiências. Richard Joyce oferece a analogia da pílula de Napoleão: na medida em que sua justificativa para acreditar que Napoleão perdeu a batalha de Waterloo é baseada meramente em ter a crença, então sua justificativa se atrapalha diante da descoberta de que lhe foi dada uma pílula que provocou tal crença. De acordo com Street, alguém que defenda a realidade das propriedades morais deve reconciliar de algum modo essa crença com o (suposto) fato de que a evolução exerceu uma tremenda influência sobre nossa disposição de adotar crenças morais.

12
OPÇÕES PARA O REALISTA EVOLUTIVO

> *Penso que não é nenhum acidente que os filósofos mais interessados pela base biológica da moralidade lutem com questões sobre a objetividade.*
>
> Philip Kitcher. *Biology and Ethics*

O realista evolutivo deve estar, nesse ponto, se sentindo acuado em um canto. Os dois capítulos anteriores pintaram uma imagem bastante sombria para qualquer um que seja simpático à ideia de que a moralidade é *real*, que as ações de fato podem ser *objetivamente* erradas, boas ou más. Então, quais os tipos de opções que estão disponíveis para alguém comprometido com a ideia do realismo moral? Neste capítulo, exploraremos quatro tipos de opções diferentes. A primeira opção envolve um instrumento bastante cego: Negar que a evolução desempenhou qualquer papel no desenvolvimento de nosso senso moral. Descrevo isso como um "instrumento cego" porque ele se recusa a aceitar a afirmação central do antirrealista evolutivo. Em vez disso, ele tenta limpar tudo da mesa e começar de novo.

As três outras opções que exploraremos tentam trabalhar dentro do referencial de desenvolvimento enfatizado pelo antirrealista evolutivo. Elas admitem, em medidas variáveis, a ideia de que a evolução desempenhou *algum* papel no desenvolvimento de nossas mentes morais. Será que isso compromete o realista com um tipo de explicação de rastreamento, como sugerido por Street no capítulo anterior? Não exatamente. De fato, acho que é justo dizer que pelo menos duas dessas posições – a dependência de respostas e a ética da virtude – representam a possibilidade de um *tipo de* realismo moral que não exige, para sua defesa, uma explicação de rastreamento.

O filósofo Jesse Prinz está preparado para defender a *dependência de respostas* como uma espécie de realismo moral. Segundo essa visão, a propriedade *erroneidade moral* é como a propriedade *engraçado* ou *repugnante*, no seguinte sentido: elas predispõem os sujeitos a responderem de maneira estereotípicas sob condições normais. Prinz duvida de que a evolução tenha desempenhado o papel definitivo que os antirrealistas que discutimos pensam que ela teve na formação de nossas mentes morais. Em vez disso, Prinz argumenta que a evolução é responsável por selecionar um conjunto básico de emoções que são então moldadas de maneiras importantes pelo ambiente. Não obstante, Prinz atribui algum papel à evolução na formação de nossas mentes morais, então sua visão não é o instrumento cego que descrevi acima.

Os filósofos William Casebeer e – de uma maneira bastante tímida – Philip Kitcher adotam uma abordagem diferente em resposta ao antirrealista evolutivo. Eles defendem uma versão da *ética de virtudes* no contexto da evolução. Isso significa que o foco da avaliação moral não está primariamente sobre a ação, mas sobre o caráter de uma pessoa. O eticista de virtudes busca responder à questão, "que tipo de pessoa eu deveria ser?", e não (ou não em primeira instância), "qual é meu dever moral?", e para responder à questão sobre que tipo de pessoa eu deveria ser, o eticista de virtudes contemporâneo olha para a seleção natural. Deixaremos os detalhes para depois.

Finalmente, baseando-me no trabalho de outros, ofereci uma posição moral construtivista, de acordo com o qual a corretude e a erroneidade moral consistem naquilo que os agentes (a partir de um ponto de vista particular) aceitariam como regras para governar o comportamento. Diferentemente das outras opções delineadas neste capítulo, minha posição é uma tentativa explícita de uma explicação de rastreamento. Estou preparado para dizer que a razão pela qual evoluímos para realizar juízos morais tem precisamente a ver com o fato de que a maior parte desses juízos era *verdadeira*. Deixarei os detalhes para depois.

Antes de começar, eu deveria tentar dizer algo sobre a controversa noção de *realismo moral*. Assim como tantos outros termos técnicos, o realismo moral não tem um significado aceito entre os filósofos.[5]

---

[5] O filósofo Crispin Wright lamenta que "um filósofo que afirme ser um realista a respeito [...] da ética, fez apenas, para a maioria das audiências filosóficas, pouco mais do que limpar a garganta" (1992: p. 1).

Até mesmo buscar uma concepção mínima é difícil. Mas deixe-me oferecer o seguinte: o realismo moral é verdadeiro apenas no caso de (1) as propriedades morais (como corretude ou erroneidade) existirem e (2) sua existência não depender de que qualquer pessoa pense (ou deseje, ou se importe) que elas existam. Essa é simplesmente uma extensão da definição geral de realismo.

Alguns filósofos insistem em algo mais robusto; outros se contentam em aceitar menos. Nossa discussão não será muito beneficiada por uma catalogação de todas essas diferenças – parcialmente porque a disputa acerca do realismo moral às vezes equivale a pouco mais do que uma disputa *terminológica*. Os filósofos dizem: compreendo todos os componentes de sua visão, mas será que ela merece o título de "realismo"? Bem, é claro que isso depende de sua definição de realismo. Mas alguém esperaria que estivéssemos interessados em assuntos mais substanciais do que definições. Por essa razão, proponho que gastemos nosso tempo discutindo os detalhes das próprias visões. Se a visão *realmente* merece ser chamada de realista é algo que podemos considerar como uma preocupação secundária.

12.1– OPÇÃO 1: APRENDENDO A DISTINGUIR O CERTO DO ERRADO

Lembre-se de que o *antirrealista* evolutivo motiva sua posição argumentando que nossa disposição de realizar juízos morais *não* é, em um sentido importante, aprendida. Antes, nosso senso moral é uma herança evolutiva. O ponto crucial da posição metaética do antirrealista é que quando examinamos essa herança evolutiva, vemos que não há nenhuma necessidade de apelar para uma esfera de fatos morais independentes para explicar nosso senso moral. Tudo de que necessitamos é a narrativa evolutiva.

Uma opção para o *realista* evolutivo é negar que nosso senso moral seja uma herança evolutiva. Excetuando a possibilidade de que nós o herdamos de alienígenas ou de Deus, tal negação implicaria que nós *aprendemos* a distinguir o certo do errado. E se o realista evolutivo puder defender essa posição, então ele terá aberto espaço para a possibilidade de que aprender a distinguir o certo do errado é em parte uma questão de aprender quais são os fatos morais. Em outras palavras, talvez a melhor explicação para o porquê de os seres humanos terem desenvolvido um senso moral deva fazer menção às propriedades morais que de algum modo existem independentemente dos seres humanos.

De outro modo, a explicação será incompleta. O antirrealista evolutivo pensa que sua posição é completa porque ela sustenta que a narrativa evolutiva explica tudo que queremos explicar. Mas se a narrativa evolutiva for irrelevante – ou, na melhor das hipóteses, incompleta – então ele estará errado. E o realista evolutivo poderá então tirar vantagem dessa abertura, fornecendo uma explicação do desenvolvimento moral que se baseia na "interação" humana com as propriedades morais.

Duas ressalvas sobre essa opção. Primeiro, adotar essa opção exige (entre outras coisas) uma completa rejeição do argumento *empírico* apresentado pelo antirrealista. Recorde as linhas de evidência introduzidas pelo antirrealista nos capítulos 5 e 6. Enquanto a especulação filosófica sem dúvida desempenha um papel aqui, o antirrealista pelo menos tenta atrelar essas especulações a uma linha de pesquisa, que vai desde a neurociência até a primatologia. Não é suficiente acusar o antirrealista de cometer um erro conceitual. Há um corpo de evidência com o qual é preciso lidar, curiosamente, caso a caso. Não pretendo sugerir que tal empreendimento esteja fora de questão.

De fato, já consideramos exatamente um empreendimento como esse nos capítulos 5 e 6. Meu ponto aqui é que a opção que estamos discutindo exige um trabalho empírico bastante pesado. E não importa o quão confortável nossa poltrona filosófica possa ser, não podemos esperar que essa opção produza resultados a menos que saiamos de nossa poltrona e enfrentemos os dados.

Uma segunda ressalva ecoa o tom da primeira. Em meu esboço original da opção realista, tive o cuidado de dizer que mostrar que o argumento evolutivo a favor do desenvolvimento moral é errôneo apenas "abre espaço para a possibilidade de" fatos morais. Ao dizer isso, tive a intenção de implicar que o trabalho do realista apenas começou. Abrir espaço para a *possibilidade* de que nossa visão seja verdadeira está muito longe de mostrar que nossa visão é verdadeira.

Demonstrar essa segunda coisa exige um envolvimento em um cuidadoso exame de como os juízos morais (conforme descritos no §3.1) são tornados verdadeiros por fatos acerca do mundo que todos podemos aceitar. O realismo moral não recebe nenhum passe especial no que diz respeito à sua própria defesa.

Então, com efeito, a opção 1 equivale ao *estágio* 1 de um programa de múltiplos estágios. O estágio 1 é em grande medida uma questão empírica, envolvendo uma crítica do argumento do antirrealista evolutivo em favor da evolução de nossa mente moral. O estágio 2, e além, é uma questão filosófica. Ele envolve ligar nossa concepção de juízo moral a fatos sobre o mundo. Em um sentido vago, eu apenas descrevi o trabalho do filósofo Jesse Prinz. Parte da razão pela qual decidi tratar seu trabalho de modo diferente, no entanto, será explicada na próxima seção.

12.2– OPÇÃO 2: DEPENDÊNCIA DE RESPOSTAS

Jesse Prinz não está convencido de que a moralidade seja inata. Nós examinamos suas preocupações no §5.6. A principal preocupação de Prinz parece ser (como ele colocou recentemente) a "absolutamente vertiginosa" variação de códigos morais ao redor do mundo (2008a: p. 221). Ele também sugere que os dados para os quais Joyce e outros apontam ao defender o nativismo moral podem ser explicados com a mesma facilidade por uma explicação *não* nativista. Em outras palavras, não precisamos postular alguma "faculdade" moral especial da mente a fim de explicar (por exemplo) as semelhanças interculturais ou o aparente conhecimento moral das crianças. Ainda assim, Prinz não tende a rejeitar o papel da evolução no que diz respeito a nossas mentes morais.

Prinz acredita que nós *viemos* ao mundo equipados com um conjunto de capacidades que subscrevem um senso moral, a saber, a capacidade de *sentir*. Para Prinz, as emoções são centrais para a moralidade (ele defende sua posição em *The Emotional Construction of Morals – A construção emocional da moral*). E Prinz acredita que a evolução pode desempenhar um papel crucial ao explicar por que temos as emoções que temos. As assim chamadas "emoções morais" são construídas a partir de emoções mais básicas. Assim, por exemplo, a raiva moral é uma raiva dirigida contra aqueles que violam direitos ou cometem uma injustiça. A culpa é uma tristeza dirigida *ao próprio indivíduo* quando esse violou direitos ou cometeu uma injustiça (Prinz, 2008a: p. 69ss.). E na medida em que as pressões darwinistas são responsáveis por esses sistemas afetivos nos seres humanos, então a evolução e a moralidade não são, na visão de Prinz, desvinculadas.

Isso, contudo, pode lhe parecer estranho. Você poderia ser tentado, por exemplo, a suspeitar que a visão psicológica moral de Prinz conduza de modo inconsútil ao *anti*rrealismo evolutivo. Afinal, você poderia argumentar que se a moralidade humana pode ser explicada meramente apontando para as disposições emocionais de criaturas como nós, então não há nenhuma necessidade de apelar para fatos morais. A moralidade não é nada mais do que os puxões e empurrões de nossos próprios estados emocionais. A moralidade – ao que pareceria – está toda em nossas cabeças. Prinz acha que a questão é mais complicada do que isso. De fato, seu raciocínio o leva a afirmar que "os fatos morais são tanto reais quanto motivadores" (2008a: p. 223). O realismo moral tem uma voz, afinal.

Agora, antes que os proponentes do realismo moral deem sua volta da vitória, é importante compreender exatamente o que essa visão acarreta – e o que ela *não* acarreta. Pois é especialmente o que a visão não acarreta que pode desapontar alguns realistas morais. Antes de mais nada (caso alguém tenha na verdade imaginado outra coisa), os fatos morais não serão em nada parecidos com, digamos, fatos físicos. Eles não são entidades concretas que você poderia colocar no bolso ou observar em um microscópio. Nenhuma grande perda aqui, uma vez que poucos provavelmente esperavam que os fatos morais tivessem *esse* tipo de constituição. Mas, indo além, os fatos morais, na visão de Prinz, também não se parecerão em nada com fatos numéricos.

Os filósofos normalmente tratam os números como objetos *abstratos*, objetos que são reais, embora não tenham uma localização no espaço ou no tempo. Alguns filósofos morais gostam dessa ideia e buscaram modelar os fatos morais segundo os fatos numéricos. Mas Prinz não será um grande conforto aqui, tampouco. Sua visão não faz em nada os fatos morais serem como os números. Então, o que Prinz está oferecendo?

Prinz, seguindo o trabalho de outros teóricos da dependência de respostas, argumenta que a propriedade de *ser errado* é como a propriedade de *ser engraçado*, da seguinte maneira: Ter essa propriedade é simplesmente ter a tendência a provocar certas respostas em observadores. Não queremos dizer, por exemplo, que as coisas são engraçadas porque têm algum pó de comédia especial polvilhado sobre elas. Ou, em um espírito mais acadêmico, que elas são instâncias de uma "relação incongruente" entre a inteligência humana e o hábito humano (como sugerido pelo filósofo Henri Bergson). Em vez disso, o que tornam engraçadas as coisas engraçadas é apenas que elas tendem a divertir as pessoas. É isso. Se saírmos procurando por algo que *unifique* todas essas coisas, em um nível *abaixo* dessas respostas típicas, sairemos de mãos vazias, de acordo com os teóricos da dependência de resposta. Ser engraçado é um exemplo de uma propriedade *dependente de resposta*, porque o que torna verdadeiro que um dado objeto (uma piada, uma pessoa etc.) é engraçado depende essencialmente das *respostas* típicas dos observadores. Se a maioria das pessoas não tende a achar engraçada uma certa piada, então segundo essa visão ela não é engraçada. Outras propriedades dependentes de resposta poderiam incluir *ser delicioso*, *ser abominável*, *ser repugnante*.

Prinz é atraído por essa visão em parte porque ela se adequa à intuição de que você de fato pode estar *enganado* sobre o que é engraçado ou sobre o que é delicioso. Deixando de lado os casos exóticos, funerais não são engraçados e carne podre não é deliciosa. Se você julgasse de outro modo, você estaria enganado. No entanto, seu erro *não* estaria em uma falha de apreender alguma profunda propriedade (comediática ou funérea), mas simplesmente em uma falha de estimar o que tende a fazer as pessoas rirem ou o que tende a dar prazer gustativo às pessoas.

Então o que significa dizer que *ser errado* é uma propriedade dependente de respostas? Grosseiramente falando, uma ação é errada somente caso ela tenda a causar desprazimento (ou desaprovação) em observadores. Assim como no caso do humor, se saírmos procurando por algo que unifique todos os atos imorais, em um nível abaixo das respostas típicas, sairemos de mãos vazias. Não podemos assinalar o que é imoral sem apelar para o modo como tais atos tendem a atingir os observadores.

Dessa maneira, os juízos morais podem ser tratados como *suscetíveis de verdade*, isto é, como capazes de serem verdadeiros ou falsos. Além disso, deveria ser óbvio que alguns juízos morais de fato serão verdadeiros. Por exemplo, seu juízo de que você deve ajudar outros se eles ajudaram você no passado. O que os torna verdadeiros tem a ver com o tipo de respostas que tais atos tendem a produzir em observadores. Dessa maneira, Prinz (e outros teóricos da dependência de respostas) podem promover sua visão como um tipo de realismo moral. Existe, afinal, um fato da questão que se roubar o carro de seu vizinho por diversão é errado. E esse fato se encontra fora do que você vem a pensar, ou desejar, ou o que quer que seja.

Admitidamente, esse tipo de realismo pode não satisfazer a todos. Os leitores sagazes serão rápidos em observar que segundo essa visão os fatos morais são suspeitosamente *contingentes* – isto é, eles poderiam com igual facilidade ter sido diferentes. Não apenas isso, mas a visão de Prinz parece positivamente *relativista*. Pois relativamente a uma cultura em que as respostas emocionais tendem a ser *diferentes*, atos que consideramos impermissíveis podem se revelar permissíveis. Nas culturas ocidentais modernas, por exemplo, matar membros de outro grupo para promover a própria condição é algo visto com desaprovação. Mas em algumas culturas primitivas, essa mesma prática é vista com aprovação. Se a visão de Prinz estiver correta, então essa prática é errada em nossa cultura, mas não é errada em outra cultura. Afinal, não há nada na visão de Prinz que exija que todas as pessoas em todos os lugares tendam a ter o *mesmo* tipo de resposta emocional ao mesmo tipo de comportamento. É claro, onde isso for verdade haverá uniformidade moral, onde não for, haverá pluralidade moral.

Embora essas implicações possam ser perturbadoras, elas não equivalem a uma crítica da visão de Prinz. O que se deve manter em mente aqui é que enquanto Prinz pode ter prometido um *realismo* moral, ele não prometeu a *objetividade* moral. A primeira noção implica, de modo bastante grosseiro, que existem fatos da questão acerca do que você deveria ou não deveria fazer, moralmente falando. A segunda noção implica, de modo bastante grosseiro, que esses fatos morais não são sujeitos às várias atitudes que as pessoas possam adotar a respeito deles.

Evidentemente, na visão de Prinz, o realismo moral não acarreta a objetividade moral. De qualquer modo, Prinz é levado a essa visão porque ela tem sucesso em acomodar duas observações importantes: primeiro, que as emoções são centrais para o juízo moral; segundo, que as visões morais variam entre as culturas. Se isso não é o que os leitores esperavam de uma posição realista moral, Prinz certamente diria que isso reflete um problema – não na visão –, mas no observador. Prinz positivamente abraça o relativismo (ele o chama de subjetivismo) com a mesma confiança com que ele rejeita o antirrealismo.

As respostas às visões de Prinz, no momento deste escrito, estão apenas começando a aparecer. Não podemos dizer como sua visão será recebida de modo geral. Ainda assim, sabemos como pelo menos um *anti*rrealista evolutivo – Richard Joyce – se sente. Mas em vez de discutir as respostas de Joyce a Prinz aqui, vou esperar até o final do capítulo. Pois Joyce acha que suas respostas a Prinz se aplicam, com *força igual*, ao tipo de posição construtivista que ofereci. Assim, para fins de continuidade, gostaria de primeiro esboçar as outras duas opções disponíveis para o realista moral antes de voltar a Joyce e suas críticas.

12.3– OPÇÃO 3: A ÉTICA DE VIRTUDES NATURALIZADA

A história da filosofia moral – pintada com um pincel *bastante* amplo – não começou com discussões sobre certo e errado, dever moral, ou direitos. A busca por uma análise de o que torna uma ação imoral teria parecido estranha, se não mal orientada, para os antigos filósofos. Do ponto de vista de um dos filósofos antigos mais influentes, Aristóteles, a questão filosófica fundamental era, em certo sentido, muito mais ampla do que isso. Deveríamos estar perguntando: "Como eu deveria viver?", "Que tipo de coisa(s) eu deveria buscar?". Embora tais questões, sem dúvida, sejam ligadas aos juízos morais conforme os descrevemos, também se estendem para além deles e por baixo deles. Para Aristóteles e os aristotélicos posteriores, tais questões nos empurram na direção de perguntar: "Que tipo de pessoa eu deveria ser?", "Quais as características que são boas para que eu as tenha?".

A palavra grega para essas características é arete, frequentemente traduzida como "virtude". Daí, a ética de virtudes. Ao catalogarmos as várias virtudes, podemos então dizer quais tipos de características devemos desenvolver em nós mesmos. Os eticistas de virtudes (seguindo Aristóteles) frequentemente apontam para características como a honestidade, a gentileza, a coragem e a temperança. Ter essas características, de acordo com Aristóteles, é algo que constitui a melhor vida. É bom tê-las.

Mas por que *essas* características? Afinal, é logicamente possível que as virtudes sejam radicalmente diferentes do que supomos. Talvez a vida boa consista em fraude, mesquinhez e cobiça (Não é que Gordon Gecko, o herói fictício do filme de 1987 *Wall Street*, famosamente proclamou, "A cobiça é [...] boa"?). É aqui que o trabalho do eticista de virtudes começa, pois necessitamos de uma razão convincente para pensar que a melhor vida consiste em características como a honestidade e a generosidade, e não em características como a mesquinhez e a cobiça. O que há conosco que torna tais características virtudes? Como sabemos o que é bom para criaturas como nós?

A resposta de Aristóteles foi refrescantemente direta: A *função*. Considere: o que torna um bom martelo *bom*? O que torna um bom pianista *bom*? O que torna um bom computador *bom*? Ninguém tentaria responder a essas questões iniciando uma investigação sobre as propriedades microfísicas desses itens, como se cada coisa tivesse algum átomo de "bondade" em comum com o restante. A resposta está muito mais próxima da superfície. O que torna um bom martelo bom é sua habilidade de martelar bem os pregos, extraí-los facilmente, e assim por diante. O que torna um bom pianista bom é sua habilidade de tocar bem. O que torna um bom computador bom é sua habilidade de processar informação rapidamente e acuradamente, sua habilidade de armazenar uma grande quantidade de informação, e assim por diante. O que podemos generalizar a partir desses exemplos? Isto é, como você completaria a definição seguinte?

Para qualquer coisa *x*, *x* é boa se e somente se *x* ___.

Bem, em cada um dos casos acima, o que tornava um item particular bom era sua habilidade para *realizar bem sua função*. Um bom martelo é tornado bom precisamente porque ele realiza bem sua função designada. Um bom pianista é bom precisamente porque realiza bem sua função designada. E assim por diante.
Com essa pequena fórmula em mãos, podemos voltar ao nosso assunto favorito: *nós*. O que torna uma boa pessoa *boa*? O que torna uma boa vida (humana) *boa*? Responder essas questões exige, como em nossa fórmula, compreender nossa função. Aristóteles coloca as questões dessa maneira:

> *Será então que o carpinteiro e o curtidor de couro têm certas funções e atividades, e o homem enquanto tal não tem nenhuma? Terá ele nascido sem função? Ou, assim como o olho, a mão, o pé, e em geral cada parte do corpo evidentemente tem uma função, pode-se estabelecer que o homem, do mesmo modo, tem uma função independente de todas essas? Qual será ela, então?* (1988/350 a.C., Livro I, §7)

Esse é o eixo central da narrativa do eticista de virtudes. Se ele puder colocar essa peça do quebra-cabeças no lugar, então poderemos traçar uma linha direta dos fatos naturais para fatos sobre como devemos viver nossas vidas. O método que Aristóteles usa para identificar nossa função envolve buscar por aquela capacidade que nos distingue de outras criaturas. E de acordo com Aristóteles é a "vida do elemento racional" que nos distingue de outras criaturas. Em outras palavras, nossa habilidade de raciocinar e seguir a razão. Diferentemente de outras criaturas, nós não (sempre) comemos quando estamos com fome ou lutamos quando somos confrontados. Em vez disso, somos únicos em nossa habilidade de *deliberar*, de ponderar considerações tanto a favor quanto contra um curso de ação. Talvez comer (ou lutar) agora entre em conflito com outros objetivos.
De qualquer modo, o que nos distingue é essa capacidade de deliberar, de raciocinar. Se isso estiver correto, então segue-se (de acordo com Aristóteles) que o que torna uma vida humana boa é uma vida

vivida de acordo com a razão. Agora Aristóteles desenvolve sua ideia de uma vida vivida de acordo com a razão sugerindo que adotemos certas virtudes intelectuais e sociais (ou morais), mas podemos parar por aqui em vez de ir mais fundo. Já encontramos alguns obstáculos.

Uma preocupação que os leitores modernos têm com essa linha de raciocínio tem a ver com nossa característica distintiva. Será que é tão óbvio, eles perguntam, que os seres humanos são de fato o *único* organismo com o tipo de poderes deliberativos que Aristóteles cita? Não parece que os primatas superiores sejam os brutos irracionais que podemos ter imaginado. Mas esse não é o único problema. Suponha que seja verdade que os seres humanos sejam únicos em sua habilidade de raciocinar. O que nos permite passar dessa afirmação para outra de que o raciocínio é nossa *função*? Afinal, há certamente outras características que são únicas aos seres humanos: por exemplo, caminhar ereto, a gramática recursiva, usar chapéus. Será que alguém está seriamente supondo que, uma vez que estamos sozinhos em nossa habilidade de falar uma linguagem (digamos), nossa *função* é falar? Que deveríamos falar *mais*? Se o movimento daquilo que distingue os seres humanos para a função humana é de fato ilícito, então algo mais precisa ser feito para nos convencer de que a melhor vida para nós é a vida da razão.

Talvez de uma importância ainda maior para o pensador moderno seja a concepção que Aristóteles tem do mundo natural, em particular sua visão de que todos os tipos naturais (animais, plantas, até mesmo pedras) têm um propósito, ou *telos*. Na visão de Aristóteles, assim como podemos dizer que o propósito ou função dos martelos é martelar pregos, podemos dizer também que o propósito dos pássaros é voar, o dos peixes é nadar, e assim por diante. Mas a ciência moderna (como notamos no §6.2) parece ter eliminado essa imagem. Nós não mais concebemos o mundo como um lar de objetos, cada um dos quais "se esforça" rumo a um estado aperfeiçoado, um estado correlacionado com sua essência. Com certeza, os pássaros voam. Mas é um tipo inteiramente diferente de enunciado lógico dizer que eles *devem* voar, que voar é sua essência. Em um nível mais profundo, os cientistas estão desconfortáveis com a ideia de que em adição a todas as propriedades físicas que constituem um organismo particular (por exemplo, os átomos que constituem uma cobra), há alguma propriedade não física que de algum modo se liga à cobra: a saber, sua função, o que ela *deve* fazer. Mas onde exatamente está essa propriedade misteriosa? Dentro de suas células?

Essas críticas, contudo, não afundaram os aristotélicos, pois os amigos da função não abandonaram sua causa. A partir dos anos 1970, filósofos da biologia tentaram ressuscitar (e tornar respeitável) o discurso das funções. Dirigindo a ressurreição estava a seleção natural darwinista. O filósofo da biologia Larry Wright (1973) propôs que compreendêssemos o discurso sobre as funções em termos do discurso sobre a *seleção*. Considere um caso fácil: o coração humano. A biologia moderna fornece um argumento convincente afirmando que o coração humano bombeia o sangue porque foi selecionado ao longo da história evolutiva. Talvez, portanto, essa seja a maneira como devemos compreender a ideia intuitivamente convincente de que o coração humano tem uma função: ele foi selecionado para bombear o sangue, e sua seleção explica sua presença moderna. As funções, portanto, podem simplesmente ser "lidas" a partir do registro da seleção evolutiva.

Alguns neoaristotélicos decidiram acompanhar esse esforço para legitimar o discurso sobre funções. Por exemplo, o filósofo William Casebeer emprega essa concepção moderna de função como uma maneira de (como ele coloca) "atualizar Aristóteles" (2003: p. 49). O truque é trocar a concepção implausível de natureza de Aristóteles por uma cientificamente respeitável. No que diz respeito às funções, Casebeer adota uma análise introduzida pelo filósofo Peter Godfrey-Smith: "Funções são disposições e poderes que explicam a manutenção recente de uma característica em um contexto seletivo" (1994: p. 344). Em outras palavras, as funções são aquelas disposições sobre as quais agiram as pressões seletivas "recentes". Casebeer acredita que essa "concepção inteiramente naturalizada de função" (2003: p. 53) é precisamente o que é necessário para colocar Aristóteles de volta em uma base firme. Com uma noção cientificamente respeitável de função em mãos, podemos então mostrar que, como coloca Casebeer, "os fatos morais são fatos funcionais" (2003: p. 53).[6]

---

6 A proposta de Casebeer não é ortodoxa de mais de uma maneira: A ética de

Segundo essa versão atualizada de Aristóteles, o que devemos moralmente fazer seguem-se aos tipos de características que devemos desenvolver. E os tipos de características que devemos desenvolver seguem-se aos tipos de criaturas que somos destinados a ser. E (finalmente) os tipos de criaturas que somos destinados a ser seguem-se de nossas funções biologicamente dadas.

Então, o que tudo isso significa na prática? A resposta é menos direta do que se poderia esperar, pois deslindar nossa função (ou funções) exige um contínuo trabalho empírico. Isso não é meramente (ou dificilmente) uma questão de apenas pensar bastante sobre nosso passado evolutivo a partir da poltrona filosófica. O que é necessário é um estudo biológico. De modo geral, contudo, nossas funções irão se "aninhar" ou se "empilhar uniformemente", de acordo com Casebeer. As funções de nível inferior servirão, em geral, às funções superiores. Por exemplo, Casebeer enfatiza a natureza social de nossa espécie, algo que notamos ao longo da parte I.

Assim, ser um "bom humano" acarreta desenvolver características que servem a essa função de nível superior. Casebeer admite que há um "rico complexo" aqui e esmiuçar esse complexo exige um grau de compreensão biológica que não possuímos ainda. De qualquer modo, o que Casebeer parece ter fornecido é uma maneira fundamentada de reconciliar fatos morais com uma explicação evolutiva do desenvolvimento moral. Seria enganoso representar essa explicação como uma explicação de rastreamento, segundo a qual nós evoluímos para "rastrear" fatos morais que de algum modo existem independentemente de nós. Na visão de Casebeer, os fatos morais não são mais misteriosos do que os fatos funcionais. E os fatos funcionais (pelo menos como Casebeer os compreende) são fatos biologicamente respeitáveis, fatos que são realmente objetivos, mesmo que "não sejam encontrados no próprio ambiente, mas antes no interior do organismo" (2003: p. 48).

O filósofo Philip Kitcher oferece um esboço um pouco diferente

---

virtudes é normalmente pensada como sendo uma posição ética normativa – não uma posição metaética. Isto é, a ética de virtudes visou tradicionalmente fornecer-nos uma orientação sobre como viver, não explicar a estrutura metafísica subjacente ao discurso e ao comportamento moral.

de uma ética de virtudes naturalizada. Uma vez que Kitcher apenas resume sua posição, uma posição que ele pode ou não escolher desenvolver mais, citarei sua ideia por inteiro:

> *A função mais imediata da orientação normativa (e das regras da proto-moralidade) era reforçar as capacidades psicológicas que tornaram a sociabilidade possível para nós em primeiro lugar. Essas capacidades psicológicas envolveram uma habilidade de ter empatia com as necessidades e interesses de alguns outros e em alguma medida, e elas foram reforçadas por diretrizes de levar mais em conta os planos e projetos de outras pessoas, mesmo onde não há, pelo menos inicialmente, nenhuma resposta empática. Podemos dizer, portanto, que a função primária da moralidade é estender e amplificar essas disposições altruístas primitivas através das quais nos tornamos animais sociais em primeiro lugar, e isso tem o efeito secundário de promover a coesão social. Segundo a explicação de funções que prefiro, a função pode ser atribuída ao impacto sobre nosso altruísmo, mesmo embora o processo de seleção (natural ou cultural) possa atentar para diferenças na harmonia social. Poderíamos dizer que a função da moralidade é a melhoria da coesão social através da amplificação de nossas disposições psicológicas altruístas.* (2005: p. 178)

Segundo compreendo Kitcher, a evolução estabeleceu algumas capacidades rudimentares, capacidades não inteiramente diferentes das capacidades que Prinz sugeriu: a saber, *sentir*. Em particular, a capacidade de sentir empatia pelos outros, de sentir a dor deles, de se identificar com seus desejos etc. Mas essas capacidades são notoriamente limitadas. A dor do seu amigo significa mais para você do que a de um estranho. Contudo, como vimos na parte I, estender a empatia para incluir aqueles que estão além de seu círculo imediato produz dividendos biológicos reais. Na visão de Kitcher, esse é o papel da moralidade: estender a empatia de um indivíduo a outros. Isso implica que, como criaturas morais, *nossa função* é estender nossas respostas empáticas, ampliar nossas tendências altruístas.

A virtude, portanto, é uma questão de desenvolver aquelas características que, como coloca Kitcher, amplificam nossa disposição biologicamente dada para o altruísmo. Assim como Casebeer, Kitcher propõe uma maneira de aceitar a explicação evolutiva de nossas mentes morais sem desistir da ideia de que há maneiras objetivamente melhores e piores de viver. Assim como você pode se enganar sobre a função do coração humano (por exemplo, manter o ritmo), você pode se enganar sobre *sua* função *como ser humano*.

As tentativas de naturalizar Aristóteles, de oferecer uma ética de virtudes cientificamente fundamentada, estão apenas começando a circular entre os filósofos morais. É cedo demais, portanto, para saber quanto sucesso essas ofertas terão. Sabemos, contudo, o que um dos principais participantes do debate, Richard Joyce, pensa sobre a naturalização da ética de virtudes. Consideraremos sua resposta no §12.5. Primeiro vamos examinar uma última opção para o realista moral.

12.4– OPÇÃO 4: CONSTRUTIVISMO MORAL

Talvez Prinz tenha percebido alguma coisa. Lembre-se que Prinz queria abrir espaço para os fatos morais, mas de uma maneira perfeitamente compatível com (se não fortemente dependente de) uma explicação evolutiva do desenvolvimento moral. Sua solução foi adaptar visões de dependência de respostas de uma maneira que pudesse acomodar a base emocional da moralidade e o realismo moral. Os fatos morais são reais, apesar de dependentes da mente. Acredito que esse é, em geral, o modo como a moralidade deve ser compreendida.

Diferentemente de Prinz, no entanto, acredito que minha explicação da moralidade produz a conclusão de que os fatos morais são objetivos, não relativos. Além disso, minha explicação é uma simples *explicação de rastreamento*, no sentido de que nossas mentes práticas evoluíram como o fizeram porque estavam rastreando fatos morais. Se os fatos morais fossem diferentes, nossas mentes morais também o seriam.

Minha proposta tem duas partes. A primeira parte envolve um refinamento da narrativa que apresentamos na parte I sobre como evoluímos para pensar moralmente. Argumento que desenvolvemos uma sensibilidade especial em relação ao modo como os outros enxergariam nosso comportamento (de um ponto de vista particular). A segunda parte é uma narrativa metaética, isto é, uma narrativa sobre o que são os juízos morais e sobre o que torna *verdadeiros* os juízos morais verdadeiros (e sim, acredito que alguns juízos morais sejam de fato verdadeiros).

Como eu argumento, essas duas narrativas juntas poderiam ser lidas para implicar que a evolução de nosso senso moral particular foi o resultado do reconhecimento de fatos sobre *acordos hipotéticos*. Um primeiro ser humano, disposto a julgar que os outros poderiam razoavelmente objetar àquilo que ele tinha intenção de fazer, e sendo motivado por esse juízo, melhorou a adequação reprodutiva parcialmente porque tais juízos eram às vezes *verdadeiros*. E isso, aliás, constitui um realismo moral digno do nome – ou isso é o que defendo.

Primeiro, desenvolvemos através da evolução uma disposição de considerar como os outros provavelmente reagiriam ao nosso comportamento. As pressões adaptativas do convívio social teriam estabelecido um prêmio para a realização de juízos – frequentemente situados no interior das emoções – no sentido de que outros poderiam *razoavelmente desaprovar* alguma fração de conduta. Um primeiro ser humano que se importava profundamente com o modo como outros que compartilhavam um ponto de vista social particular poderiam responder à sua ação gozava dos benefícios de mais intercâmbios coopertativos do que aqueles primeiros seres humanos que não se importavam.

E isso, por sua vez, conferia uma vantagem reprodutiva àquele indivíduo. Alguém que não considerasse e/ou se importasse com o modo como os outros poderiam responder a seu comportamento não seria um parceiro confiável. Afinal, ele não se absteria de realizar atos que pudessem prejudicar ou ameaçar os interesses dos outros.

Mas manter um registro de como cada um dos vizinhos poderia responder a um leque de comportamentos seria difícil. E um erro de cálculo poderia ser custoso. Por exemplo, se você erroneamente pensa que Ogg não se incomoda ao ser enganado (quando é na verdade o irmão dele, Agg, que não se incomoda), você corre um sério risco de ser ostracizado pelo grupo. Conforme vejo, uma solução óbvia – para não dizer barata – seria a adoção de um ponto de vista padrão: se sua contraparte aqui estivesse apenas buscando princípios de acordo com os quais todos pudessem concordar viver, será que ele teria qualquer razão para condenar seu comportamento?

Tenha em mente que o processo que levou a esse estágio, assim como os processos que levaram ao domínio da sintaxe, digamos, teria sido gradual. Ao longo de gerações sucessivas, o objeto da deliberação prática se torna cada vez mais abstrato, até o ponto em que o indivíduo está preocupado com as avaliações de um *observador hipotético*. Assim, na época em que os humanos modernos entraram em cena, eles desenvolveram por meio da evolução mentes morais que atribuem um peso especial ao modo como os outros – a partir de um ponto de vista particular – responderiam a cursos de ação propostos.

É claro que uma coisa é especular na "poltrona". Como a pesquisa contemporânea poderia se relacionar com essa narrativa? Diversas linhas de pesquisa empírica fornecem um apoio indireto para essa visão.

Primeiro, os psicólogos têm sustentado já há algum tempo que a mente é inatamente equipada com um módulo ou sistema de "teoria da mente" (TDM), cuja função é atribuir crenças e desejos a coespecíficos como um meio de explicar e prever comportamentos (ver Baron-Cohen, 1995; Carruthers *et al.*, 2005-2006). Embora restem disputas sobre como compreender o módulo de TDM (ver Goldman, 2006), desenvolveu-se um consenso em torno da ideia de que nossa compreensão social do mundo é erigida em torno de um conjunto básico de assunções sobre os estados mentais que movem outras pessoas. Mas um módulo de TDM é precisamente o tipo de precursor cognitivo que alguém esperaria se fosse independentemente atraído para a visão de que nosso senso moral é sintonizado com as atitudes avaliativas de outros (e o fato de que essa habilidade se desenvolve bastante cedo nas crianças apoia a hipótese da adaptação).

Se os produtos desse módulo fizerem uma interface com o conjunto de hipóteses de primeira-pessoa de um indivíduo sobre quais tipos de experiência levam a quais tipos de estados mentais, então, por indução, o indivíduo pode gerar hipóteses sobre os tipos de atitudes avaliativas que os outros provavelmente terão sob um leque de circunstâncias.

Segundo, uma das características mais inesperadas, tanto de muitas sociedades de primatas quanto de tribos sobreviventes de caçadores-coletores, é uma forte tendência ao *igualitarismo* (Binmore, 1998; Boehm, 1999; De Waal, 1996). Uma explicação para essa tendência é que:

> *os seres humanos estão destacando comportamentos competitivos ou predatórios que têm probabilidade de causar conflitos, e, ao suprimi-los, eles estão, com efeito, impedindo antecipadamente os conflitos.* (Boehm, 1999: p. 85)

Boehm supõe assim que "o primeiro comportamento a ser marginalizado e controlado por um grupo humano pode muito bem ter sido a expressão de domínio" (1999: p. 97).

Deveria ser óbvio, então, que um indivíduo em tal ambiente teria o cuidado de adequar seu comportamento aos padrões que seus coespecíficos poderiam aceitar. Afinal, como vimos no capítulo 4, as pessoas punem os indivíduos que tentam explorar ou enganar outros membros do grupo. De fato, elas *pagarão* para fazê-lo. Mas essas observações emprestam apoio à previsão de que os indivíduos seriam fortemente inclinados a governar a si mesmos de maneira que escapam à condenação dos membros do grupo.

Terceiro, em concordância com os estudos anteriores, alguns antropólogos biológicos e téoricos de jogos exemplificam a tradição do contrato social na moralidade, uma vez que, na ausência de um governante dominante (ou rei-filósofo), as decisões que afetam o bem-estar dos indivíduos em um grupo teriam de ser feitas de modo colaborativo (ver Binmore, 1998; Skyrms, 1996). De fato, alguns resultados experimentais mostram que quando se pede a indivíduos provenientes de uma ampla amostragem cultural que escolham princípios de justiça distributiva, eles quase sempre estacionam nos mesmos princípios que sobrevivem à abordagem construtivista esboçada abaixo (Frohlich e Oppenheimer, 1993).

Finalmente, como argumentei, a seleção teria favorecido indivíduos que adotaram um ponto de vista particular ao avaliarem a permissibilidade de uma ação dada, um ponto de vista marcado por acordos hipotéticos, então se deveria esperar ver alguma evidência dessa perspectiva embutida em normas interculturais. Há uma presunção em favor de tal evidência. Desde o budismo (não cause danos aos outros de maneira que você mesmo acharia danoso) até o judaísmo (o que vos é odioso, não fazei ao vosso semelhante) e o islã (nenhum de vós é um crente até que deseje para seu irmão aquilo que deseja para si mesmo), as normas sociais básicas parecem ser limitadas por considerações de equanimidade: alguém estende a si mesmo apenas aqueles princípios de convivência social que outros poderiam aceitar (ver Hauser, 2006: p. 357ss). Aparentemente, mesmo entre culturas divergentes, no qual vigora uma variedade de normas, restará um ponto deliberativo fixo que comanda nossa atenção em assuntos práticos.

Chega de genealogia. A segunda parte diz respeito à natureza da própria moralidade. Recorde a versão de Prinz da erroneidade moral: uma ação é errada somente caso aquela ação tenda a produzir sentimentos de desaprovação em observadores. Essa versão da erroneidade se baseia crucialmente no modo como as coisas seriam (ou teriam sido) sob condições normais. Os filósofos se referem a isso como um *contrafatual*.

Acredito que os contrafatuais *de fato* desempenham um papel crucial nos juízos morais. Contudo, não exatamente o papel que Prinz supõe. Segundo minha explicação, uma ação é errada somente caso outros – que têm um interesse pelas regras gerais que governam o comportamento – *tendam* a objetar àquela ação. Essa explicação estende o trabalho pioneiro do filósofo T.M. Scanlon, que estava ele próprio seguindo os passos do filósofo John Rawls. Scanlon argumenta que os atos são errados somente caso eles possam ser razoavelmente rejeitados por qualquer um que busque princípios com os quais todos possam viver. A moralidade, portanto, é uma construção ou procedimento. Certo e errado é qualquer coisa que sobreviva a esse procedimento hipotético.

As emoções, embora possam regularmente acompanhar tais juízos, não precisam fazê-lo. De acordo com essa imagem "scanloniana", o fato de que alguém *poderia razoavelmente objetar* a um comportamento particular é suficiente para tornar aquela ação errada. *Construtivismo moral* é o nome que os filósofos usam para descrever a visão de que os fatos sobre como os outros responderiam à conduta de alguém constituem fatos ou verdades morais por si próprios. Segundo a explicação construtivista, grosseiramente falando, os fatos morais são determinados pelos princípios que sobreviveriam ao escrutínio a partir de um ponto de vista particular. A teoria evolutiva, portanto, não elimina o realismo moral. Sustento que a teoria evolutiva explica por que o realismo moral tem probabilidade de ser verdadeiro.

Restam aqui algumas questões espinhosas sobre realismo e objetividade. Será que a visão que estou propondo é *realista*, no sentido de que ela identifica fatos morais? Aqui acredito que a resposta é simples: Sim. Não é difícil supor que, pelo menos em algumas ocasiões, *existe* um fato da questão sobre em relação a que alguém poderia razoavelmente objetar, (isto é) alguém interessado em encontrar regras segundo as quais todos poderiam viver. Além disso, os fatos morais são distintos, de importantes maneiras, das atitudes que as pessoas vêm a ter em uma dada ocasião.

O que justifica um dado princípio moral *P* não é que *pensamos* que *P* suporta o escrutínio a partir do procedimento de construção relevante, mas que *P* suporta o escrutínio a partir do procedimento relevante, *quer alguém tenha ou não se importado em considerar o assunto*. Em virtude de depender de contrafatuais (isso, sobre o que os agentes *concordariam* sob certas condições), pelo menos algumas verdades morais podem ser fortemente independentes da mente, vigorando mesmo quando avaliadas em relação a mundos nos quais não há quaisquer agentes racionais.

Mas e quanto à objetividade? Essa é uma questão mais complicada. Por um lado, a visão não apoia (o que chamarei de) o *relativismo local*, de acordo com o qual os fatos são determinados pelo que eu ou você calhamos de pensar ou sentir nessa ocasião. Na verdade, os fatos morais são ainda mais independentes: mesmo que *todas as pessoas* viessem a pensar que uma ação particular fosse permissível, elas poderiam estar erradas. Elas poderiam estar erradas porque não ocorreu que ninguém considerasse se aquela ação poderia ser rejeitada a partir do ponto de vista descrito acima. Isso me leva a interpretar essa visão como uma espécie de objetividade moral.

Podemos de fato descobrir quais atos são errados, e essa descoberta poderia demonstrar que todos nós estávamos errados anteriormente sobre o estatuto moral desses atos. Por outro lado, a visão não exclui (o que pode ser chamado de) o *relativismo transcendental*, de acordo com o qual os fatos morais são relativos a fatos sobre a natureza humana do modo como a encontramos. Assim, se podemos conceber um mundo no qual um ato não poderia ser razoavelmente rejeitado, embora ele *pudesse* ser razoavelmente rejeitado aqui neste mundo, então parece que os fatos morais podem mudar. Seria permissível aqui, mas impermissível ali. É difícil abranger com a mente essa possibilidade, mas não vejo como negá-la. Será que isso torna a visão relativista? Bem, como notado acima, isso pode depender em última instância dos termos que utilizamos, e não do próprio mundo. No fim, suponho que essa decisão cabe ao leitor.

12.5– OBJEÇÕES ÀS OPÇÕES REALISTAS

Quão promissoras são essas opções? Será que o realista moral deveria se contentar com o fato de que *há* um lugar para os fatos morais no mundo, afinal? A resposta depende, é claro, de quão bem essas várias opções sobrevivem a um escrutínio cuidadoso. Richard Joyce realizou o que ele considera um escrutínio detalhado dessas opções, e não foi persuadido. Já discutimos as virtudes e os vícios da primeira opção – negar o nativismo moral. Joyce concentra sua atenção nas opções restantes: a dependência de respostas, a ética de virtudes naturalizada e o construtivismo moral. Nesta seção final, apresentarei brevemente as preocupações de Joyce acerca de cada uma.

Joyce agrupa a dependência de respostas e o construtivismo moral no mesmo monte filosófico, com base em que ambas enxergam os fatos morais como determinados pelo modo como certos observadores responderiam a certos atos. Eu mesmo notei as semelhanças entre a minha visão e a de Prinz, então esse não é um movimento inteiramente ilegítimo da parte de Joyce. Joyce enxerga três problemas enfrentados pelas (assim chamadas) visões de dependência de respostas: o problema da incompletude; o problema da relevância prática; o problema do conteúdo.

O problema da incompletude, de acordo com Joyce, refere-se à especificação incompleta das circunstâncias sob as quais os juízes ou observadores realizam suas respostas. Joyce fixa sua discussão em Prinz (embora sua objeção supostamente se estenda a minha posição construtivista). Joyce pergunta:

> *A erroneidade moral (para – alguém – X) é qualquer coisa que provocaria a desaprovação de X em circunstâncias de plena informação? de atenção imparcial? de calma reflexão? ou o quê?.* (2008: p. 252)

A razão por que isso importa é que aquilo que tenderia a provocar desaprovação em *X*, se *X* estivesse atentando plenamente para a questão, provavelmente seria diferente do que se *X* estivesse um tanto distraído. E isso importa porque significa que o fato de um ato ser ou não errado variará de modo bastante amplo (para não dizer arbitrário). Mas mesmo se insistirmos que a erroneidade depende daquilo que provocaria desaprovação em *X se X estivesse atentando inteiramente para a questão*, ainda restaria a variação sobre o que causaria desaprovação em *X* se *X* tivesse sido criado nos ermos da Zâmbia ou se *X* fosse um adolescente americano desanimado, ou ainda se *X* fosse um judeu ancião em Tel Aviv. Tudo isso parece introduzir um grau de relativismo muito mais extremo do que o inicialmente suposto. De acordo com Joyce: "O monstro que se assoma sobre a versão do naturalismo de Prinz é o relativismo do tipo mais radical e rampante" (2008: p. 252).

Alguém poderia oferecer, em benefício de Prinz, a seguinte solução. Um ato é errado somente caso ele tenda a causar a desaprovação de *X* assumindo que *X* tenha as qualidades *ABC* e esteja sob as circunstâncias *DEF*. Isto é, estipulamos de antemão todas as condições "corretas". Mas essa solução levanta um novo problema: *O problema da relevância prática*. Em suma, por que deveria importar *para X* que sob essas condições altamente especificadas *alguém sob as condições "corretas"* sentiria desaprovação? Lembre-se no §3.1 que um dos ingredientes essenciais dos juízos morais é sua força prática: Eles *nos movem* (não importando o quão levemente) para agir de acordo com nossos juízos. Alguém que afirme que o aborto é imoral, mas não seja nem um pouco movido a evitar fazer um (ou condenar aqueles que o fizeram) levanta sérias dúvidas sobre sua afirmação.

Agora, se a erroneidade moral equivalesse à tendência de um ato a fazer *alguém* com as qualidades *ABC*, sob as condições *DEF*, sentir desaprovação, isso parece eliminar a força prática que os juízos morais supostamente deveriam ter. Afinal, não parece haver nada particularmente estranho sobre meu juízo, por um lado, de que *alguém* (sob todas as condições "certas") poderia sentir desaprovação em relação a algum ato e, por outro lado, de que não sou nem um pouco motivado a me abster de realizar aquele ato. Por quê? Porque eu não sinto nenhuma desaprovação em relação àquele ato!

Joyce resume sua preocupação da seguinte maneira:

> *Os tipos de propriedades disposicionais naturais que (Prinz está oferecendo) como os constituintes ontológicos da esfera moral* não chegam nem perto *de satisfazer os requerimentos pré-teóricos de como as propriedades morais deveriam parecer.* (2008: p. 253)

Em outras palavras, se a corretude e a erroneidade supostamente se parecem de algum modo com a caracterização oferecida em §3.1, então a visão de Prinz falha, pois ela oferece uma imagem que não faz nada para apoiar aquela caracterização.

Supostamente, observações semelhantes se aplicam ao construtivismo moral. Lembre-se que o construtivismo moral interpreta os atos errados como atos aos quais alguém, *que estava preocupado em encontrar regras gerais para governar o comportamento*, poderia razoavelmente objetar. Mas, pergunta Joyce, por que *eu* deveria me importar com relação ao que tal pessoa poderia razoavelmente objetar? Por que esse fato deveria *me* dar uma razão para resistir a realizar o ato? O problema da relevância prática, em outras palavras, também é um problema para o construtivismo moral. Uma teoria bem-sucedida da moralidade deveria deixar claro como a característica da erroneidade deveria ser praticamente relevante para *mim* – por que ela deveria me mover. E, de acordo com Joyce, o construtivismo moral não deixa isso claro.

Na mesma linha, o construtivismo moral enfrenta o problema da incompletude. Será que podemos dizer com confiança que *há* um conjunto determinado de atos que *todas as pessoas* – até mesmo aquelas preocupadas com regras gerais – poderiam razoavelmente rejeitar? Não haverá uma imensa variação (Joyce nos pede para considerar em relação ao que "vikings bêbados", "samurais medievais" e "comunistas soviéticos" poderiam objetar)? Joyce suspeita que um tipo de "relativismo radical e rampante" semelhante ao que afligia a visão de Prinz aflige o construtivismo moral.

Mas os problemas (supostamente) não param aqui. O problema do conteúdo é da mesma lavra que os problemas acima. Esse problema diz respeito à questão de se os atos que a dependência de respostas e/ou o construtivismo moral identificam como errados corresponderão aos atos que o senso moral comum identifica como errado. Joyce prevê que ambas as visões tornarão aceitáveis alguns atos que são "intuitivamente imorais". "Como sabemos", pergunta-se Joyce: "Que até mesmo *ser racional* (digamos) excluirá uma preferência pela limpeza étnica?" (2008: p. 257). É claro, alguém pode tentar evitar esse resultado absurdo exigindo que os agentes que estejam deliberando sobre o que poderia ser razoavelmente rejeitado sejam *virtuosos*, isto é, tenham um interesse intrínseco em rejeitar atos imorais.

Infelizmente, esse movimento não nos leva a lugar nenhum. Pois a imoralidade não deveria ser supostamente entendida em termos daquilo que os agentes poderiam razoavelmente rejeitar? Se é assim, então isso não eliminará o problema do conteúdo. Afinal, qual a vantagem de acrescentar que os agentes que estejam deliberando sobre o que poderia ser razoavelmente rejeitado têm um interesse intrínseco em deliberar sobre o que poderia ser razoavelmente rejeitado? Por outro lado, se caracterizássemos a virtude (digamos) em termos de *equidade*, isso poderia de fato nos levar a algum lugar. O custo de realizar esse movimento, contudo, seria alto: O construtivismo moral não está mais produzindo nenhum trabalho filosófico interessante. Ele é uma quinta roda. Se a equidade (por exemplo) está guiando a tomada de decisões *porque a equidade é objetivamente correta*, então não é o processo de tomada de decisões que determina a corretude – mas a própria equidade. Assim, o construtivismo moral não está onde está toda a ação moral.

Como você sem dúvida suspeita, os defensores das visões ao estilo da dependência de respostas não estão parados como mortos. Eles estão ativamente formulando respostas. A fim de manter o foco, deixarei Joyce ter a última palavra aqui – não porque (eu acredite que) suas objeções sejam fatais, mas porque esses debates metaéticos são o assunto de um livro inteiramente diferente. De qualquer modo, as leituras sugeridas no final deste capítulo fornecerão, ao leitor ávido, mais bocados suculentos para mastigar.

Deixe-me encerrar discutindo a reação de Joyce à ética de virtudes naturalizada. Lembre-se que essa opção "realista moral" tenta identificar os fatos morais com fatos funcionais, sendo que os fatos funcionais são revelados pela biologia moderna. O que é ser um bom ser humano? (ou viver uma vida humana próspera.) É realizar *bem* nossa função (ou funções) humana(s). E qual é a função (ou funções) humana(s)? É identificado pelo mesmo método que identifica qual é a função do coração, qual é a função do olho, e assim por diante. Portanto, assim como podemos dizer que o coração *deveria* bombear o sangue a uma certa taxa (e que um coração que falha em fazê-lo é um *mau* coração), podemos dizer que alguém *deveria* promover a harmonia social (digamos) ou *deveria* ser honesto. E alguém que não o faz é uma *má* pessoa.

Joyce admite que há algum sentido em falar sobre o que os corações e os olhos *devem* fazer. Mas, argumenta ele, o modo como "passamos de 'o coração de Joe deve bombear sangue' para 'Joe deve cumprir sua promessa' permanece problemático" (2006: p. 170). O que é problemático é a distintiva *normatividade* (ou natureza de fornecimento de razão) da moralidade: o fato de que as afirmações morais têm uma autoridade especial, de que elas são inescapáveis (novamente, ver §3.1). Considere: uma coisa é dizer que o coração deve bombear o sangue. É uma coisa bastante diferente dizer que o coração é *obrigado a* ou *que se exige que* ele bombeie o sangue – ou que o coração *tem uma razão* para bombear o sangue, no sentido de uma demanda prática. Mas esse último modo de falar é precisamente o que caracteriza os deveres *morais*: você é obrigado a cumprir suas promessas, você tem uma razão para não ferir pessoas desnecessariamente. Aparentemente, a biologia não parece capaz de prover o tipo de força normativa que a esfera moral exibe.

Pense nas coisas da seguinte maneira: o que estamos dizendo quando julgamos que um coração *deve* bombear o sangue? Não será algo como: estatisticamente falando, a maioria dos corações tende a bombear sangue, e assim prevemos que esse também o fará? Agora contraste isso com julgar que você deve ajudar alguém que ajudou você. Será que esse juízo é *meramente* (ou de alguma maneira) como dizer: estatisticamente falando, a maioria das pessoas tende a ajudar aqueles que as ajudaram, então prevemos que você também o fará? Certamente há algo mais do que isso nesse juízo. Quando julgo que você deve ajudar aqueles que lhe ajudaram, não estou notando o que a maioria das pessoas tende a fazer. Estou notando uma *demanda* sobre você, uma demanda que vale independentemente do que qualquer outra pessoa venha a fazer. A moralidade exige isso.

Ademais, se você se recusa a ajudar alguém que ajudou você, então você é (pelo menos em princípio) *merecedor* de uma punição. Por quê? Porque você transgrediu uma lei moral. Por contraste, seria tolice supor que um coração que falha em bombear o sangue merece punição (se ele merece alguma coisa, é um transplante!). Então o dever biológico parece muito "tímido" para explicar o dever moral: "A normatividade que pode ser extraída da biologia evolutiva não chega nem perto de acomodar esse requerimento" (Joyce, 2006: p. 174). O aristotélico atualizado pode ou abandonar a ideia de que a moralidade tem essa força normativa, ou prometer mostrar que a biologia pode supri-la. A primeira escolha parece drástica. A segunda escolha é apenas uma promessa não cumprida. Na melhor das hipóteses, uma ética de virtudes naturalizada é um trabalho em progresso.

12.6– CONCLUSÃO

O realista moral retém algumas opções interessantes. Discutimos quatro: rejeitar o nativismo moral, a dependência de respostas, a ética de virtudes naturalizada, e o construtivismo moral. As três últimas opções envolvem alguns movimentos metaéticos bastante sofisticados. As visões de dependência de respostas como a de Prinz identificam os fatos morais com fatos dependentes de respostas, em particular fatos sobre as respostas emocionais que certos atos tendem a produzir em observadores. Para Prinz, a moralidade é em última instância (somente) *sentida*. Uma visão de dependência de respostas relacionada é o construtivismo moral, segundo o qual os fatos morais são identificados com fatos sobre as regras que as pessoas aceitariam livremente (se estivessem buscando um conjunto de regras segundo as quais viver). A ética de virtudes naturalizada redireciona o foco para os *agentes*, em vez dos atos. Aqui o objetivo é desenvolver e sustentar traços de caráter, e quais traços de caráter nós devemos desenvolver depende de um estudo darwinista cuidadoso de nossa função (ou funções).

Dado o interesse ressurgente pela ética evolutiva, sem dúvida mais opções realistas – e mais respostas antirrealistas – estão prestes a surgir. Central para esses debates vindouros é o debate empírico sobre a qualidade inata da moralidade. Esse foi nosso foco na parte I. Nós perguntamos: em que medida (se é que alguma) nossas mentes morais são resultado da evolução por seleção natural? Dado que essa questão ainda precisa ser resolvida, a narrativa metaética tem de ser qualificada da seguinte maneira. As afirmações sobre a natureza da própria moralidade precisarão ser entendidas como condicionais: *Se* a seleção natural for responsável, em grande medida, por nossas mentes morais, então a verdade sobre a moralidade é tal e tal. Se não, todas as apostas são retiradas. E voltamos à prancheta de desenho.

Ao mesmo tempo, parte do debate se concentrará em *quão reais* os fatos morais devem ser a fim de se merecer o nome de realismo moral. Como vimos no capítulo 11, Joyce e Street argumentam que não temos nenhuma razão para acreditar que exista qualquer coisa no mundo que chegue perto de fundamentar os fatos morais. Propriedades morais reais são uma ilusão. Os realistas contemporâneos, por outro lado, argumentam que de fato existem propriedades naturalistas que fundamentam os fatos morais. Esse debate continua a rugir em recantos da filosofia moral bastante afastados das considerações evolutivas.

Aquilo com que todos nós podemos concordar, no entanto, é o seguinte. Se é para o *realismo* moral ter uma chance, então precisa haver uma maneira de compreender, por um lado, como a seleção natural desempenhou um papel crucial na formação de nossas mentes morais, e, por outro lado, como isso pode ser reconciliado com uma explicação dos fatos morais que possa subscrever de modo suficiente o caráter distintivo do juízo moral. Os realistas morais argumentam que tal visão está disponível. Os antirrealistas evolutivos (como Joyce e Street) negam isso.

Para o bem ou para o mal, o processo de "biologizar" a ética está em curso. Mas essa atividade pode assumir diferentes formas. Ela pode tomar a forma de tentar compreender como (se é que) nossa disposição de realizar juízos morais pode ter sido resultado de pressões darwinistas – as mesmas pressões que resultaram nas listras do tigre e nas folhas do carvalho. Exploramos essa atividade na parte I. Por outro lado, ela pode tomar a forma de tentar compreender como os princípios darwinistas podem, direta ou indiretamente, revelar princípios morais.

Talvez o que devemos fazer, moralmente, siga diretamente daquilo que nosso passado evolutivo nos predispôs a fazer (o que quer que isso possa ser). Esse foi o foco da parte II. E finalmente, a atividade de "biologizar" a ética pode tomar a forma de tentar compreender a natureza das propriedades morais *sob a assunção* de que evoluímos para pensar moralmente. Os antirrealistas evolutivos afirmam que a narrativa evolutiva *mina* a crença em uma ordem moral objetivamente *real*. Os realistas contestam essa afirmação. Percorremos esses debates nos últimos três capítulos. Nossa compreensão dessas diferentes atividades crescerá conforme nossa compreensão de nosso passado evolutivo crescer. E ela crescerá conforme nossa compreensão da própria moralidade crescer.

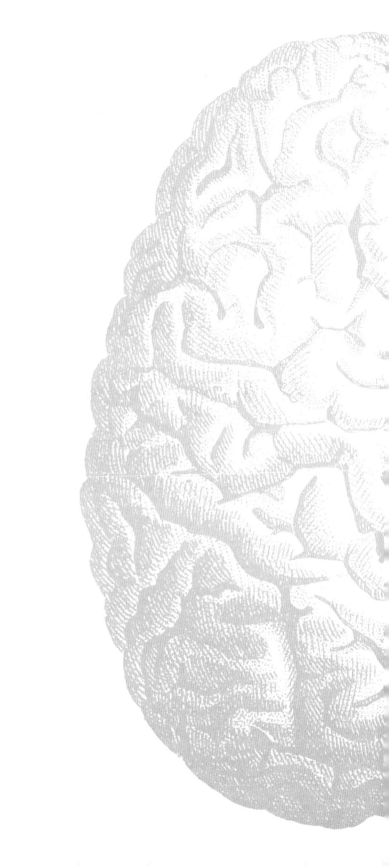

LEITURAS ADICIONAIS

CAPÍTULO 1 - SELEÇÃO NATURAL E NATUREZA HUMANA

BARKOW, Jerome; COSMIDES, Leda; TOOBY, John. *The Adapted Mind: Evolutionary Psychology and Generation of Culture* (Oxford University Press), 1995.

BULLER, David. *Adapting Minds: Evolutionary Psychology and the Persistent Quest for Human Nature* (Bradford Books, MIT), 2006.

CARRUTHERS, Peter; LAURENCE, Stephen; STICH, Stephen (ed.). *The Innate Mind*, vol. 1 e 2 (Oxford University Press), 2005/2006.

DARWIN, Charles. *On the Origin of Species* (Signet Classics), 1859/2003.

_____. *The Descent of Man* (Dover Publication), 1871/2009.

DAWKINS, Richard. *The Selfish Gene* (Oxford University Press), 1995.

DENNETT, Daniel C. *Darwin's Dangerous Idea: Evolution and the Meanings of Life* (Simon & Schuster), 1995.

EHRLICH, Paul R. *Human Natures: Genes, Cultures, and the Human Prospect* (Penguin), 2002.

LORENZ, Konrad; MARTIN, Robert D. *The Natural Science of the Human Species: An Introduction to Comparative Behavioral Research* (MIT Press), 1997.

MAYR, Ernst. *What Evolution is* (Basic Books), 2002.

PINKER, Steven. *How the Mind Works* (Norton), 1997.

CAPÍTULO 2 - AS (PRIMEIRAS) RAÍZES DO CORRETO

DE WAAL, Frans. *Good Natured: The Origins of Right and Wrong in Humans and Other Animals* (Harvard University Press), 1996.

DUGATKIN, Lee Alan. *The Altruism Equation: Seven Scientists Search for the Origins of Goodness* (Princeton University Press), 2006.

HAMILTON, W.D. *The Narrow Roads of Gene Land: The Collected Papers of W.D. Hamilton. Evolution of Social Behavior* (Oxford University Press), 1998.

JOYCE, Richard. *The Evolution of Morality* (MIT Press), 2006.

MAYNARD SMITH, J. *Evolution and the Theory of Games* (Cambridge University Press), 1982.

SKYRMS, Brian. *Evolution of the Social Contract* (Cambridge University Press), 1996.

SOBER, Elliott; WILSON, David Sloan. *Unto Others: The Evolution and Psychology of Unselfish Behavior* (Harvard University Press), 1998.

TRIVERS, R.L. *Social Evolution* (Benjamin/Cummings), 1985.

_____. *Natural Selection and Social Theory: Selected Papers of Robert L. Trivers*. Evolution and Cognition Series (Oxford University Press), 2002.

CAPÍTULO 3 - A CONSCIÊNCIA DO HOMEM DAS CAVERNAS: A EVOLUÇÃO DA MORALIDADE HUMANA

FRANK, Robert. *Passions within Reason: The Strategic Role of the Emotions* (Norton), 1988.

JOYCE, Richard. *The Evolution of Morality* (MIT Press), 2006.

RUSE, Michael. "Evolutionary Ethics: A Phoenix Arisen". Em P. THOMSON (ed.), *Issues in Evolutionary Ethics* (SUNY Press), 1995.

WILSON, E.O. (1978) *On Human Nature* (Harvard University Press), 1978.

WRIGHT, Robert. *The Moral Animal: Why We Are the Way We Are The New,* 1995

CAPÍTLUO 4 - MERECIMENTOS JUSTOS

FRANK, Robert. *Passions Within Reason: The Strategic Role of the Emotions* (Norton), 1988.

IREDALE, W.; VUGT, M.; DUNBAR, R. "Showing Off in Humans: Male Generosity as Mating Signal", *Evolutionary Psychology*, 6/3: 2008, pp. 386-392.

JOYCE, Richard. *The Evolution of Morality* (MIT Press), 2006.

LEVY, N. *What Makes Us Moral? Crossing the Boundaries of Biology* (Oneworld), 2004.

NOWAK, M.A. (2008) "Generosity: A Winner's Advice", *Nature*, 456: 2008, p. 579.

ROTTSCHAEFER, William A.; MARTINSEN, David. "Really Taking Darwin Seriously: An Alternative to Michael Ruse's Darwinian Metaethics". Em: P. THOMSON (ed.), *Issues in Evolutionary Ethics* (SUNY Press), 1995.

RUSE, Michael. "Evolutionary Ethics: A Phoenix Arisen". Em P. THOMSON (ed.), *Issues in Evolutionary Ethics* (SUNY Press), 1995.

STICH, S. "Some Questions about The Evolution of Morality", *Philosophy and Phenomenological Research*, 77 (1): 2008, pp. 228-236.

WILSON, E.O. *On Human Nature* (Harvard University Press), 1978.

WRIGHT, Robert. *The Moral Animal: Why We Are the Way We Are. The New Science of Evolutionary Psychology* (Vintage), 1995.

CAPÍTULO 5 - A CIÊNCIA DA VIRTUDE E DO VÍCIO

BOEHM, C. "Conflict and the Evolution of Social Control", *Journal of Consciousness Studies*, 7/1-2: 2000, pp. 79-101.

CARRUTHERS, Peter; LAURENCE, Stephen; STICH, Stephen (ed.). *The Innate Mind*, vol. 1 e 2 (Oxford University Press), 2005/2006.

CHOMSKY, Noam; OTERO, Carlos Peregrín. (2004) *Language and Politics* (AK Press), 2004.

CIMA, Maaike; TONNAER, Franca; HAUSER, Marc. "Psychopaths Know Right from Wrong But Don't Care", *Social, Cognitive, and Affective Neuroscience*. Acesso avançado: <www.scan.oxfordjournals.org/content/early/2010/01/06/scan.nsp051.full>.

DE WAAL, Frans. *Our Inner Ape* (Riverhead), 2005.

_____. *Primates and Philosophers: How Morality Evolved* (Princeton University Press), 2006.

EISENBERG, Nancy; MUSSEN, Paul Henry. *The Roots of Prosocial Behavior in Children*. Cambridge Studies. Em: Social and Emotional Development (Cambridge University Press), 1989.
HAIDT, Jonathan. *The Happiness Hypothesis: Finding Modern Truth in Ancient Wisdom* (Basic Books), 2006.

HAUSER, Marc. *Moral Minds: How Nature Designed our Universal Sense of Right and Wrong* (Ecco), 2006.

MIKHAIL, John. "The Poverty of the Moral Stimulus". Em W. SINNOTT-ARMSTRONG (ed.), *Moral Psychology: The Evolution of Morality*, vol. 1 (MIT Press), 2009.

NICHOLS, Shaun. *Sentimental Rules: On the Natural Foundations of Moral Judgement* (Oxford University Press), 2004.

PINKER, Steven. *The Language Instinct: How the Mind Creates Language* (Morris), 1994.

SINNOTT-ARMSTRONG, Walter (ed.). *Moral Psychology: The Evolution of Morality*, vol. 1 (MIT Press), 2008.

TANCREDI, Laurence. *Hard-Wired Behavior: What Neuroscience Reveals about Morality* (Cambridge University Press), 2005.

WARNEKEN, F.; TOMASELLO, M. "Helping and Cooperation at 14 Months of Age", *Infance*, 11: 2007, pp. 271-294.

CAPÍTULO 6 - HARMONIA SOCIAL: O BOM, O MAL E O BIOLOGICAMENTE FEIO

BROCKMAN, John. *The Third Culture: Beyond the Scientific Revolution* (Touchstone), 1995.

DENNETT, Daniel C. *Darwin's Dangerous Idea: Evolution and the Meanings of Life* (Simon & Schuster), 1995.

GOULD, Stephen J. *The Panda's Thumb* (Norton), 1992.

RACHELS, James. *Created from Animals: The Moral Implications of Darwinism* (Oxford University Press), 1990.

RUSE, Michael. *Taking Darwin Seriously: A Naturalistic Approach to Philosophy* (Oxford University Press), 1986.

SADAVA, D.; HELLER, H.C.; ORIANS, G.H.; PURVES, W.K.; HILLIS, D.M. *Life: The Science of Biology*, 8ª ed. (Sinauer Associates e W.H. Freeman), 2008.

SPENCER, Herbert. *The Principles of Ethics* (University Press of the Pacific), 1879/2004.

CAPÍTULO 7 - A LEI DE HUME

HUME, David. *A Treatise on Human Nature* (General Books LLC), 1882/2009.

KITCHER, Philip. *Vaulting Ambition: Sociobiology and the Quest for Human Nature* (MIT Press), 1985.

RACHELS, James. *Created from Animals: The Moral Implications of Darwinism* (Oxford University Press), 1990.

SPENCER, Herbert. *The Principles of Ethics* (University Press of the Pacific), 1879/2004.

THOMSON, Paul (ed.). *Issues in Evolutionary Ethics* (SUNY Press), 1995.

CAPÍTULO 8 - A FALÁCIA NATURALISTA DE MOORE

KITCHER, Philip. *Vaulting Ambition: Sociobiology and the Quest for Human Nature* (MIT Press), 1985.

MOORE, G.E. *Principia Ethica* (Cambridge University Press), 1903.

STRATTON-LAKE, Phillip. *Ethical Intuitionism: Re-Evaluations* (Oxford University Press), 2003.

CAPÍTULO 9 - REPENSANDO MOORE E HUME

BLACK, Max. "The Gap Between 'Is' and 'Should'", *The Philosophical Review*, 73/2: 1964, 165-181.

MACKIE, J.L. *Ethics: Inventing Right and Wrong* (Viking), 1977.

MOORE, G.E. *Principia Ethica* (Cambridge University Press), 1903.

RACHELS, James. *Created from Animals: The Moral Implications of Darwinism* (Oxford University Press), 1990.

SEARLE, John R. "How to Derive 'Ought' from 'Is'", *Philosophical Review*, 73: 1964, pp. 43-58.

STRATTON-LAKE, Phillip. *Ethical Intuitionism: Re-Evaluations* (Oxford University Press), 2003.

CAPÍTULO 10 - ANTIRREALISMO EVOLUTIVO: ESFORÇOS INICIAIS

SOBER, Elliott (ed.). *Conceptual Issues in Evolutionary Biology*, 2ª ed (MIT Press), 1994.

CAPÍTULO 11 - ANTIRREALISMO EVOLUTIVO CONTEMPORÂNEO

JOYCE, Richard. *The Evolution of Morality* (MIT Press), 2006.

KITCHER, Philip. "Biology and Ethics". Em: COPP, D. (ed.), *The Oxford Handbook of Ethics* (Oxford University Press), 2005.

RUSE, Michael. *Taking Darwin Seriously: A Naturalistic Approach to Philosophy* (Oxford University Press), 1986.

STREET, S. "A Darwinian Dilemma for Realist Theories of Value", *Philosophical Studies*, 127: 2006, pp. 109-166.

CAPÍTULO 12 - OPÇÕES PARA O REALISTA EVOLUTIVO

CASEBEER, W. *Natural Ethical Facts: Evolution, Connectionism, and Moral Cognition* (MIT), 2003.

JAMES, S. "The Caveman's Conscience: Evolution and Moral Realism", *Australasian Journal of Philosophy*, 87/2: 2008, pp. 1-19.

JAMES, S.; CARRUTHERS, P. "Human Evolution and the Possibility of Moral Realism", *Philosophy and Phenomenological Research*, 77/1: 2008, pp. 237-244.

JOYCE, Richard. *The Evolution of Morality* (MIT Press), 2006.

_____. "Replies", *Philosophy and Phenomenological Research*, 77/1: 2008, pp. 245-267.

_____. "Biology and Ethics". Em: COPP, D. (ed.), *The Oxford Handbook of Ethics* (Oxford University Press), 2005.

PRINZ, Jesse J. *The Emotional Construction of Morals* (Oxford University Press), 2007.

_____. "Acquired Moral Truths", *Philosophy and Phenomenological Research*, 77/1: 2008, pp. 219-227.

REFERÊNCIAS BIBLIOGRÁFICAS

ARISTÓTELES. *The Nichomachean Ethics*, trad. D. Ross, ed. J.L. Ackrill e J.O. Urmson. Oxford University Press, 1988/350 a.C.

BARKOW, Jerome; COSMIDES, Leda; TOOBY, John. *The Adapted Mind: Evolutionary Psychology and Generation of Culture*. Oxford University Press, 1995.

BARON-COHEN, S. *Mindblindness*. MIT Press, 1995.

BINMORE, K.G. *Game Theory and the Social Contract, II: Just Playing*. MIT Press, 1998.

BLACK, Max. (1964) The Gap Between 'Is' and "Should", *The Philosophical Review*, 73/2. 1964, pp. 165-181.

BLAIR, J. *The Psychopath: Emotion and the Brain*. Wiley-Blackwell, 2005.

BOEHM, C. *Hierarchy in the Forest: The Evolution of Egalitarian Behavior*. Harvard University Press, 1999.

_____. Conflict and the Evolution of Social Control, *Journal of Consciousness Studies*, 7/1-2. 2000, pp. 79-101.

BROCKMAN, John. *The Third Culture: Beyond the Scientific Revolution*. Touchstone, 1995.

BULLER, David. *Adapting Minds: Evolutionary Psychology and the Persistent Quest for Human Nature*. Bradford Books, MIT, 2006.

BURNSTEIN, E.; CRANDALL, C.; KITAYAMA, S. Some Neo-Darwinian Decision Rules for Altruism: Weighing Cues for Inclusive Fitness as a

Function of the Biological Importance of the Decision, *Journal of Personality and Social Psychology*, 67. 1994, pp. 773-789.

BUSS, David. *Evolutionary Psychology and the New Science of the Mind*. Allyn & Bacon, 2007.

CAMPBELL, R. Can Biology Make Ethics Objective?, *Biology and Philosophy*, 1996, 11, pp. 21-31.

CARLSMITH, K.M.; WILSON, T.; GILBERT, D. The Paradoxical Consequences of Revenge, *Journal of Personality and Social Psychology*, 95/6. 2008, pp. 1316-1324.

CARRUTHERS, Peter; LAURENCE, Stephen; STICH, Stephen (eds.). *The Innate Mind*, vols. 1 e 2. Oxford University Press, 2005-2006.

CASEBEER, W. *Natural Ethical Facts: Evolution, Connectionism, and Moral Cognition*. MIT, 2003.

CHAPAIS, Bernard; SAVARD, Liane; GAUTHIER, Carole. Kin Selection and the Distribution of Altruism in Relation to Degree of Kinship in Japanese Macaques, *Behavioral Ecology and Sociobiology*, 49/6. 2001, pp. 493-502.

CHOMSKY, Noam; OTERO, Carlos Peregrín. *Language and Politics*. AK Press, 2004.

CIMA, Maaike; TONNAER, Franca; HAUSER, Marc. Psychopaths Know Right from Wrong But Don't Care, *Social, Cognitive, and Affective Neuroscience*. 2010. Acesso avançado: ‹www.scan.oxfordjournals.org/content/early/2010/01/06/scan.nsp051.full›.

DARWIN, Charles. *On the Origin of Species*. Signet Classics, 1859 /2003.

_____. *The Descent of Man*. Dover Publication, 1871/2009.

_____. *The Life and Letters of Charles Darwin*, vol. 2. Kessinger Publishing, 2007.

DAWKINS, Richard. *The Extended Phenotype*. Oxford University Press, 1982.

_____. *The Blind Watchmaker*. Norton, 1986.

_____. *The Selfish Gene*. Oxford University Press, 1995.

_____. Eating People is Wrong, 1999. Entrevistado por Mary Riddell, *New Statesman*, 26 de março. <www.newstatesman.com/199903260013>.

DE WAAL, Frans. *Peacemaking Among Primates*. Harvard University Press, 1989.

_____. *Good Natured: The Origins of Right and Wrong in Humans and Other Animals*. Harvard University Press, 1996.

_____. *Our Inner Ape*. Riverhead, 2005.

_____. *Primates and Philosophers: How Morality Evolved*. Princeton University Pres, 2006.

DEIGH, Jonathon. *The Sources of Moral Agency*. Cambridge University Press, 1996.

DENNETT, Daniel C. *Darwin's Dangerous Idea: Evolution and the Meanings of Life*. Simon & Schuster, 1995.

DESMOND, A.; MOORE, J. *Darwin: The Life of a Tormented Evolutionist*. Norton, 1991.

DOBZHANSKY, Theodosius. Biology, Molecular and Organismic, *American Zoologist*, 4. 1964, pp. 443-452.

DREBER, A.; RAND, D.; FUDENBERG, D.; NOWAK, M. Winners on't Punish, *Nature*, 452/7185. 2008, pp. 348-351.

DUGATKIN, Lee Alan. *The Altruism Equation: Seven Scientists Search for the Origins of Goodness*. Princeton University Press, 2006.

DUNBAR, Robin. *Grooming, Gossip, and the Evolution of Language*. Harvard University Press, 1997.

DUNFORD, C. Behavioral Limitations of Round-Tailed Ground Squirrel Density, *Ecology*, 58. 1977, pp. 1254-1268.

EHRLICH, Paul R. *Human Natures: Genes, Cultures, and the Human Prospect*. Penguin, 2002.

EISENBERG, Nancy; MUSSEN, Paul Henry. *The Roots of Prosocial Behavior in Children*. Cambridge Studies in Social and Emotional Development. Cambridge University Press, 1989.

EMLEM, S.T.; WREGE, P.H. The Role of Kinship in Helping Decisions among White-Fronted Bee-Eaters, *Behavioral Ecology and Sociobiology*, 23/5. 1988, pp. 305-315.

ESSOCK-VITALE, S.; MCGUIRE, M.T. Women's Lives Viewed from an Evolutionary Perspective. II: Patterns of Helping, *Ethology & Sociobiology*, 6. 1985, pp. 155-173.

FARMER, Colleen. Did Lungs and the Intracardiac Shunt Evolve to Oxygenate the Heart in Vertebrates? *Paleobiology*, 23/3. 1997, pp. 358-372.

FEHR, E.; GACHTER, Simon. Altruistic Punishment in Humans, *Nature*, 415. 2002, pp. 137-140.

FRANK, Robert. *Passions within Reason: The Strategic Role of the Emotions*. Norton, 1988.

FROHLICH, N.; OPPENHEIMER, J.A. *Choosing Justice: An Experimental Approach to Ethical Theory.* University of California Press, 1993.

GHISELIN, Michael T. *The Economy of Nature and the Evolution of Sex.* University of California Press, 1974.

GODFREY-SMITH, P. A Modern History Theory of Functions, *Nous*, 28. 1994, pp. 344-362.

GOLDMAN, A. *Simulating Minds: The Philosophy, Psychology, and Neuroscience of Mindreading.* Oxford University Press, 2006.

GOULD, Stephen J. *The Panda's Thumb.* Norton, 1992.

_____. *The Mismeasure of Man.* Norton, 1996.

GREENE, J. Cognitive Neuroscience and the Structure of the Moral Mind, em: CARRUTHERS, P. *et al.* (eds.), *The Innate Mind: Structure and Contents*, vol. 1. Oxford University Press, 2005.

HAIDT, Jonathan. *The Happiness Hypothesis: Finding Modern Truth in Ancient Wisdom.* Basic Books, 2006.

HAMILTON, W.D. The Genetical Evolution of Social Behavior, I and II, *Journal of Theoretical Biology*, 7. 1964, pp. 1-16, 17-52.

_____. *The Narrow Roads of Gene Land: The Collected Papers of W.D. Hamilton. Evolution of Social Behavior.* Oxford University Press, 1998.

HAUSER, Marc. (2006) *Moral Minds: How Nature Designed our Universal Sense of Right and Wrong.* Ecco, 2006.

HITT, Jack. This Is Your Brain on God, *Wired*, 7.1, 1999.

HOWARD, Jane. *Families.* Simon & Schuster, 1978.

HUDSON INSTITUTE. *Index of Global Philanthropy*. Hudson Institute, 2007.

HUME, David. *A Treatise on Human Nature*. General Books LLC, 2009/1882.

HUXLEY, Thomas. *Evidence as to Man's Place in Nature*. Williams & Norgate, 1863.

IREDALE, W.; VUGT, M.; DUNBAR, R. Showing Off in Humans: Male Generosity as Mating Signal, *Evolutionary Psychology*, 6/3. 2008, pp. 386-392.

IRONS, Williams. Religion as Hard-to-Fake Sign of Commitment, em: R. NESSE (ed.). *Evolution and the Capacity for Commitment*. Russell Sage Foundation, 2001.

JAMES, S. The Caveman's Conscience: Evolution and Moral Realism, *Australasian Journal of Philosophy*, 87/2. 2008, pp. 1-19.

JAMES, S.; CARRUTHERS, P. Human Evolution and the Possibility of Moral Realism, *Philosophy and Phenomenological Research*, 77/1. 2008, 237-244.

JOYCE, Richard. *The Evolution of Morality*. MIT Press, 2006.

_____. Replies, *Philosophy and Phenomenological Research*, 77/1.2008, pp. 245-267.

KASS, Leon. The Wisdom of Repugnance: Why We Should Ban the Cloning of Human Beings, *The New Republic*, 2 de junho. 1997.

KITCHER, Philip. *Vaulting Ambition: Sociobiology and the Quest for Human Nature*. MIT Press, 1985.

_____. Biology and Ethics, em: COPP, D. (ed.), *The Oxford Handbook of Ethics*. Oxford University Press, 2005.

LEVY, N. *What Makes Us Moral? Crossing the Boundaries of Biology*. Oneworld, 2004.

LOCKE, John. *Some Thoughts Concerning Education*. Hackett, 1996/1693.

LORENZ, Konrad; MARTIN, Robert D. *The Natural Science of the Human Species: An Introduction to Comparative Behavioral Research*. MIT Press, 1997.

LUMSDEN, C.J.; WILSON, E.O. *Genes, Mind, and Culture: The Coevolutionary Process*. Harvard University Press, 1983.

MACKIE, J.L. *Ethics: Inventing Right and Wrong*. Viking, 1977.

MANN, Horace. *The Life and Works of Horace Mann*. Nabu Press, 1855.

MASSERMAN, J.H.; WECHKIN, S.; TERRIS, W. "Altruistic" Behavior in Rhesus Monkeys, *American Journal of Psychiatry*, 121. 1964, pp. 584-585.

MAY, Rollo. *The Courage to Create*. W.W. Norton, 1975.

MAYNARD SMITH, J. *Models in Ecology*. Cambridge University Press, 1974.

_____. *Evolution and the Theory of Games*. Cambridge University Press, 1982.

MAYR, Ernst. (2002) *What Evolution Is*. Basic Books, 2002.

MIKHAIL, John. The Poverty of the Moral Stimulus, em: SINNOTT-ARMSTRONG, W. (ed.), *Moral Psychology: The Evolution of Morality*, vol. 1. MIT Press, 2009.

MILLER, Greg. Gene's Effect Seen in Brain's Fear Response, *Science*, 297/5580. 2002, p. 319.

MOORE, G.E. *Principia Ethica*. Cambridge University Press, 1903.

MOORE, Thomas. *The Poetical Works of Thomas Moore*. D. Appleton, 1868.

NICHOLS, Shaun. *Sentimental Rules: On the Natural Foundations of Moral Judgement*. Oxford University Press, 2004.

NOWAK, M. A. Generosity: A Winner's Advice, *Nature*, 456. 2008, p. 579.

NUCCI, L.; TURIEL, E.; ENCARCION-GAWRICH, G. Children's Social Interactions and Social Concepts: Analyses of Morality and Convention in the Virgin Islands, *Journal of Cross-Cultural Psychology*, 14. 1983, pp. 469-487.

PACKER, C. Reciprocal Altruism in Papio Anubis, *Nature*, 265. 1977, pp. 441-443.

PINKER, Steven. *The Language Instinct: How the Mind Creates Language*. Morris, 1994.

_____. *How the Mind Works*. Norton, 1997.

_____. *The Blank Slate: The Modern Denial of Human Nature*. Viking, 2002.

PRATCHETT, Terry. *Hogfather*. Harper, 1999.

PRINZ, Jesse J. *The Emotional Construction of Morals*. Oxford University Press, 2007.

_____. Acquired Moral Truths, *Philosophy and Phenomenological Research*, 77/1. 2008a, pp. 219-227.

_____. Is Morality Innate? Em: W. SINNOTT-ARMSTRONG, W. (ed.), *Moral Psychology: The Evolution of Morality*, vol. 1. MIT Press, 2008b.

QUINE, W.V. Natural Kinds, em: *Ontological Relativity and Other Essays*. Columbia University Press, 1969.

RACHELS, James. *Created from Animals: The Moral Implications of Darwinism*. Oxford University Press, 1990.

RICHARDS, Robert. A Defense of Evolutionary Ethics, *Biology and Philosophy*, 1. 1986, pp. 265-292.

ROSALDO, M.Z. *Knowledge and Passion: Ilongot Notions of Self and Social Life*. Cambridge University Press, 1980.

ROTTSCHAEFER, William A.; MARTINSEN, David. Really Taking Darwin Seriously: An Alternative to Michael Ruse's Darwinian Metaethics, em: THOMSON, P. (ed.), *Issues in Evolutionary Ethics*. SUNY Press, 1995.

RUSE, Michael. *Taking Darwin Seriously: A Naturalistic Approach to Philosophy*. Oxford University Press, 1986.

_____. Evolutionary Ethics: A Phoenix Arisen, em: THOMSON, P. (ed.), *Issues in Evolutionary Ethics*. SUNY Press, 1995.

_____. Evolution and Ethics: The Sociobiological Approach, em: POJMAN, L. (ed.), *Ethical Theory: Classical and Contemporary Readings*. Wadsworth, 1998.

RUSE, Michael; WILSON, E.O. Darwinism as Applied Science, *Philosophy*, 61. 1994/1986, pp. 173-192; reimpresso em: SOBER. 1994, pp. 421-438.

SADAVA, D.; HELLER, H.C.; ORIANS, G.H.; PURVES, W.K.; HILLIS, D.M. *Life: The Science of Biology*, 8ª ed. Sinauer Associates e W.H. Freeman, 2008.

SANDEL, M. (2004) The Case Against Perfection: What's Wrong with Designer Children, Bionic Athletes, and Genetic Engineering, *The Atlantic* (abril); reimpresso em B. STEINBOCK, B; ARRAS, J; LONDON, A. J. *Ethical Issues in Modern Medicine*, 7ª ed. McGraw Hill, 2008.

SCANLON, T.M. *What We Owe to Each Other*. Harvard University Press, 1998.

SCHINO, G. Grooming and Agonistic Support: A Meta-analysis of Primate Reciprocal Altruism, *Behavioral Ecology*, 18. 2007, pp. 115-120.

SEARLE, John R. How to Derive "Ought" from "Is", *Philosophical Review*, 73. 1964, pp. 43-58.

SEYFARTH, R.M.; CHENEY, D.L. Grooming, Alliances, and Reciprocal Altruism in Vervet Monkeys, *Nature*, 308.1984, pp. 541-543.

SHERMAN, Paul. Squirrels (with L. Wauters) and the Role of Kinship, em: MACDONALD, D.W. (ed.), *The New Encyclopedia of Mammals*. Princeton University Press. 2009, pp. 150-161, 162-163.

SINGER, T. The Neuronal Basis of Empathy and Fairness, em: BOCK, G.; GOODE, J. (eds.), *Empathy and Fairness*. John Wiley & Sons, Ltd. 2007, pp. 20-30; discussão pp. 30-40, 89-96, 216-21.

SINNOTT-ARMSTRONG, Walter (ed.). *Moral Psychology: The Evolution of Morality*, vol. 1, MIT Press, 2008.

SKYRMS, Brian. *Evolution of the Social Contract*. Cambridge University Press, 1996.

SMITH, Adam. *The Theory of Moral Sentiments*. Penguin Classics, 1759/2010.

SMITH, M.S.; KISH, B.L.; CRAWFORD, C.B. Inheritance of Wealth as Human Kin Investment, *Ethology and Sociobiology*, 8. 1987, pp. 171-182.

SOBER, Elliott (ed.). *Conceptual Issues in Evolutionary Biology*, 2ª ed. MIT Press, 1994.

SOBER, Elliott; WILSON, David Sloan. *Unto Others: The Evolution and Psychology of Unselfish Behavior*. Harvard University Press, 1998.

SOSIS, Richard. (2004) The Adaptative Value of Religious Ritual, *American Scientist*, 92. 2004, pp. 166-172.

SPENCER, Herbert. *Social Statics*. John Chapman, 1851.

_____. *The Principles of Ethics*. University Press of the Pacific, 1879/2004.

SRIPADA, C.; STICH, S. (2006) A Framework for the Psychology of Norms, em: CARRUTHERS, P. *et al.* (eds.), *The Innate Mind*, vol. 2. Oxford University Press, 2006.

SRIPADA, C. Three Models of the Innate Structure that Shapes the Contents of Moral Norms, em: W. SINNOTT-ARMSTRONG, W. (ed.), *Moral Psychology: The Evolution of Morality*, vol. 1. MIT Press, 2008.

STICH, S. Some Questions about "The Evolution of Morality", *Philosophy and Phenomenological Research*, 77 (1). 2008, pp. 228-236.

STRATTON-LAKE, Phillip. *Ethical Intuitionism: Re-Evaluations*. Oxford University Press, 2003.

STREET, S. A Darwinian Dilemma for Realist Theories of Value, *Philosophical Studies*, 127. 2006, pp. 109-166.

TANCREDI, Laurence. *Hard-Wired Behavior: What Neuroscience Reveals about Morality*. Cambridge University Press, 2005.

THOMSON, Paul (ed.). *Issues in Evolutionary Ethics*. SUNY Press, 1995.

TRIVERS, R.L. The Evolution of Reciprocal Altruism, *Quarterly Review of Biology*, 46. 1971, pp. 35-57.

_____. *Social Evolution*. Benjamin/Cummings, 1985.

_____. *Natural Selection and Social Theory: Selected Papers of Robert L. Trivers*. Evolution and Cognition Series. Oxford University Press, 2002.

TURIEL, Eliot. *The Development of Social Knowledge: Morality and Convention*. Cambridge University Press, 1983.

ULAM, Stanislaw. *Adventures of a Mathematician*. University of California Press, 1975.

WARNEKEN, F.; TOMASELLO, M. Helping and Cooperation at 14 Months of Age, *Infance*, 11. 2007, pp. 271-294.

_____. Varieties of Altruism in Children and Chimpanzees, *Trends in Cognitive Sciences*, 13/9. 2009, pp. 397-402.

WARNOCK, Mary. *Ethics Since 1900*. Oxford University Press, 1966.

WECHKIN, S.; MASSERMAN, J.H.; TERRIS Jr., W. Shock to a Conspecific as an Aversive Stimulus, *Psychonomic Science*, 1. 1964, pp. 47-48.

WILKINSON, Gerald S. Reciprocal Food Sharing in the Vampire Bat, *Nature*, 308. 1984, pp 181-184.

_____. Food Sharing in Vampire Bats, *Scientific American*, fevereiro. 1990, pp. 76-82.

WILLIAMS, G.C. *Adaptation and Natural Selection*. Princeton University Press, 1966.

WILSON, E.O. *Sociobiology: The New Synthesis*. Harvard University Press, 1975.

_____. *On Human Nature*. Harvard University Press, 1978.

WIMMER, H.; PERNER, J. Beliefs about Beliefs: Representation and Constraining Function of Wrong Beliefs in Young Children's Understanding of Deception, *Cognition*, 13. 1983, pp. 41-68.

WRIGHT, C. *Truth and Objectivity*. Harvard University Press, 1992.

WRIGHT, Larry. Functions, *Philosophical Review*, 82. 1973, pp. 139-168.

WRIGHT, Robert. *The Moral Animal: Why We Are the Way We Are. The New Science of Evolutionary Psychology*. Vintage, 1995.

YOUNG, L.; CUSHMAN, F.; HAUSER, M.; SAXE, R. The Neural Basis of the Interaction between Theory of Mind and Moral Judgment, *PNAS*, 104/20. 2007, pp. 8235-8240.

ZAHN-WAXLER, Carolyn; CUMMINGS, E. Mark; IANNOTTI, Ronald J. *Altruism and Aggression: Social and Biological Origins*. Cambridge Studies in Social and Emotional Development. Cambridge University Press, 1991.

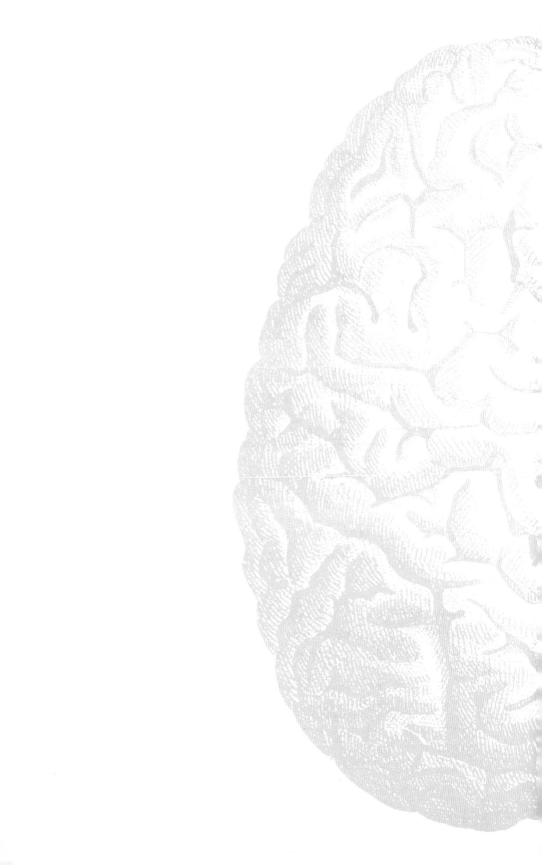

ÍNDICE REMISSIVO

A

abelharucos africanos de cara branca 48, 54

aborto 74, 75,76, 77, 78, 79, 80, 90, 91, 92, 110, 211, 259

adequação inclusiva 49, 50, 52, 53, 54, 55, 56, 57, 58, 59, 60, 63, 69, 85,

altruísmo 49, 50, 60, 61, 62, 63, 64, 68,73, 86, 107, 251, 252

Antigo Testamento 163

antirrealismo (moral) evolutivo 10, 212,214, 215, 218, 221, 227, 231, 242

    e o Argumento da Idiossincrasia 218, 226

    e o Argumento da Redundância 20, 221,226

    e o dilema darwinista 231, 236

antirrealismo moral, *ver* antirrealismo (moral) evolutivo 215

argumentos válidos 175

    ver também argumentos indutivos 203

Aristóteles 163, 245, 246, 247, 248, 249, 250, 252

sobre a Grande Cadeia do Ser 161, 162, 163, 166,

Árvore da Vida 161, 162, 164, 166, 167, 170, 171

    ver também Árvore da Vida simplificada

Árvore da Vida simplificada 170, 171

ateísmo 16, 167

B

Bergson, H. 243

Blair, J. 126

Boehm, C. 255

Buss, D. 36

C

Casebeer, W. 227, 238, 249, 250, 252,

Chomsky, N. 119, 143, 149

condicionais 140, 264

cooperação 12, 15, 44, 47, 65, 68,70, 85, 86, 88, 92, 98, 100, 106, 109, 112, 116, 156, 165

culpa 22, 79, 81, 92, 93, 103, 104, 105, 106, 117, 203, 206, 217, 242

Darwin, C. 11, 15, 19, 23, 24, 28, 29, 32, 33, 41, 44, 47, 48, 49, 57, 71, 153, 155, 157, 159, 162, 166, 167, 168, 169, 172, 173, 181, 183, 185, 187, 209, 211, 214, 215, 216, 221, 229, 231, 236, 242, 249, 263, 264, 265

darwinismo social 12, 15, 157, 158, 172, 174, 181, 182, 183, 185, 187, 189, 191, 194, 195, 198, 199, 204, 206, 210,

Dawkins, R. 32, 50, 51, 52, 161, 167, 170

    sobre memes 148

    sobre o "gene egoísta" 19, 20

Deigh, J. 132

Dennett, D. 23, 25, 29, 51

determinismo 16, 17, 37, 41, 42

Dilema do Prisioneiro 65, 66, 67, 68, 85, 86, 88, 91, 93, 94, 99, 103, 106, 108, 110, 112, 117

distinção fato/valor 180, 201

diversidade moral 115

Dunbar, R. 95

Ehrlich, P. 41

Eisenberg, N. 121

emoções 17, 22, 58, 69, 70, 72, 98, 105, 121, 122, 124, 127, 128, 132, 151, 216, 217, 238, 241, 242, 245, 253, 256

empatia 48, 76, 107, 121, 122, 123, 124, 125, 126, 127, 132, 183, 251

esquilos terrestres 48, 49, 52, 53

ética, *ver* moralidade

etologia 26

evolução, *ver* seleção natural

exaptação 142

Falácia Naturalista 158, 185, 194, 207, 225,

família 47, 55, 56, 57, 58, 60, 62, 64, 69, 71, 106, 113, 122, 123, 133, 145, 152, 182, 228

Fehr, E., e Gachter, S. 97, 97, 100, 102, 103

Frank, R. 105

funções 25, 250, 251, 262, 263
    Aristotélicas 247
    da mente 44
    L. Wright acerca das 249

Godfrey-Smith, P. 249

Gould, S. J. 169

Grande Cadeia do Ser 161, 162, 163, 166

Greene, J. 127, 128

H

Haeckel, E. 163, 164

Hamilton, W. 51, 53, 54, 63

Hauser, M. 113, 144, 145, 146, 147, 148, 150, 256

Hillis, D., Zwickl, D., e Guttell, R. 171

Hume, D. 158, 173, 174, 180, 181, 182, 183, 185, 187, 195, 199, 200, 201, 202, 203, 204, 206, 210, 211

Huxley, T. 216

I

natismo 135, 136, 139, 140, 141, 142,
Irons, W. 88
islã 255

J

Jay-Z 196, 197
Jogo do Ditador 96
Jogo dos Bens Públicos 97
Jogo do Ultimato 95, 96, 98
Joyce, R. 59, 75, 76, 79, 80, 86, 91, 135, 212, 227, 228, 229, 230, 231, 232, 236, 241, 245, 252, 258, 259, 260, 261, 262, 263, 264
judaísmo 255

K

Kass, L. 156
Kitcher, P. 12, 17, 184, 192, 235, 236, 237, 238, 251, 252

L

Levy, N. 113
leitura de mentes 130
   ver também teoria da mente
Locke, J. 71
Lorenz, K. 26

M

Macacos 64, 123, 124, 162, 165
macacos japoneses 54,
macacos vervet 48, 64, 65
Mackie, J. L. 200, 201
May, R. 47
Maynard-Smith, J. 49

metaética 209, 212, 239, 250, 253, 264

Mikhail, J. 139, 144, 148,

Moore, T. 93,

Moore, G.E. 158, 167, 174, 185, 187, 188, 189, 190, 191, 192, 193, 194, 195, 196, 198, 199, 206, 210, 211,

moralidade 11, 13, 15, 16, 22, 58, 60, 69, 70, 71, 72, 75, 77, 78, 79, 80, 82, 85, 86, 87, 88, 89, 91, 93, 99, 100, 102, 105, 107, 109, 113, 115, 116, 117, 119, 120, 121, 124, 125, 128, 133, 135, 139, 141, 142, 148, 149, 150, 152, 153, 156, 161, 166, 173, 175, 180, 187, 203, 204, 208, 209, 210, 211, 212, 214, 215, 217, 221, 222, 226, 227, 229, 231, 236, 237, 241, 242, 251, 252, 255, 256, 260, 261, 262, 263, 264, 265

morcegos-vampiros 48, 61, 63, 64, 73, 75

nativismo moral 141, 142, 151, 241, 258, 263

Nichols, S. 133, 135, 147, 148, 149

Nucci, L. 134

Packer, C. 64

parentesco genético 53, 56,

Persinger, M. 212, 213, 214, 236

Pinker, S. 17, 35, 42, 138, 139

Platão 104

"ponto de vista do olho do gene" 50, 52, 54, 55, 71

Primatas 25, 48, 64, 116, 120, 121, 248, 254

Prinz, J. 149, 150, 151, 237, 238, 241, 242, 243, 244, 245, 251, 252, 256, 258, 259, 260, 263

problema adaptativo 29, 34, 36, 37, 38, 39, 44, 55, 59, 71, 85, 86, 115, 223

proibições 75, 76, 77, 78, 82, 90, 92, 93, 111, 147,

prosopagnosia 125

psicopatas 125, 126, 127, 128,

Quine, W. V. 26

Rachels, J. 198, 202, 203, 204, 205, 206, 210, 211, 225
realismo moral 227, 237, 238,239, 241, 242, 244, 245, 252, 253, 257, 264
Rottschaefer, W. A., e Martinsen, D. 114
Ruse, M. 86, 207, 210, 211, 212, 215, 218, 219, 220, 221, 222, 225, 226, 227, 231, 232,

Sandel, M. 156,
Scanlon, T. M. 256
Searle, J. 199, 200, 201
seleção de grupos 49, 50
seleção natural 15, 21, 22, 23, 24, 25, 26, 27, 28, 29, 30,33, 34, 36, 44, 45, 49, 51, 52, 53, 54, 55, 58, 59, 60, 68, 69, 71, 72, 82, 84, 86, 100, 107, 108, 112, 114, 115, 120, 156, 157, 162, 165, 167, 168, 169, 173, 182, 183, 184, 210, 215, 216, 217, 218, 219, 229, 232, 238, 249, 264
Singer, T. 127
Sócrates 104
soneto petrarquiano 30
Sosis, R. 89
Spencer, H. 157, 158, 161, 165, 166, 167, 169, 170, 171, 172, 173, 174, 181, 182, 183, 184, 187, 191, 192, 199, 204, 210, 211, 225, 227
Sripada, C. 146, 147, 148, 149, 150
   e S. Stich 114, 115,
Street, S. 212, 231, 232, 233, 234, 235, 236, 237, 264

teoria da mente 130, 131, 135, 254
Teste da Questão Aberta 188, 189, 190, 191, 192, 193, 195, 196, 197, 199

Tinbergen, N. 26
Trivers, R. 63, 68
Turiel, E. 134, 135, 139, 140

Waal, F. de 21, 48, 120, 123, 124
Wilson, E. O. 11, 17, 50, 103, 158, 184, 192, 209, 212, 215, 216, 217, 218, 219, 220, 221, 225, 226, 232
Wright, C. 238

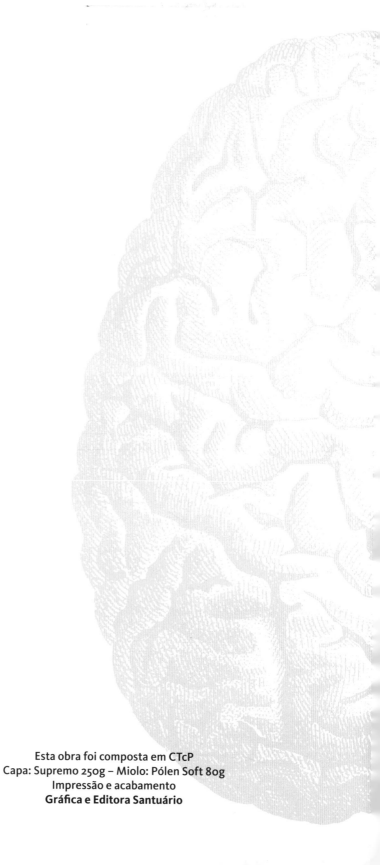

Esta obra foi composta em CTcP
Capa: Supremo 250g – Miolo: Pólen Soft 80g
Impressão e acabamento
Gráfica e Editora Santuário